한 권으로 합격하는
독학사 가정학 3단계

가정자원관리

저자 주민경

PREFACE

이책의 머리말

가정은 모든 사람의 일상적인 삶이 이루어지는 생활의 장으로, 가족 구성원의 일상적인 부양과 양육, 교육, 보호 등 이루어지는 생활의 단위이다. 급속한 사회변화의 현상이 가속화 되면서 가정생활의 구체적인 모습들이 변화하고 있다. 개인과 가족의 가치, 목표가 환경의 변화에 따라 변화 할 뿐 아니라 예견되는 혹은 예견하지 못하는 각종 사건도 빈번하게 발생된다. 자원과 환경적 조건의 변화가 점차 가속화 되어 가족이 한 가지 목표를 설정하고 달성하기도 전에 다시 바뀌는 일이 허다하다. 이러한 현대 사회에서 개인과 가족이 자신의 가치를 실현하고 목표를 달성하여 삶의 질을 높이기 위해 제한된 자원을 어떻게 분배하고 사용하는가하는 문제가 중요한데 이러한 문제를 체계적으로 관리하는 것이 가정자원관리이다.

체계로서 가족의 특성을 이해하고 가족 문제에 대한 해결방안을 모색하기 위해 가족자원관리에 필요한 이론적 개념과 실천적 역량을 높이기 위해 다음과 같이 6장으로 구성하였다.

제1장에서는 가족자원관리학의 구체적인 가정자원관리의 의의와 이론적 배경이 되는 가정생활을 둘러싼 사회의 변화 현상을 알아보고 가정자원관리의 개념과 영역, 그리고 가사노동의 연구 동향을 개략적으로 살펴본다.

제2장에서는 가정자원관리에서 노동의 관리체계와 가사노동의 정서적 요소, 가사노동의 과학적 연구와 가사노동의 전개와 전망에 대해 살펴본다.

제3장에서는 시간의 개념과 연구에서는 시간의 개념, 시간 사용 연구, 시간 사용의 연구 방법에 대하여 살펴봄으로써 시간 자체에 대한 이해와 함께 시간 사용 동향과 연구의 방법에 대한 이해를 높이도록 한다.

제4장 시간 사용의 이해에서는 먼저 우리나라 국민의 시간 사용 실태 및 특징을 살

펴본 후 시간 사용에 대한 국제 비교를 통하여 우리나라 국민의 시간 사용 실태와 특징 및 문제를 객관적으로 비교할 수 있도록 하였다. 또 시간 사용과 관련하여 가정관리적인 관점에서 주목할 주로 가족공유시간과 가사노동 분담에 대해서도 살펴보도록 하겠다.

제5장 시간관리를 살펴본 후 시간 사용의 과제에서 먼저 시간관리의 의의 및 시간관리를 위한 관리의 과정을 학습함으로써 하루에 주어진 24시간의 자원을 효율적으로 관리하게 하여 보다 나은 가족의 삶의 질을 향상 시킬 수 있는 방법을 익힐 수 있게 하였다.

제6장 가정경제로써 가정경제학의 기초 이론과 가계경제구조, 가계재무설계, 가계 경제적 복지와 경제문제를 살펴볼 수 있도록 하였다.

이상의 내용으로 학생들이 혼자서도 충분히 학습할 수 있도록 내용을 요약하였고 학습한 후 실전예상문제를 수록하여 스스로 과제를 수행 할 수 있도록 하였다.

이 교과목을 통하여 학습한 가사자원관리를 통해 실생활에서 직접 응용하여 생활의 질을 확장시켜나가길 바란다.

이책의 목차

CONTENTS

CHAPTER 01 가사노동의 개념과 연구

01 가사노동의 의의 ·· 12
   1. 가사노동의 개념 ··· 12
   2. 가사노동의 분류 ··· 15
   3. 가사노동의 특성 ··· 17
   • 가사노동의 의의: 예상 문제 ·· 19
02 가사노동의 연구 동향 ·· 23
   1. 가정학과 가사노동 연구 ·· 23
   2. 가사노동에 대한 경제학적 접근 ··· 27
   3. 페미니즘과 가사노동 ·· 30
   • 가사노동의 개념 연구: 예상 문제 ··· 35
03 가사노동의 생산 이론과 가치의 평가 ··· 38
   1. 가사노동의 생산 이론과 가치의 평가 ·· 38
   2. 가사노동의 생산적 기능 ·· 40
   3. 가사노동 가치평가의 의의 ··· 42
   4. 가사노동 화폐가치의 측정 방법 ··· 42
   5. 가사노동 가치의 제도적 활용 ·· 44
   • 가사노동의 생산 이론과 가치의 평가: 예상 문제 ···························· 46

CHAPTER 02 가사노동의 관리와 전망

01 가사노동의 관리체계 ·· 52
    1. 가사노동 관리체계모형 ··· 52
    2. 투입요소 ·· 52
    3. 과정 ··· 54
    4. 산출과 피드백 ·· 57
    • 가사노동의 관리체계: 예상 문제 ······································ 58

02 가사노동의 정서적 요소 ··· 62
    1. 가사노동 만족 ·· 62
    2. 가사 과업에 대한 선호 ··· 63
    3. 가사노동의 달성을 위한 조건 ·· 64
    4. 사회계층과 가사노동 만족 ·· 65
    • 가사노동의 정서적 요소: 예상 문제 ······························· 67

03 가사노동의 노동과학적 연구 ··· 70
    1. 작업자 ·· 70
    2. 작업 장소의 간소화 ··· 75
    • 가사노동의 노동과학적 연구: 예상 문제 ························ 78

04 가사노동의 전개와 전망 ··· 81
    1 .가사노동의 전개 ··· 81
    2. 가사노동의 전망(가사노동을 둘러싼 문제에 대한 주체적 대응 내지 개선방향) ········ 85
    • 가사노동의 전개와 전망: 예상 문제 ······························· 86

이책의 목차

CONTENTS

CHAPTER 03　시간의 개념과 연구

01 시간의 개념 ··· 92
　　1. 시간에 대한 접근법 ·· 92
　　2. 개인적 시간 감각 ··· 93
　　3. 문화와 시간 개념 ··· 95
　　• 시간의 개념: 예상 문제 ·· 98

02 시간 사용의 연구 ··· 100
　　1. 시간 사용 연구의 역사 및 동향 ··· 100
　　2. 학문 분야별 시간 사용 연구 ·· 100
　　3. 경제학에서의 시간배분론 ·· 103
　　4. 가정학에서의 시간 사용 연구 ·· 105
　　5. 시간 사용 연구의 의의 ··· 108
　　• 시간 사용의 연구: 예상 문제 ··· 110

03 시간 사용의 연구 방법 ·· 112
　　1. 시간 측정의 특성 ··· 112
　　2. 시간 사용의 조사 방법 ··· 113
　　3. 생활 행동의 분류 방법 ··· 118
　　• 시간 사용의 연구 방법: 예상 문제 ··· 120

CHAPTER 04 시간 사용의 이해

01 우리나라 국민의 시간 사용 실태 및 문제 ·· 126
   1. 전 국민 시간 사용 실태 및 문제 ·· 126
   2. 집단별 시간 사용 실태 및 특징 ··· 127

02 시간 사용의 국제 비교 ·· 130
   1. 시간 사용의 국제 비교의 의의와 종류 ······································ 130
   2. 여가시간의 국제 비교 ·· 132
   • 우리나라 국민의 시간 사용 실태 및 문제, 시간 사용의 국제 비교: 예상 문제 ······ 133

03 가족공유시간 ··· 136
   1. 가족공유시간 ·· 136
   2. 장시간 노동과 가정생활 ·· 137

04 가사노동 분담 ·· 139
   1. 가족원의 가사노동 분담 ·· 139
   2. 부부간 가사노동 분담에 대한 이론적 가설 ····························· 140
   3. 가사노동시간의 특징과 분류상 특징 ······································· 143
   • 가족공유시간, 가사노동 분담: 예상 문제 ··································· 144

이책의 목차

CONTENTS

CHAPTER 05 시간관리

01 시간관리의 의의 및 기초 개념 ·· 150
    1. 시간관리의 의의 ··· 150
    2. 시간관리를 위한 기초 개념 ······································· 150
    • 시간관리의 의의 및 기초 개념: 예상 문제 ···················· 156
02 시간관리 과정 ·· 158
    1. 투입 ··· 158
    2. 과정 ··· 159
    3. 산출 및 피드백 ·· 163
    • 시간관리 과정: 예상 문제 ··· 165

CHAPTER 06 가정경제

01 가정경제학의 기초 이론 ··· 170
    1. 가정경제학의 이해 ··· 170
    2. 가계와 국민경제 ·· 172
    • 가정경제학의 기초 이론: 예상 문제 ···························· 183
02 가계경제의 구조 ·· 185
    1. 가계의 소득과 소비 ·· 185
    2. 가계소비 ·· 189
    3. 가계조사와 생계비 연구 ··· 195
    • 가계경제의 구조: 예상 문제 ······································ 200

03 가계 재무설계 ·· 203
    1. 가계 재무설계의 기초 ··· 203
    2. 가계 재무설계의 단계 ··· 209
    • 가계 재무설계: 예상 문제 ··· 214
  04 가계의 경제적 복지와 경제 문제 ··· 216
    1. 빈곤가계의 경제 문제 ··· 216
    2. 여성의 경제활동과 가계의 경제적 복지 ··· 220
    • 가계의 경제적 복지와 경제 문제: 예상 문제 ··· 224

CHAPTER 07 　가정자원관리 실전모의고사 문제 및 해설

  01 가정자원관리 실전모의고사 제 1 회 ·· 228
  02 가정자원관리 실전모의고사 제 2 회 ·· 235
  03 가정자원관리 실전모의고사 제 3 회 ·· 242
  04 가정자원관리 실전모의고사 제 4 회 ·· 249
  05 가정자원관리 실전모의고사 정답 및 해설 ··· 256
    • 실전모의고사 제 1 회 정답 및 해설 ··· 256
    • 실전모의고사 제 2 회 정답 및 해설 ··· 260
    • 실전모의고사 제 3 회 정답 및 해설 ··· 264
    • 실전모의고사 제 4 회 정답 및 해설 ··· 267

CHAPTER

01

가사노동의 개념 연구

01 가사노동의 의의
02 가사노동의 연구 동향
03 가사노동의 생산 이론과 가치의 평가

01 가사노동의 의의

제1장 가사노동의 개념 연구

1. 가사노동의 개념

가사노동은 사적인 가정생활의 장에서 가족원에 의해 이루어지는 활동이다. 가정은 가족구성원들이 기본적인 의·식·주생활을 영위하고 나아가서 사회에 노동력을 제공하는 일차적인 집단이며, 이러한 가정생활을 영위하기 위하여 이루어지는 노동, 이것이 바로 가사노동이다. 그러나 가사노동은 너무나 자연스럽게 수행되는 활동이므로 오히려 보편적인 경험에서 야기되는 편견이 있을 수 있다. 따라서 가사노동에 대해 학문적으로 접근하기 위해서는 무엇보다도 객관적인 개념 정의가 필요하다.

ILO의 가사노동자를 위한 양질의 일자리협약(제189호 협약)은 가사노동(domestic work)을 '하나 이상의 가구 내에서 또는 하나 이상의 가구를 위하여 수행하는 노동'이라고 정의하고 있다. 일반적으로 가사노동은 가정에서 행해지는 노동력의 일상적인 재생산활동은 가사노동이라는 개념으로 정의할 수 있다. 가사노동은 인간의 생존과 존속을 위해 반드시 수행되어야 할 뿐만 아니라 모든 사회활동, 직업 활동 등 모든 생산 활동의 기본 전제가 되는 필수적인 노동이다.

1) 가사노동에 대한 몇 가지 신념

많은 사람들에게 가사노동은 햇볕과 같은 존재로 여긴다. 가사노동은 확실하고, 자연스러운 일이며, 공짜로 얻을 수 있기 때문이다. 이런 맥락에서 가사노동은 사소한 문제로 여기기 쉽다. 더욱이 이러한 인식은 가사노동에 대해 몇 가지 신념을 가지게 한다.

가장 근본적인 신념은 가사노동을 노동이 아니라고 믿는 것이다. 산업화의 발달은 작업장소를 가정으로부터 분리시켰으며, 또한 노동과 임금노동을 명백히 일치시켰다. 가정에서 여성들이 하는 일은 노동이 아니라 비노동으로 여겼다. 역사적으로 볼 때 노동 개념이 작업노동과 동의어로 여겨지기 시작한 것은 자본주의 초기부터라고 할 수 있다. 중세 봉건주의 사회까지는 의·식·주생활이나 가정 관리행동, 또는 가족원간의 관계 형성 등과 관련된 활동이 생계유지를 위한 경제활동과 명백히 구분되지 않았다. 일터가 곧 가정의 공간이었으며, 가족원 중의 누군가는 경제활동을 하고 누군가는 가사 일에만 얽매여 있지 않았다. 초기 자본주의 시대에 이르러 인간의 노동력이 하나의 상품으로 교환되기 시작하면서 노동력을 공급하고 이에 대한 대가인 임금을 받는 노동시장이 형성되었다. 이것은 곧 노동의 개념이 노동력을 제공하고 그 대가를 받는 행위로 제한되었으며, 일터와 생활공간인 가정이 분리되었음을 의미한다. 가정은 일터에서 돌아와 에너지를 회복하기 위한 여가 및 휴식을 필요로 하며, 회복과정은 스스로 이루어지는 것이 아니라 가정 내에서 누군가의 노동으로 가능하였다. 시장노동과 분리된 이것을 가사노동이라 부르기 시작하였다.

많은 사람들은 19세기와 20세기 초 가사노동에 포함되어 있던 기업들이 오늘날에는 더 이상 나타나지 않으며, 따라서 여성들은 시간적 여유가 많아지고 한가한 시간을 메우기 위해 유급의 취업활동을 탐색하게 되었다고 믿고 있다. 더욱이 가정에서 생산적 노동이 "사라졌다"는 믿음은 이미 20세기로 접어들면서 사실로 받아들여졌다. 이와 같이 가사노동은 대부분 산업노동을 통해 생산된 상품이나 서비스에 의해 대체되거나 경감된다는 의미에서 '가사노동의 사회화', 혹은 '가사노동의 산업화'라고 칭한다.

세 번째 단계의 신념은 아내의 실질적인 가사노동 부담을 인식하지만 이러한 노동부담은 남편과 아내 사이에 공평하게 분담되고 있다는 생각이다. 이러한 신념은 두 가지로 설명을 할 수 있다. 첫째, 남편이 가정 외부의 일 또는 힘든 일을 하고 아내가 가정 내부의 일과 덜 힘든 일을 함으로써, 결국 상당히 대등한 노동 분담이 이루어진다고 설명된다. 둘째, 어떻게 구분하더라도 여성들이 대부분 가사노동을 하지만 이것은 남편들이 유급노동에 참여하고 있다는 사실을 통해 균형을 이룬다고 설명된다.

현대사회에서 가사노동에 대한 실제적인 모습을 찾기 위해서는 우선 사람들이 인식하고 있는 몇 가지 신념과 잘못된 생각으로부터 벗어나야 할 필요가 있다.

이제까지의 논의를 중심으로 가사노동의 개념을 정리하면 다음과 같다.

첫째, 가사노동은 노동의 한 형태로서 그 내용과 형태의 변화에도 불구하고 초역사적으로 존재해 왔다. 가사노동은 노동일반의 역사적 변동에 규정되어 변화하므로 역사적 산물로 이해되어야 한다. 이러한 역사성은 식사준비, 세탁, 육아 등과 같은 개별 가사노동이 어떤 조건에서 행해지는가에 관한 고려를 필요로 하는데, 같은 노동이라도 사회기관이나 기업체에서 수행되면 그것은 가사노동이 아니며, 또 같은 내용의 노동이라도 대가를 받는 가정부나 파출부(가사도우미)에 의해 수행되면 무보수노동이라는 가사노동의 본질에 비추어 볼 때 가사노동의 형태를 띤 임금노동이지 가사노동은 아닌 것이다.

둘째, 가사노동은 생산적 노동이다. 가사노동은 구성원의 욕구를 직접적으로 충족시키는 재화와 용역을 생산하는 노동이다. 가사노동은 소비하는 데 필요한 의식주 등의 생활수단을 제공하는 과정, 즉 사적인 소비과정에서의 노동이라는 점에서 공적인 사회적 노동과 구분되어 소비노동으로 규정짓기도 한다. 그러나 소비를 가능하게 하기 위해서는 기장에서 구입한 재화에 시간, 기술, 내구재가 결합되어 새로운 효용가치나 사용가치가 부가되어야 하며, 이러한 점에서 가사노동은 소비를 가능하게 하는 생산노동으로 규정되어야 한다.

셋째, 가사노동을 여성의 노동으로 규정해서는 안 된다. 지금까지 이것은 일차적으로 여성에게 부과되어 왔고, 현재도 변함이 없다. 그러나 하나의 노동형태를 규정함에 있어 그것을 담당하는 개인의 성(性)과 연결시키는 것은 노동의 전체적 특성을 왜곡시킬 가능성을 내포한다. 가사노동의 내용은 여성이 주로 담당하는 일과 남성이 주로 담당하는 일로 함께 구성되며, 이때 중요한 것은 전통적으로 남성이 담당하는 노동 역시 무보수노동으로 분류되며 사회적 평가에서 제외된다는 사실이다. 그러므로 가사노동을 여성의 노동으로 규정하는 것은 가사노동의 내용과 본질에 관한 이해의 부족에서 비롯되며, 가사노동의 결과와 가사노동을 수행하는 사람은 서로 독립적으로 규정되어야 한다.

넷째, 가사노동은 사적인 노동으로 파악되나 그 의의를 고려하면 사회적 노동의 특성을 가진다. 가사노동이 개별가계에서 수행된다는 사실은 분명하지만, 그것은 하나의 노동 형태로서 노동의 역사적 변동에 따라 계속 그 형태와 내용이 변화되며, 외부세계와 계속적인 상호관계에 놓여 있다. 사적이며, 개인적인 노동일지라도 그것이 사회적 재생산과정에 포함되면 사회적 노동이 된다고 볼 수 있는데, 오늘날 가사노동은 시장경제의 확대에 따라 지속적으로 국민경제의 노동 분업으로 편입되어 가고 있다. 즉, 가사노동은 시장노동과 상호대체 가능성을 포함하고 있다는 점에서 사회적 의의를 가진다고 볼 수 있다.

◎ 시기별 가사노동의 개념 정의

시기	내용
1920년대	• 가사노동에 대한 학문적 관심이 나타나기 시작함 • 가사노동의 작업의 관점에서 생활개선과 관련하여 다루는 수준

1930년대	• 가정경제 학자들을 중심으로 가사노동의 생산성에 대해 본격적으로 논의
	• 리드(Reid)의 가계생산 개념 등장
	• 가계생산: 가족원에 의해, 가족원을 위해 수행되는 무보수 활동. 시장에서 재화를 구입하거나 용역을 고용함으로써 대체될 수 있는 활동
	  - 가사노동을 생산노동으로 간주하는 학문적 근거 제공
	  - 시장의 상품과 서비스로의 대체가능성 제시

1960년대	• 베커(Becker)를 중심으로 한 신가정 경제학자들의 가계생산모형 • 생산과 소비를 통합하는 새로운 시각 • 가계: 직접적으로 효용을 산출하는 소규모 공장 • 시장에서의 시장재와 가정에서의 가사노동이 합쳐져 가계상품 생산
1970년대	• 워커와 우즈(Walker & Woods)의 가사생산과 가사노동 동일시 • 가사노동: 가족으로서 기능을 가능하게 하는 재화와 용역을 창출하기 위해 개별 가계에서 수행되는 의도적인 활동 • 무보수활동과 지불된 활동을 구별하지 않고, 가정 내에서 수행되는 노동을 모두 가사노동 범주에 포함

1980년대	• 보이틀러와 오웬(Beutler & Owen)의 가계생산활동 유형화 • 모든 생산 유형을 포함하기 위해 가정생산 개념을 도입함으로써 가계생산 개념을 확대함. • 가계생산활동모형	
	시장생산	• 교환가치(화폐, 현물교환) 산출

	가정생산	• 사용가치 산출
		• 활동에 관련된 사람과의 관계에 근거한 분류
		  - 분리 가능한 가정생산 → 리드의 가계생산
		  - 분리 불가능한 가정생산
		    ■ 가계 내 생산: 가족원에 의해 가계 내에서 수행되는 활동
		    ■ 가계 간 생산: 한 가계에서 다른 가계로 재화와 용역이 이전
		    ■ 지역사회봉사: 가계 내에서 지역사회로 재화와 용역이 이전
		• 분리 가능한 가계생산 + 분리 가능한 가계 내 생산 → 가사노동

2. 가사노동의 분류

가사노동은 가족 구성원의 일상적인 삶을 가능하게 해 주는 노동으로 가정생활의 다차원적인 측면을 포함한다. 가사노동을 통해 가족 구성원의 부양, 양육, 교육, 보호 등 일상생활에서의 욕구를 충족시킴으로써 삶을 지속적으로 영위할 수 있게 된다. 일반적으로 가사노동은 의식주, 가족생활, 가정관리, 가족 돌보기 등과 같이 수행하는 기능에 따라 분류하는데, 이러한 분류는 특히 가사노동시간 연구에 빈번하게 사용된다. 워커와 우즈(1976)는 기능적 분류에 토대를 두어 가사노동을 다음과 같이 크게 5개의 영역으로 나누고, 이를 다시 13개의 활동 영역으로 세분화하였다.

① 1920년대 초 윌슨(Wilson)분류

가사노동을 식사 준비와 설거지를 포함한 음식 마련, 난방관리를 포함한 집안 청소와 정돈, 세탁 다림질, 바느질, 가족원 돌보기, 가계부기록, 구매 등의 가계관리 그리고 가사의 노동활동으로 분류하였다.

② 워커와 우즈의 기능적 분류
- 식생활 관련 활동: 일상적인 식사 준비, 특별한 음식준비, 설거지
- 주택손질: 일상적 주택손질, 특별주택손질과 주택조수, 정원과 자동차 손질
- 의류손질: 다림질, 특별의류 손질, 세탁
- 가족원 돌보기: 가족원의 신체적 돌보기, 가족원의 비신체적 돌보기
- 시장보기와 관리: 시장보기, 관리와 기록

③ 이토의 가사노동 성격에 따른 분류
- 생활수단 정비노동: 식품, 의류, 일용품 등 구입
- 서비스노동: 육아, 돌보기, 교육, 간호

- 가정관리노동: 계획, 기록, 학습

④ 임정빈의 분류
- 가사노동: 취사노동, 주거생활노동, 의생활노동
- 가정관리: 시장보기, 아이보기, 가족시중, 가계부기입

⑤ 정영금의 분류
식사준비, 식사 후 처리, 청소, 주택손질, 세탁, 다림질, 신체적 가족돌보기, 비신체적 가족돌보기, 경영, 장보기의 10개 영역으로 분류하고, 이를 다시 식생활 관리, 주생활 관리, 의생활 관리, 경영 및 장보기의 다섯 가지 노동으로 재구분하였다.

⑥ 김선희의 분류
취사, 설거지, 세탁, 재봉, 수선, 청소, 주택관리, 가족의 신체적 관리, 가족의 비신체적 관리, 시장보기, 가정경영 등의 10개 영역과 이를 통합한 5개 영역으로 구분하여 정영금과 동일하게 분류하였다.

⑦ 이기영 등의 분류
조리, 설거지, 청소, 주생활관리, 세탁, 의생활 관리, 재봉, 뜨개질, 자녀돌보기, 가족돌보기, 부모나 친척 관련일, 시장, 은행, 관공서일 보기 등 9개 영역으로 분류

⑧ 한국방송공사의 국민생활시간 조사의 분류
취사, 청소, 세탁, 재봉, 편물, 일용품사기, 육아, 자녀돌보기, 가정잡일 등 7개 영역으로 분류

⑨ 통계청 생활시간 조사 분류
음식 준비, 의류관리, 청소 및 정리, 주거 및 가정용품관리, 차량관리 및 유지, 반려동물 및 식물돌보기, 상품 및 서비스 구입, 기타 가정관리, 장기 돌봄 필요, 성인 돌보기, 10세 미만 아동돌보기, 10세 이상 미성년자 돌보기, 독립적인 성인돌보기 등으로 분류

우리나라 학자의 가사노동 개념 정의

학자	내용		
임정빈	• 가사노동: 단순한 단위적 노동, 주부가 가정생활을 유지하기 위해 공헌하는 모든 노동을 포함하지 못함 • 가정노동: 경제적인 특성과 사회적 특성을 포함하는 포괄적인 특성		
문숙재	• 가정노동: 일상생활에서 가정의 기능을 유지시켜 주는 활동 • 가정노동과 가정생산의 개념 구분		
		가정생산	가정노동을 통한 산출물
		가정노동	가계생산을 위한 투입요소, 사람의 일 자체에 초점

송혜림과 이기영	가사노동을 재생산노동, 관계적 노동, 가계생산, 그늘경제노동으로 파악	
	재생산 노동	• 마르크스 이론 • 노동력 재생산을 위해 수행되는 노동
	관계적 노동	• 여성학적 관점 • 가족관계의 성립과 유지를 위해 수행되는 노동
	가계생산	• 경제학적 관점 • 가계상품을 선출하는 활동
	그늘경제노동	• 그늘경제(공적 경제 이외의 부분)를 구성하는 중요한 요소

3. 가사노동의 특성

가사노동의 특성은 수의 잡다함과 내용의 다양성, 개별성과 분산성, 반복성과 동질성, 보수성, 가사노동의 무보수성, 교육성·상호이해성, 수동성·타율성, 달성도의 애매성, 창조성, 취미성이라고 볼 수 있으며, 가족 구성원의 욕구 충족을 위해 가정 내에서 행해지는 무보수노동으로 시장과 사회로 대체가능한 생산적 노동으로 정의할 수 있다.

1) 수의 잡다함과 내용의 다양성

- 조직되지 않고 분류하기도 곤란한 '잡다함'은 생활의 다 측면, 즉 가정생활의 다양한 기능을 나타내는 반면 전문성의 결여를 의미하기도 한다.
- 가사노동은 특수한 훈련을 필요로 하지 않고 보통의 성인 남녀라면 일정한 수준을 수행할 수 있다는 점에서 단순노동으로 간주하기도 하나 실제로 가정생활의 장에서 주부가 가정생활의 주체로서 가족원의 인격발달에 배려하면서 계획적이고 종합적으로 가사노동을 수행할 경우 가사노동을 간단하게 단순 노동으로 규정하는 것은 타당하지 않다.

2) 개별성과 분산성

- 개별성: 주로 혼자 고립된 상태에서 일하게 되는데, 이로 인해 느끼는 고립감이 가사노동에 대한 불만의 원인이 될 수 있다.
- 분산성: 가사노동은 낮은 생산성과 연관되어 비효율성으로 나타난다.

3) 반복성·동질성·보수성

- 가사노동은 많은 부분이 반복되어 계속적으로 수행해야 하므로 반복적·동질적이며, 본질적으로 보수적 성격을 갖는다.
- 소비생활이나 생활양식의 지속적인 변화에 의해 가사노동의 보수성에 변화가 일어나고 있지만, 보수성은 여전히 가정생활의 변화를 지연시키고 있다.

4) 무보수성
- 가사노동에는 대가가 지불되지 않는다. 이로 인해 가사노동은 무가치한 노동으로 간주되기도 한다. 또한 이것은 취업 여성의 저임금에 놓이게 하는 계기가 되며 노동력 상품의 재생산비용을 낮추게 한다.

5) 교육성·상호이해성
- 부부와 자녀는 가사노동을 포함하는 생활 행동을 함께 하면서 배우고 생활기술을 훈련하면서 능력의 다면성을 개발하는 기회를 갖게 되며, 이를 통해 가족은 상호 관심을 갖게 되고 이해를 증진시킨다.

6) 수동성·타율성
- 생활이 가사노동을 중심으로 맞추어 영위되는 것이 아니고, 가사노동이 가족상황이나 사회경제적 환경의 변화에 적응하도록 하는 특성을 갖는다.
- 가정관리의 경감화·생산화·능률화 등을 가능하게 하는 내구 소비재의 보급은 기업에 의해 주도되고 있으며, '가사노동의 합리화'도 자본재가 가정생활에 침투한 결과 이루어진 것이다.

7) 달성도의 애매성
- 가사노동은 상황이 좋든지 나쁜지에 상관없이 가족이 상황에 익숙해지고 적응하게 되므로 성과의 달성 정도가 애매하고 평가의 객관성이 결여된다.

8) 창조성·취미성
- 가사노동은 취미와 실익을 겸할 수 있는 것이 있고 또 그 자체가 풍부한 인간성을 발달시키는 조건이기도 하다는 점에서 창조적인 특성을 갖는다.
- 여성이 주로 가사노동을 담당하고 있는 현 상황에서 지나치게 창조성을 강조하는 것은 자본으로부터 가사노동에의 간접적 강제의 의미를 내포하고 있다고 할 수 있다.

01 가사노동의 의의: 예상 문제

01 Reid가 정의한 가사노동의 개념으로 바른 것은?

① 임금이 지급되지 않는 무보수노동이다.
② 시장에서 구입한 상품으로 대체할 수 없다.
③ 노동력 재생산을 위한 노동이다.
④ 소규모 공장과도 같은 가계에서 가계 효용을 최대화하기 위하여 수행된다.

정답 ① 임금이 지급되지 않는 무보수노동이다.
해설 Reid는 가사노동을 가계생산(Household Production)으로 명명하고, 가족원을 위하여 가족원에 의해 수행되는 무보수의 활동이며 시장에서 재화 및 용역의 구입을 통해 대체될 수 있는 활동으로 정의하였다. 노동력 재생산의 개념은 마르크스의 이론에서 노동력을 유지 창출하기 위해 필요한 생활 수단 상품을 사용 가능한 형태로 제공하는 노동의 속성을 의미한다. 한편, 소규모 공장과도 같은 가계에서 가계 효용을 최대화하기 위해 수행되는 가계생산은 Becker의 신고전파 경제학 이론과 관련된다.

02 Beutler와 Owen의 가정생산모형에서 가사노동에 포함되는 것은?

① 가계생산, 가계 내 생산
② 시장생산, 가계 간 생산
③ 가계생산, 지역사회봉사
④ 시장생산, 가계생산

정답 ① 가계생산, 가계 내 생산
해설 Beutler와 Owen의 가정생산모형에서 우선 시장생산과 가정생산을 분리하고, 가정생산도 분리 가능한 부분과 분리 불가능한 부분으로 구분하였다. 가정생산 중에서 분리불가능 가계 간 생산과 지역사회봉사는 가정에서 이루어지는 생산활동임에도 불구하고, 직접적으로 가족원의 욕구를 충족시키기 위해 수행되지 않으므로 가사노동에 포함되지 않는다.

03 가사노동은 사회적 교환 과정을 통한 생산이 아니므로 가사노동에 대한 대가는 화폐의 형태로 지불되지 않는다. 어떠한 가사노동의 특성에 대한 설명인가?

① 가사노동의 반복성
② 가사노동의 수동성
③ 가사노동의 무보수성
④ 가사노동의 교육성

정답 ③ 가사노동의 무보수성
해설 가사노동의 무보수성. 가사노동은 무보수노동으로 화폐의 형태로 보상이 제공되지 않는 노동이다.

04 가사노동의 개별성과 분산성으로 인한 문제를 해결할 수 있는 방안으로 적절하지 않은 것은?

① 가족 구성원의 협조를 통해 가사노동 수행자의 고독감을 완화한다.
② 가사노동의 기계화를 통해 효율성을 제고한다.
③ 가사노동의 사회화를 촉진한다.
④ 가사노동에 대한 전문성을 인정한다.

정답 ④
해설 가사노동의 개별성과 분산성은 가사노동이 개별적으로 이루어짐에 따른 고립감의 문제와 분산되어 이루어짐에 따른 비효율성에 있다. 이는 가족원의 협조, 기계화, 사회화 등을 통해 해소할 수 있다. 한편, 가사노동에 대한 전문성의 인정은 가사노동의 수의 잡다함과 내용의 다양성이 가지는 문제점을 해소할 수 있는 방안으로 볼 수 있다.

05 다음 중 가계생산을 바르게 설명한 것은?

① 분리 불가능한 생산활동이다.
② 가계 간 생산과 가계 내 생산으로 이루어진다.
③ 시장에서 구입한 재화로 대체될 수 없는 부분이다.
④ 가족원에 의해 가족원을 위해 수행되는 무보수의 활동이다.

정답 ④
해설 가계 생산은 가족원에 의해 수행되는 무보수의 활동이다.

06 다음 가사노동의 특성에 관한 설명 중 잘못된 것은?

① 가사노동은 수가 잡다한 단순한 노동이다.
② 가사노동은 개별성의 특성으로 인해 고독감을 느끼게 한다.
③ 가사노동은 가정생활 유지를 위해 반복성과 보수성의 특성을 가진다.
④ 가사노동은 사회적 노동에 종속되는 수동성과 타율성의 특성을 가진다.

정답 ①
해설 가사노동은 개별성의 특성으로 인해 고독감을 느끼며, 가정생활 유지를 위해 반복성과 보수성의 특성을 가지며, 사회적 노동에 종속되는 수동성과 타율성의 특성을 갖는다.

07 가사노동의 주 책임자가 여성이라는 인식과 관련된 가사노동의 속성은?

① 성불평등성
② 생산성
③ 대체가능성
④ 일상성

정답 ①
해설 성불평등설은 가사노동의 주 책임자가 여성이라는 인식과 관련되어 있다.

08 송혜림과 이기영의 가사노동의 개념에 해당되지 않는 것은?

① 가계생산
② 생산노동
③ 그늘경제노동
④ 관계적노동

정답 ②
해설 송혜림과 이기영의 가사노동 개념에는 재생산노동, 가계생산, 그늘경제노동, 관계적 노동이다.

09 (   ) 안에 알맞은 말을 쓰세요.

> 신가정 경제학의 대표자인 베커에 따르면, 가계는 가족원의 시간 중 (   )에 배분된 시간과 임금으로 구입한 (   )가 결합되어 효용의 직접적 원천이 되는 (   )을 생산한다는 점에서 소비의 단위일 뿐 아니라 생산의 단위이기도 하다.

정답 비시장노동, 시장재, 가계상품

해설 신가정경제학의 대표자인 베커에 따르면, 가계는 비시장노동에 의해 배분된 시간과 임금으로 구입한 시장재가 결합되어 효용의 원천이 되는 가계상품을 생산한다는 점에서 소비의 단위일 뿐 아니라 생산의 단위이기도 하다.

10 (   ) 안에 알맞은 말을 쓰세요.

> 주부가 취업한 경우 가사노동의 (   )에 근거하여 취업노동의 (   )은 낮아지며, 따라서 취업 여성은 저임금에 의한 빈곤을 해소하기 위해 가사노동의 수행이라는 이중부담을 떠맡게 된다. 이를 볼 때 가사노동의 (   )은 여성 노동의 활용에 영향을 준다고 할 수 있다.

정답 무보수성, 기회비용, 무보수성

해설 주부가 취업한 경우 가사노동의 무보수성에 근거하여 취업노동의 기회비용은 낮아지며, 따라서 취업여성은 저임금에 의한 빈곤을 해소하기 위해 가사노동의 수행이라는 이중부담을 떠맡게 된다. 이를 볼 때 가사노동의 무보수성은 여성노동의 활용에 영향을 준다고 할 수 있다.

02 가사노동의 연구 동향

제1장 가사노동의 개념 연구

1. 가정학과 가사노동 연구

1) 우리나라 가사노동의 연구

우리나라 가정학에서 가사노동 연구는 미국과 일본의 영향을 받아 비교적 다양한 내용을 다루고 있다. 이러한 내용은 가사작업장, 시설설비에 관한 연구, 가사노동시간에 관한 연구, 가사노동 분담에 관한 연구, 가사노동의 태도, 만족도에 관한 연구, 가사노동의 가치평가에 관한 연구, 가사노동의 변화, 현상 동향에 관한 연구로 나누어 볼 수 있다. 가사노동에 대한 연구가 활발하게 진행된 시기는 1990년대 이후이며, 1990년대 중반부터 2000년도에 가장 많은 연구가 이루어졌다. 2000년 이후에는 1990년대에 비하여 가사노동에 대한 연구가 다소 감소하고 있는 경향이다.(이연숙 외 2인, 2008)

① 가사작업장 시설설비에 관한 연구

가사노동의 능률화 연구에서 영향을 받아 가사노동의 능률화를 위한 부엌구조 및 설비, 이것과 에너지 소모의 관계 등에 대한 연구가 이루어졌다.

② 가사노동시간에 관한 연구

1960년대에 비해 1980년대의 가사노동시간은 거의 변화가 없는 것으로 나타났으며, 가사영역에 따라 차이를 보이기는 하지만 대체로 식생활부문이 가장 많은 비중을 차지하는 것으로 나타났다. 1980년대는 주로 전업주부와 취업 주부 간의 가사노동시간차이 및 이에 영향을 주는 요인에 대한 연구로 이루어졌다. 2000년대에도 가사노동의 시간 연구는 지속적으로 이루어져 왔고 특히, 재택근무와 직장근무자(김효정, 김미라, 2001) 청소년(최남숙, 2002), 농업인 부부(최윤지 외 3인, 2006)의 가사노동시간에 대한 연구 등 연구 대상이 다양해지고 있다.

③ 가사노동 분담에 관한 연구

- 남편의 분담에 관한 연구
- 연구 결과 남편의 분담 정도는 매우 낮은 편이며, 시모나 친정모, 가정부 등에 의한 분담이 높은 편으로 나타났다. 특히 남편의 가사노동 분담 정도는 사회변화에 따른 성역할 변화에도 불구하고 거의 변화가 없었으며, 부인의 남편에 대한 기대 역시 낮아서 기대와 협력 실태의 차이도 거의 없었다.

- 1990년대에는 남편과 부인 사이의 가사노동 분담 실태를 보는 것을 넘어서 다양한 관점의 이론을 도입하여 그 효과를 검증하고 있다.
- 2000년대는 맞벌이 부부의 가사노동 공평성 인지와 그 영향 요인에 관한 연구(기은광, 이기영. 2003)가 있고 풍속화 분석을 통해 조선시대 가사노동의 성별 분업연구(김성희 외 2006)등 사회변화 및 국가 간의 비교를 통해 가사노동 분담에 대한 시각을 넓히고 있다.

④ 가사노동에 관한 태도, 만족도에 관한 연구

가사노동의 정서적 측면에서의 연구로서 주부의 자아존중감, 가사노동에 대한 의식의 영향력에 대한 연구이다.

⑤ 가사노동에 대한 가치평가에 관한 연구

- 1980년대 이후 가치평가에 대한 연구가 이루어져 1990년대에도 계속적으로 연구가 이어졌다. 1990년대 가사노동 만족도에 관한 연구는 영향 요인이나 대상이 세분화되는 경향을 보인다.
- 2000년대는 가사노동을 통한 주부의 사회적 기여에 관한 논의(김선미 외, 2000)를 시작으로 가사노동의 경제적 가치평가(문숙재 외, 2003) 및 국민경제에 대한 기여도(이기영 외 1, 2001)에 대한 연구가 꾸준히 진행되고 있다.

⑥ 가사노동의 변화현상·동향에 관한 연구

- 사회·경제적 환경의 변화에 따른 가사노동양식 내지 가정생활양식의 변화가 '가사노동의 사회화', '가사노동의 상품대체'라는 개념으로 정의되어 연구되고 있다.
- 사회·경제적 환경의 변화에 따른 가족의 환경 변화와 가사노동의 변화동향에 대한 연구들로 주로 식생활·의생활을 중심으로 가사노동 사회화 실태를 다루고 있다.
- 1990년대에 들어와서 가사노동의 수행, 특성, 인식 등의 변화에 관한 생활사적인 연구도 이루어지고 있는데, 조선시대를 중심으로 여성의 가내노동 특성과 경제적 가치에 관한 연구(김성희 외 1992), 산업화 이전 사회에서 경제활동에 관한 연구, 과학기술이 가사노동 수행방식에 미친 영향(이기영 외 1997) 등이 있다.
- 2000년대에는 가사노동에 대한 질적 연구와 지금까지의 가사노동 연구 동향에 대한 연구들이 주류를 이루었다.

2) 미국에서의 가사노동 연구

미국의 가정학에서 이루어지는 가사노동 연구는 1920년대~1930년대에 주요 관심 대상이었던 가정기구, 시간, 에너지 등 가사노동 관련 자원의 효과적 사용에 관한 연구와 가사노동의 특성에 관한 연구, 가사분담에 관한 연구 등으로 나누어 볼 수가 있다.

① 시간에 관한 연구
- 1920년대에 시작, 주로 농촌 주부의 시간 사용과 이에 영향을 미치는 요인에 관한 연구였다. 시간 사용에 영향을 미치는 특성은 가계의 크기, 자녀의 연령, 수도 및 전기 사용 등이었으며, 자녀와 남편은 가사 과업을 수행하는 데 거의 시간을 배분하지 않았다.
- 1920년대부터 1968년대 사이에 이루어진 연구들을 비교해 보면 관리적인 일과 가족 돌보기 시간은 다소 증가한 반면, 식사 준비와 주택 손질 시간은 감소되는 등 과업에 따른 시간 분배에는 변화가 있었지만, 가사 과업 전체에서 주부가 소비한 시간은 대략 주당 52~56시간으로 별 변화가 없는 것으로 나타났다.
- 1960년대 이후 베커(G.Becker)를 비롯한 미시경제학자들이 주도하는 인적 자본론과 '신가정 경제학'은 가정학자들의 시간 관련 연구에 새로운 토대를 제공해 주었다. 인적 자본론에 따르면 교육, 결혼, 자녀 양육, 직업과 같은 생애의 중요한 결정은 시간이라는 희소자원의 배분에 관해 상호 관련된 일련의 의사 결정으로 개념화된다. 가계를 구성하는 개개인이 시장활동과 가계활동의 상대적 효용성에 입각하여 그들의 시간을 배분한다고 가정함으로써 그의 이론을 가계로 확대 적용하였다.
- 1970년대에 1980년대에 들어와서도 가사노동에 사용한 시간의 양과 노동의 담당주체, 그리고 이 두 가지 측면에 관련된 요인을 탐색하고자 하는 연구가 계속되었다.
- 1980년대 이후 가계를 단위로 한 시간배분에 관한 연구가 활발히 진행되었다.

② 가사노동 특성에 관한 연구
- 가정학에서도 산업부문에서 수행된 연구를 토대로 가사 과업에 대한 평가를 하는 연구들이 이루어졌다. 연구 결과에서 가사 과업 중 식사 준비와 자녀 양육은 가장 좋아하는 과업으로, 청소와 세탁은 가장 싫어하는 과업으로 밝혀졌다.

③ 가사노동 분담에 대한 연구
휠러와 아비(Wheeler & Arvey, 1981)는 가사 분담을 설명하기 위한 틀을 세 가지로 범주화하였다.
- 규범적 상호 작용: 신념이나 가치(전통적-비전통적)가 가사 과업과 의사 결정 수행에 영향을 미친다고 가정
- 가족발달 이론: 가족 주기의 변화에 따른 과업 할당의 변화에 관심을 갖는다.
- 자원 이론: 가능한 자원 - 예를 들어 시간이 많은 배우자가 과업을 수행하는 것으로 가정한다.

⑤ 에너지에 관한 연구

에너지 연구는 1920년대 이후 가정능률론 또는 작업간소화 연구로 크게 각광을 받았는데, 이는 20세기 초 테일러(Tailor)의 주도로 산업계에서 전개된 '과학적 관리운동'을 길브레스(Gilbreth)여사가 가정관리 측면에서 '작업 간소화'형으로 가정학에 도입하였다.

스타이들과 브래턴은 그들의 역작인 「가정내 노동.1968」에서 에너지를 가사노동의 작업자 투입을 구성하는 주요 요소로 보고 광범위하게 분석하였다.

1920년대에 과학적 관리법으로부터 도입된 에너지에 관한 연구는 그 후 작업분석과 노동관리학적 방법뿐 아니라 능률심리학적 연구와도 결합하여 오랜 시일에 걸쳐 미국 가정학에서 가사노동연구의 중심이 되었다.

3) 일본

일본에서는 1940년 이후 가사노동에 대한 연구가 학문적으로 이루어졌으며, 주거학과 가정관리의 두 영역에서 연구가 이루어졌다. 특히 가정관리 영역의 연구는 보다 세분화되어 동작·에너지 대사·피로 등의 노동과학 면에서 가사노동 연구, 생활시간 연구 등에서의 가사노동 연구, 가사노동의 역사·현상·동향 등 가정사적 또는 현상분석적 연구로 나눌 수 있다.

① 주거학에서의 가사노동 연구
- 주거학과 가사노동을 결합한 연구는 나라여자대학 가정학부 주거학과의 기타무라 등에 의해 시작되었다. '작업대의 넓이 및 높이에 관한 실험적 연구'로 기타무라 등은 동작분석으로부터 가사노동의 실태와 의식으로 범위를 넓혔고, 가사노동의 사회화와 관련시켜 주거의 범위를 넘는 연구로 확대하였다.
- 마치다 등은 '맞벌이 가정의 생활환경'을 공동주제로 하여 단순히 주거에 그치지 않고 가사노동과 생활환경의 관련을 폭넓게 파악하려고 했고 이것이 주거학적 가사노동의 새로운 동향으로 주목된다.

② 동작·에너지 대사·피로 등의 노동과학적 연구
- 가사노동의 가정관리학적 연구는 노동과학연구소를 중심으로 하는 산업노동의 자연과학적 연구와 농업기술연구소의 농가 주부의 영농작업 및 가사노동에 관한 인간공학적 작업 연구로부터 영향을 받았다.
- 가사노동의 에너지 대사 연구는 오모리에 의해 1962년 이래 10년에 걸쳐 행해졌다. 가사노동에서 생기는 과로에 대해 주부의 작업노동과 관련해 연구가 이루어지고 있었고, 가사노동에 의한 피로 측정 방법의 개발이 시도되고, 가사노동의

적성에 관한 연구도 이루어졌다.

③ 생활시간 연구에서의 가사노동
- 이나바 등은 1955년부터 가정생활에 초점을 둔 생활시간 연구, 즉 부부를 대상으로 한 생활 시간 조사에 착수하였고, 고도 경제 성장기에 기혼 여성의 취업 증대에 따라 맞벌이 부부의 생활시간상의 문제를 착안한 것이 특징이다.
- 이나바 등의 생활시간 연구 방법을 계승하여 맞벌이 부부의 생활시간 시점을 오늘날 일본의 맞벌이 가정이 제기하는 문제와 결합시켜 사회과학적 이론을 토대로 생활시간 중 가사노동시간을 분석하려는 시도가 모리타, 오타케, 이토에 의해 이루어졌다.

④ 가정사 연구에서의 가사노동
- 쓰네미는 가정사 연구의 의의를 일정한 가정양식을 성립시키는 근거를 규명하고, 일정한 가정양식으로 발전 추이의 필연성을 파악하여 미래에 선택될 가정양식을 명백히 하여 금후의 가정의 모습을 보여 주는 데 있다고 설명하고 가정사 연구의 일환으로 가사노동의 역사·현상·동향을 파악하고자 하는 연구가 행해지고 있다.
- 가정학종합연구회 생활사반은 가정경영의 변동에 관한 생활사적 연구로서 동북지방의 옛가정의 개별적인 가정경영사를 다루었으며, 오모리 등은 고도 경제 성장기의 생활혁신이 기존의 가사노동·가사양식을 어떻게 변동시켰는가 하는 현상을 파악하기 위한 조사를 실시하였다.

2. 가사노동에 대한 경제학적 접근

1) 마르크스의 경제학설에 기초를 둔 가사노동론

(1) 마르크스의 경제학
- 마르크스의 경제학은 자본주의 체제의 특성이 생산에 있고 잉여가치만 중요하다고 보았으므로, 잉여가치를 생산하는 임금영역에서는 노동만을 생산성 노동으로 간주하여 분석 대상으로 삼았다.
- 마르크스는 가사노동을 잉여가치를 생산하지 않는 비생산적인 노동으로 간주하여 연구 대상에서 제외하였다.

(2) 마르크스 경제학이 가사노동의 본질을 이해하는 데 제공한 토대
- 가사노동을 노동의 한 형태로서 역사의 사회발전 속에서 위치 설정하고자 하였다.

- 어떠한 형태의 억압도 있어서는 안 된다는 입장에서 여성의 문제에 관심을 기울임으로써 가사노동에 보다 광범위한 시각을 제공하였다.

2) 고전적 마르크스 경제학자 등의 가사노동론

학자	내용	
엥겔스	• 노동의 성별분업이 여성에게 항상 억압적인 것은 아니었다고 주장	
	원시공동체사회	• 남녀가 다른 영역에서 각자 사회적으로 필요한 노동 수행 • 생산의 중심적 장소였던 가족에서 여성이 우월한 위치
	사유재산 출현	• 남성들이 축적된 부를 자식에게 상속하고자 하는 욕구로 여성에게만 일부일처제를 강요하고 여성을 남성에게 종속
	• 가족 내 성적 불평등은 사적 소유의 결과 • 사적 소유의 소멸을 통해 여성 억압이 소멸된다고 믿음 • 사회주의 실현 → 가사노동의 산업화 → 여성의 사회적 생산에의 참여 → 남성에 대한 여성의 의존 깨뜨림	

- 엥겔스의 예측과 달리 가정은 쇠퇴하지 않았고, 가사노동의 산업화도 부분적으로만 실현되었다.
- 후기 마르크스주의자들은 가족의 역할에 대한 마르크스주의 이론을 재고찰하고 자본주의 사회에서 가사노동의 이론적 위치 설정에 대한 해명을 시도하였다.

① 미국의 사회주의자인 베블렌(Beblen)
- 예전부터 여성은 항상 열등한 지위를 가졌다고 보았다. 여성은 노동을 하고 남성은 착취를 즐겼는데, 상류층 여성들은 상류층 남성들같이 일을 하지 않게 되었고 대신 여가와 소비를 즐기고 남성은 전쟁, 스포츠 등 착취를 즐겼다. 저소득층은 남녀가 함께 예전에 여자들이 하던 일을 하게 되었으며, 이것이 산업생산이 되었다.
- 각 계급은 그보다 높은 위치에 있는 계급과 경쟁을 하게 되는데, 이는 금전상의 형태를 취하게 되어 과시를 위한 소비가 여가보다 중시되었다. 과시를 위한 여가와 소비는 남성의 이익을 위한 것, 즉 그들의 계급을 확고히 하기 위한 것이었으며, 따라서 여성의 여가는 대리적인 성격을 띠는 것이고 여성이 소비자가 되어 소비하는 일은 귀찮고 부담되는 것이라고 했다.
- 엥겔스보다 신랄하게 여성의 삶에 있어서의 가부장적인 관계의 영향력을 강조하였으며, 남성에 대한 의존적인 삶에 안주하는 상류층 여성을 공략하였다.

② 길먼(Gilman)
- 여성의 남성에 대한 의존의 어리석음을 폭로하면서 여성이 이 어리석음에 의존함으로써 경제적으로 생존한다고 했다. 여성은 생존을 위해 성(性)을 이용해야 하였기 때문에 성적인 면에서 지나치게 발달하였고 성은 경제와 결합해서 여성의 성격을 형성하였으며, 결국 여성은 남성에 뒤떨어진 특성을 갖게 되었다고 보

았다.
- 가사노동도 여성의 생존 수단이었기 때문에 지나치게 발달한 것이며 이는 남성을 위주로 운영되고 오로지 남성에 대한 경제적 의존이 사라질 때 가정 체계는 소멸되고 가사노동은 산업화될 것이라고 했다.
- 길먼은 여성의 노동이 공적 권역으로 이동하고, 인정받고, 가치가 매겨짐으로써 여성의 지위가 진보될 것이라고 제안했다.

3) 후기 마르크스 경제학자들의 가사노동

가족 내 성적 불평등이 기본적으로 사적 소유의 결과이며, 여성의 억압은 물질적 토대를 가진 부르주아 가족에게서만 나타난다는 엥겔스의 주장을 토대로 마르크스 경제학자들은 자본주의의 요구 때문에 가족 내에서 여성에 의해 가사노동이 수행된다고 보았다.

- 여성이 수행하는 가사노동이 남성의 욕구를 충족시켜 줌으로써 현재의 노동력을 재생산하고 자녀를 사회화함으로써 미래의 노동력을 재생산한다고 보았고, 이러한 과정을 통해 자본주의 체제가 유지된다고 보았다.
- 자본주의는 그 체제 유지를 위해 가정 체계와 가사노동을 지속시키며 이를 위한 이데올로기를 강화하고 있다고 보는 것이다.

학자	내용
자레스키 (Zaretsky)	• 무상노동이라는 가사노동의 특성으로 인해 노동력 상품의 재생산비용을 인하시킨다고 주장 • 가사노동을 통해 임금 노동 체계의 저임금 구조가 유지된다고 봄 • 주부에게 가사노동의 일차적 책임을 부과하여 여성 노동력에 산업예비군적인 성격을 부여함으로써 보다 싼 임금으로 이들의 노동력을 제공하게 할 수 있다는 것이다. • 사적인 가정 체계의 유지 및 주부의 가사노동 수행이 자본의 이득이 됨 | 노동자 가족의 주부 | • 가사노동을 통해 자본가에게 값싼 노동력 제공 • 상품을 구매하여 자본가의 이윤을 챙길 수 있도록 자본주의를 떠받쳐 주는 역할 |
히로타	• 자본주의 사회의 근로자 가구의 가사노동의 역할과 변화를 명백히 하고자 함 • 자본주의 사회에서 가사노동의 경제적 특성으로 무상노동인 점과 개인적 성격이 강한 노동인 점을 들고, 이러한 특성으로 인해서 자본제 사회의 발전에 따라 가사노동이 경감 또는 확대의 상반된 방향으로 영향을 받는다고 했다. 가사노동을 경감시켜 여성을 해방시키는 경향을 보이나 다른 한편 여성을 가정에 묶어 두고 가사노동의 경감을 늦추는 한계도 그 생산 양식에 포함되어 있다고 본다. • 히로타가 제시한 자본주의 생산의 발전에서 여성을 가정에 묶어 두고 가사노동의 경감을 늦추는 요인에는 여성의 무상노동, 가사노동의 저임금과 과도한 노동과 관련된 근로자의 빈궁함을 가정 내부에서 떠받쳐 주는 역할을 하고 있다. • 가사노동을 경감시켜 주는 사회적 시설이다. • 주부가 임금 노동자화되는 경우 노동 조건의 열악함이다.

4) 근대경제학과 가사노동

근대경제학은 가계를 생산의 주체인 기업에 대비시켜 소비의 주체로서의 국민경제 속에 그 위치를 설정하였다.

학파	내용
신고전학파	• 사회 자체를 개별 호모에코노미쿠스들의 집합으로 이해하여 가계도 독립된 소비주체로 설정 • 그러나 단순히 소비주체로만 파악하고, 가계 내부에서 소비가 어떻게 선택되고 행동 되는지에 대한 가계 내부의 역학 관계는 별로 고려하지 않았다.

신가정 경제학	• 20세기에 들어와 가계의 재생산 역할에 대한 가치의 필요성이 제기
	• 기존의 국민총소득(GNI)을 대신할 신국민소득 지표로서 국민순복지(NNW)를 개발
	• 국민순복지(NNW)는 효용가치를 가져오는 물적·인적 서비스를 시간과 관련하여 파악하는 것이다.
	• 국민순복지를 통하여 여가시간과 노동시간을 포함하여 생활시간 전체의 가치 부여
	• 대표학자: 베커(Becker), 그로나우(Gronau), 그램(Gram), 윌리스(Willis)
	• 베커 등 신고전학파 경제학자의 가사노동
	  - 생산과 소비를 별개의 행위로 보는 전통적 경제 이론에 반박하고, 가계생산과 소비를 통한 새로운 시각에서 보아야 한다고 주장
	  - 가계를 효용의 직접적 근원이 되는 가계상품을 생산하는 '소규모 공장'으로 보았다.
	  - 가계생산의 예로는 식사, 청결, 세탁, 자녀 돌보기, 영화 감상 등을 들 수 있다.
	• 근대경제학의 이단파 또는 사회적 공정파인 갤브레이스(JK.Galbraith)
	  - 여가에 필요한 재화의 유지를 수행하는 것이 주부의 책임임을 지적함으로써 여가 유지를 위한 소비노동이 당사자가 아닌 다른 사람에 의해 수행될 수 있다는 가능성을 보여 주었다. "신고전파 경제학자가 가계의 개념을 남성권위의 실행을 위한 구실로 만들어 왔고 경제학자는 가계의 사적 영역을 침해하지 않는다."는 원칙하에서 여성은 가계의 사적 영역 내에서 은폐된 하인계급이 되었다고 주장하였다.
	  - 중·고소득층 주부의 가사노동 내지 가정 관리 활동이 소비의 지속적인 확대뿐만 아니라 저소득층 사람들에 대해 전시 효과를 갖는다는 점에서 경제발전에 직접 이용한 활동을 하고 있음을 지적하고, 현대경제학이 이를 은폐하고 있다고 비난하였다.
	  - 소비 사회에서 주부의 객관적인 역할의 지각을 암시하고 있다.

3. 페미니즘과 가사노동

1) 페미니즘에 대한 이해

'여성'이라는 뜻의 라틴어 페미나(femina)에서 유래한 말로 남녀가 평등하므로 본질적으로 가치가 동등하다는 이념이다. 생물학적 性으로 인한 모든 차별을 부정하며 남녀 평등을 지지하는 믿음에 근거를 두고, 불평등하게 부여된 여성의 지위·역할의 변화를 일으키려는 여성 운동이다.

페미니즘은 여성들의 권리 회복을 위한 운동을 가리키는 말로 1980년대부터 쓰이기 시작했다. 사회 현상을 바라보는 하나의 시각이나 관점, 세계관이나 이념이기도 하다.

● 현대 페미니즘의 선구자는 최초 '페미니즘 선언서'로 알려진 「여성의 권리옹호」

(1782)를 작성한 영국의 울스턴크래프트이다. 이후 페미니즘 운동이 전개되기 시작했는데, 이러한 흐름은 크게 1세대(여성의 참정권), 2세대(사회모든 분야에서 평등과 성적 해방의 추구), 3세대(계급, 인종문제 등으로 확대)로 나눌 수 있다.

2) 페미니즘의 흐름과 가사노동의 위상

① 초기 부르주아 페미니즘과 프롤레타리아적 페미니즘

- 초기에 중산층이 주도한 부르주아 페미니즘: 여성해방과 가사노동을 관련시키지 않았다. 울스턴크래프트(M.Wollstonecraft)는 여성해방에 있어서 해방된 여성 주체를 '중산계급'의 여성으로 간주하여 가사와 육아를 타인의 손에 맡기는 '상류계급'의 여성을 비판했다. 기존의 사회구조를 전제로 매우 보수적인 이념을 고수하였으며, 대부분 이 기존의 가족제도와 여성의 가사노동을 오히려 수용하는 편이었다.
- 프롤레타리아적 페미니즘: 노동 운동에서 나온 것이며, 마르크스 이론의 영향을 받았는데, 가사노동은 중요한 주제가 아니었고 가사노동의 사회화를 통한 여성해방을 주장했다.

② 현대 페미니즘 운동의 조류

- 자유주의 페미니즘: 기회 균등과 자기 실현이라는 자유주의 원리에 따라 여성의 균등한 사회참여를 주장한다.

> * 가부장제의 이데올로기로부터의 해방을 목적으로 한다.
> * 가사노동의 성별 분업이 여성의 사회적 삶의 기회를 제한하는 요인이 되어서는 안 된다고 본다.
> * 1970년대 후반 이후 가사노동에 대한 임금 요구를 주장하게 되었다.

③ 급진적 페미니즘

- 급진적 페미니즘은 1960년대 말 여성차별을 근원적으로 저항하고자 하는 중산층 백인 여성의 소집단에서 출발하였다. 이들에게 급진적이라는 용어는 여성의 억압의 뿌리에 해당하는 원인 찾기와 여성의 억압이 모든 억압의 뿌리라는 두 의미를 함축하고 있다.
- 변증법적 방법을 성계급에 적용하고 경제계급보다 더 하부에 성계급의 현실이 있다고 지적하였다. 이들은 남성이 여성을 지배하는 것은 '자연적인' 것임을 일단 인정하고, 기술의 발달로 이 의미를 역전시킴으로써 생물학적인 힘이 권력의 지배의 근거가 될 수 없다고 보았다.
- 시험관 아기 등 여성에 의한 생식조절의 독점을 달성하여 성에 기초한 모든 차별

을 폐지하는 성혁명을 지향하고 가사노동에 대해서는 임금을 요구하기보다는 폐지를 주장한다.

④ 사회주의 페미니즘
- 사회주의 페미니즘은 급진적 페미니즘과 마르크스주의의 통찰을 종합하는 동시에 두 입장의 문제점을 극복할 정치 이론과 실천 운동의 개발을 모색하려는 시도이다.
- 전통적인 마르크시즘이 여성해방을 위한 투쟁을 계급 투쟁에 종속시키고, 반면에 급진적 페미니즘은 여성해방을 위한 투쟁을 모든 종류의 투쟁에 선행하는 것으로 파악하였다면, 사회주의 페미니즘은 자본주의·남성지배·인종차별·제국주의 등을 분리할 수 없을 만큼 착상되어 있는 문제라 파악하고, 자본주의 체제와 남성지배에 대한 총체적 이해를 위해서는 이들 사이의 긴밀한 관계에 주목할 것을 요구하였다.
- 마르크스의 자본주의 본질에 관한 인식을 그대로 받아들이며, 여성을 억압하는 것을 남성과 사회계급의 양자로 보고 있다.

3) 가사노동에 대한 페미니즘에서의 비판적 시각

① 전업주부와 관련된 분석
- 보부아르(S. de Beauvoir): 가사노동의 생산적 기능을 거의 인정하지 않고 가사노동이 힘든 과제임에는 틀림이 없으나 인간적 가치를 지닌 생산적 노동은 아니다. 오히려 모성과 가사노동이 여성을 억압하는 수단이 되고 있다고 보았다.
- 전업주부에 대한 분석의 초점: 가정주부 역할의 낮은 사회적 평가와 가정주부가 하는 실질적인 일의 자극적이지 못한 특성에 초점을 둔다.

② 마르크스주의적인 개념틀 내에서의 분석

여성을 경제부문 중 가장 늦게까지 합리화되지 않은, 고도로 사유화된 노동부문에서 남성에 의해 착취당하는 노동자로 본다.
- 여성이 '성'과 '계급'에 의해 동시에 억압되고 있다고 본다. 즉 가부장제의 특성을 갖는 가족 체계와 자본주의 생산 양식이 상호 조화의 관계를 유지하면서 여성 노동력을 가정 내에 예속시킨다.
- 하트만(H.I. Hartmann)은 가족의 장(長)으로서의 남성의 욕구와 저렴한 노동력을 이용하려는 자본가로서의 욕구 간의 갈등을 해결하기 위한 방안으로 '가족임금'이 남성들에 의해 요구되었다고 보았다. 이런 가족임금의 실현을 통해 남성과 자본가의 이해가 합치되었으며, 가사노동과 임금 노동의 성별 분업은 확고한

사회적 규범으로 정착되어 갔다고 보았다.
- 실제로 가족임금은 19세기 말과 20세기 초에 걸쳐 서구에서 점차 실현되기 시작했는데 남성 노동자들은 남성과 여성의 동일한 임금 인상을 요구하는 대신 가정생활을 유지할 수 있는 수준의 가족임금을 남성에게만 지급할 것을 요구함으로써 여성들이 가정에서 남성들만을 위해 일을 할 수 있도록 하였다.
- 이러한 가족임금의 실현을 통해 남성과 자본가의 이해가 합치되었으며, 가사노동과 임금 노동의 성별 분업이 확고한 사회 규범으로 정착되었다고 보았다.

③ 역할 과중(role overloed)에 관한 분석

가부장적 가족 체계에 초점을 두어 현재의 자본주의 경제 체제가 가부장제에 의해 어떻게 변형되는가에 관심을 갖게 되고, 경제 체제뿐 아니라 남성의 지배권과 가부장적 가족 체계에 대한 공략이 동시에 이루어져야만 여성의 지위가 변화될 수 있다고 주장한다.

- 가사착취와 관련해서 가장 최근에 논란이 되어 온 것은 '역할 과중론'에 관한 분석이다. 앞의 두 논의가 가정주부와 취업 주부를 구별하지 않은 데 반해, 취업 주부에만 초점을 둔 것으로 마이스너(Meissner)에 의해 역할 과중론이 명백하게 정교화되었는데, 여성 노동에 대한 수요 증대로 귀결되는 경제적 변화와 노동 배분에서 성차별적 전통의 지속성 간의 모순을 분명히 하였다.

4) 유엔의 남녀 역할 분담 고정화에 대한 수정 제안

① 세계행동계획
- 세계행동계획의 의미: 평등·발전·평화의 슬로건하에서 1975년 7월, 유엔 여성의 해 멕시코 대회에서 결정된 세계행동계획은 각국 정부, 공적 및 민간기관, 여성단체, 청년단체, 노동조합, 매스컴, 정당 등에 대한 1975~1985년까지의 10년간에 걸친 각국의 행동 지침이 되는 일종의 권고를 말한다.
- 서장 제16항에서 "여성은 모든 사회활동에 동등하게 참가하도록 하기 위해서는 가사의 부담을 경감시키고 사회적으로 조직된 서비스가 설립, 유지되어야 하며", 제20항에서는 "탁아소 및 기타 육아 시설은 자녀가 가정에서 받은 교육과 보호를 보완하는 것이다."라고 명시되어 있다.
- 이러한 시설은 양성평등을 촉진하는 중요한 과제이다. 따라서 정부는 이러한 시설을 우선 일차로 다음과 같은 자녀에게 제공하도록 하는 책임을 가진다. 부모의 한쪽 또는 양쪽이 고용되는 경우, 또는 훈련·교육을 받기를 희망하는 경우라고 명시되어 있다.
- 제101장에는 가정과 직장에서 책임의 조화를 꾀하기 위한 다각적인 방법으로서

'노동시간의 총체적 단축, 시차근무, 탄력적 근로시간제, 남녀 쌍방에 대한 시간 근무제도, 자녀의 보호를 위한 보육 시설과 육아 휴양, 공동 취사 시설, 기타 각종의 가사 경감 설비 등'을 들었다.
- 제125항에서는 "가사활동에 한층 높은 가치를 부여해야 한다."고 명시하였다.
- '유엔 여성의 해 세계행동계획'의 의의: 가사육아에 관한 종래에 볼 수 없는 광범위하고 구체적인 각국의 시책의 방향을 제시하고 있다.

② 여성 차별 철폐 협약
- 1979년 12월 유엔에서 채택되고 1981년 9월말에 발표된 '여성에 대한 모든 형태의 차별 철폐 협약': 서문에는 "…자녀의 양육은 남녀와 사회 전체의 공동 책임이라는 것을 인식하고, 사회와 가정에서 여성의 역할과 마찬가지로 남성의 전통적 역할의 변혁이 남녀의 완전한 평등을 달성하는 데 필요하다는 것을 인식하고 …."라고 되어 있다.
- 1980년대 국제적 여론의 특징: 유엔 차원에서 생활양식을 변혁해 가면서 남녀역할 분담의 고정화의 제거를 목표로 발전해 가는 것이었다.

③ 유엔 여성의 10년 후반기 행동 프로그램
'차별 철폐 협약'에 보이는 남녀의 역할 분담의 고정화를 수정한다는 견해는 1980년 7월 코펜하겐 '유엔 여성의 10년 세계 회의'에서 채택된 '후반기 행동 프로그램'에 일층 상세하고 구체적으로 표현되어 있다.
- 세계 여성의 10년 후반기 행동 프로그램에서 국제문서상 처음으로 자녀 양육은 모성 보호와 구별되며, 부모와 지역사회 전체의 공동 책임임을 분명히 하였다. 국제노동기구(ILO)는 이러한 국제 연합의 움직임에 부응하여 1965년에 채택된 가정책임을 가지는 여성의 고용에 관한 권고(제123호)를 폐지하고 1981년에 가족 부양 책임을 지는 남녀 근로자의 기회와 대우의 평등에 관한 조약(제156호)과 권고(제165호)를 채택하였다. 이는 가족 책임은 남녀 노동자가 공동으로 가지는 것이며, 가족 책임이란 부양하는 자녀들의 책임뿐 아니라 간호 또는 원조를 필요로 하는 근친자에의 책임까지 포함하는 것으로 간주하여 육아 휴직과 가정 간호 휴직 제도가 국제 사회에 확산되는 계기를 마련하였다.

④ 북경 세계 여성 회의
1995년 9월 북경에서 개최된 제4차 세계 여성 대회에 모여 전 세계 모든 여성을 위한 평등, 발전, 평화의 목적을 증진시키기로 결정하고, 유엔 헌장에 천명된 남녀평등권을 재확인했다.

02 가사노동의 개념 연구: 예상 문제

01 우리나라 가정학에서의 가사노동에 대한 연구 동향을 바르게 설명한 것은?

① 가사노동 분담에 대한 연구는 1980년대 이후 크게 감소하는 경향을 보인다.
② 가사노동에 대한 노동과학적 연구는 최근 가사노동 연구의 주류를 형성한다.
③ 가사노동에 대한 가치평가에 관한 연구는 1980년대 이래 꾸준히 이루어지고 있다.
④ 주거학과 연계한 가사노동 연구가 주류를 형성하며 활발하게 전개되었다.

정답 ③ 가사노동에 대한 가치평가에 관한 연구는 1980년대 이래 꾸준히 이루어지고 있다.
해설 가사노동 분담에 관한 연구는 크게 감소하고 있지 않으며, 가사노동 분담에 대한 시각을 넓힐 수 있는 역사적 연구, 국제 비교 연구 등이 이루어지고 있다. 가사노동의 노동과학적 연구는 초기 가정학의 가사노동 연구의 주류를 형성하였다. 주거학과 연계한 가사노동 연구는 일본 가정학의 특징적 흐름으로 이해할 수 있다.

02 여성 노동을 억압적인 것으로 만든 것이 사유재산에 대한 욕망과 관련된다고 설명한 학자는?

① 보부아르 ② 베블렌
③ 베커   ④ 엥겔스

정답 ④ 엥겔스
해설 고전적 마르크스 경제학자들은 가사노동의 동기가 사유재산에 대한 욕망(엥겔스), 금전상의 경쟁(베블렌), 여자들의 경제적 생존(길먼)에 있다고 보았다.

03 다음 중 가계를 효용의 직접적 근원이 되는 가계상품(Household Product)을 생산하는 소규모의 공장(Small Factory)으로 설명한 학파는?

① 고전적 마르크스 경제학
② 신고전 경제학
③ 자유주의 여성해방론
④ 급진적 여성해방론

정답 ② 신고전 경제학
해설 생산과 소비를 별개로 보는 전통적 경제 이론을 반박하여 가계를 생산과 소비를 통합한 개념으로 접근한 것은 베커 등의 학자가 속한 '신고전 경제학'의 입장이다.

04 다음 중 성혁명을 강조하며 가사노동의 폐지를 주장한 여성해방론의 조류는?

① 부르주아 여성해방론
② 자유주의 여성해방론
③ 급진적 여성해방론
④ 사회주의 여성해방론

정답 ③ 급진적 여성해방론
해설 자유주의 여성해방론은 가사노동의 임금을 요구하였으며, 사회주의 여성해방론은 가사노동의 사회화를 주장하였다. 급진적 여성해방론은 성혁명을 통해 여성이 출산 등으로부터 억압받지 않아야 함과 가사노동의 폐지를 주장하였다.

05 가부장으로서의 욕구를 가지는 남성들이 노동력을 낮은 비용을 들여 저렴하게 이용하고자 하는 자본가의 욕구를 모두 해결하기 위한 제도로 요구한 것은?

① 가사노동의 사회화
② 가족임금(Family Wage)의 지불
③ 가사노동에 대한 임금 지불
④ 여성 임금 노동의 인상

정답 ② 가족임금(Family Wage)의 지불
해설 가부장권에 대한 남성의 욕구와 저렴한 노동력을 이용하기 위한 자본가의 욕구 간의 갈등이 생기자, 이를 해결하기 위해 남성 노동자들은 남성과 여성의 동일한 임금 인상을 요구하는 대신 가정생활을 유지할 수 있는 수준의 가족임금(Family Wage)을 남성에게만 지급할 것을 자본가에게 요구하였다.

06 다음 중 고전적 마르크스 경제학자와 관련이 없는 사람은?

① 엥겔스
② 베커
③ 베블렌
④ 길먼

정답 ②
해설 고전적 마르크스 경제학의 대표자: 엥겔스, 베블렌, 길먼

07 가사노동을 비생산노동으로 보고 연구 대상에서는 제외하였으나 가사노동의 본질을 이해하는 데 많은 토대를 제공한 것은?

① 신가정 경제학 ② 가정학
③ 여성학 ④ 마르크스 경제학

 ④

해설 마르크스는 가사노동을 잉여가치를 생산하지 않는 노동으로 보아 비생산 노동으로 간주하여 연구 대상에서 제외하였으며, 그 이론적 구조에서도 가계를 거의 배제하였다. 그럼에도 불구하고 마르크스 경제학은 가사노동의 본질을 이해하는 데 많은 이론적 토대를 제공해 주었다.

08 다음 중 가사노동의 정서적 측면에 중점을 두는 가사노동 연구는?

① 가사노동 분담에 관한 연구
② 가사노동에 대한 태도·만족도에 관한 연구
③ 가사노동의 가치평가에 관한 연구
④ 가사노동의 변화·현상·동향에 관한 연구

 ②

해설 가사노동의 정서적 측면에 중점을 두는 가사노동에 대한 태도·만족도에 관한 연구는 초기에는 단순히 가사노동의 만족도와 사회인구학적 영향 요인을 연구하는 데 그쳤으나, 점차 특정한 심리적 변인들(자아존중감, 가사노동에 대한 인식, 주부의 가치관)을 선택하여 이들의 영향을 파악하고자 한다.

09 가사노동의 가치가 적극적으로 인식되기 시작한 것은 신가정 경제학을 주창한 누구에 의해서인가?

정답 베커

해설 가사노동의 가치가 적극적으로 인식되기 시작한 것은 신가정 경제학을 주창한 베커의 가계생산모형에 의해서이다.

10 베커의 가계생산모형에 대해 간략히 쓰시오.

정답 가계생산의 존재와 합법성을 인정하며 가계생산을 통해 시간과 시장재가 결합되어 효용의 직접적인 근원이 되는 가계상품을 산출한다고 가정한다.

03 가사노동의 생산 이론과 가치의 평가

제1장 가사노동의 개념 연구

1. 가사노동의 생산 이론과 가치의 평가

1) 베커(Becker)의 가계생산모형

① 베커는 생산과 소비를 통합한 새로운 시각에서 가계를 직접적으로 효용을 산출하는 '소규모의 공장'으로 보아야 한다고 주장하였다.

② 여가와 가사노동시간, 즉 생활시간 전체에 가치를 부여하였다. 따라서 가계생산에서 소비자의 시간이 시장재, 서비스 등과 더불어 중요한 투입요소임을 강조했다.

③ 베커는 가계를 '소규모의 공장'으로 강조하였고, 가계를 최대의 복지를 달성하기 위해 자원을 배분하는 데 관심을 갖는 의사 결정 단위로 보았다. 가계생산의 합법성을 인정하며, 가계생산을 통해 시간과 재시장재가 결합하여 효용의 직접적인 근원이 되는 가계 상품을 산출한다고 가정하였다.

이 가계생산은 여러가지 형태를 취하는데, 즉 정리된 침대, 조리된 식사, 양육받은 자녀, 오페라 감상 등이다.

④ 베커의 가계생산모형에서 가계는 그에 주어진 총소득의 제약에서 시장재와 시간을 결합하여 생산되는 가계상품의 조합 중 최상의 것을 선택함으로써 효용 또는 복지를 극대화한다.

이때 총소득은 화폐수입과 가계생산에 쓰인 시간을 소득의 상실로 보아 임금률을 적용하여 화폐로 전환한 비용의 합계로 측정되며, 동시에 상품가격과 시장재의 양으로 구성되는 시장재의 비용과 가계생산에 투입한 시간비용의 총체로 측정된다.

2) 시간배분모형

시간배분모형은 예산제약하에서 효용을 극대화하는 방향으로 시장노동시간과 여가시간의 배분이 이루어지는 과정을 보여 준다. 이 모형을 통해 소득과 임금률의 변화가 시간배분에 주는 영향에 대해서도 알 수 있다. 시간배분모형은 가사노동시간, 시장노동시간, 여가시간 등이 종합적으로 반영된 이론이라고 할 수 있다.

① 시간배분모형의 특징

예산제약하에서 효용을 극대화하는 방향으로 시장노동시간과 여가시간의 배분이 이루어지는 과정을 보여 주며, 소득과 임금률의 변화가 시간배분에 주는 영향에 대해서 이해할 수 있다.

② 시간배분모형의 분석틀

효용함수, 소득제약과 효용 극대화, 시간제약

- 소득제약과 시간제약: 가계의 시장노동을 결정할 때 소득과 시간의 두 가지 제약을 가진다. 여기서 소득은 소비재의 가격에 소비재를 곱한 값이다. 그리고 시간제약의 경우 사용 가능한 총 시간은 시장노동시간에 소비되지 않은 시간인 여가를 더한 값이다.
- 효용함수: 가계는 주어진 시간을 시장노동과 가사노동, 여가에 할애하며, 각 활동에 할애한 시간으로 얻어지는 생산물로부터 만족, 즉 효용을 획득하게 된다. 노동시장에 시간을 할애하여 소득을 얻으며, 이 소득으로 시장재를 구할 수 있다. 가계의 복지나 효용은 가계가 소비하는 재화와 여가의 양에 달라질 수 있다.
- 무차별 곡선: 선호를 반영하는 일련의 곡선으로 같은 무차별 곡선 위의 모든 점은 동일한 효용 수준을 나타낸다.
- 소득효과: 소득이 증가하면 노동시간이 감소하는 효과가 발생한다.
- 대체효과: 임금이 변화하면 노동시간을 여가와 대체하여 여가시간이 감소하고 노동시간이 증가하는 효과가 발생한다.
- 손해배상: 불의의 사고나 재난으로 인해 신체적·정신적으로 피해를 입는 경우 피해자의 월평균 현실소득액을 기준으로 하여 수익액 산정하여 배상하는 제도이다.
- 재산분할 청구권: 이혼으로 인한 혼인 해소 시 부부 중 한쪽이 다른 한쪽에 대해 재산을 분할해 줄 것을 요구하는 제도이다.

③ 노동 공급에 대한 소득과 임금의 영향

- 소득의 변화: 임금의 변화 없이 소득이 증가할 경우, 예를 들어 비근로소득이 증가하면 소득효과로 인해 노동시간이 감소하고 여가가 증가한다.
- 임금의 변화: 임금이 상승하면 소득효과와 대체효과가 동시에 일어나서 시간배분에 보다 복잡한 형태로 영향을 준다. 소득효과는 노동시간을 감소시키는 반면 대체효과는 시간의 가치 증대로 노동시간을 증가시키는데 두 효과의 상대적 영향의 크기에 따라 시간배분이 변하게 된다.

3) 보이틀러와 오웬의 가정생산활동모형

① 가계는 인적 자본과 물적 자본으로 구성되는 자원을 시장 참여와 가정생산의 두 유형의 생산활동에 투입한다.

- 가족원의 자원이 투입된 가정생산의 사용가치를 갖는 재화와 서비스로 귀결된다.

- 가족원의 시장 참여로 획득한 화폐로 구입한 시장재와 용역은 가정생산을 통해 사용가치를 갖는 재화와 서비스로 전환된다.
- 시장 참여와 가정생산의 생산활동으로 산출은 외재적·내재적 특성으로 규정되는 추상적 재화와 서비스이다. 이 외재적·내재적 특성은 기본적인 인간의 욕구를 충족시키도록 돕는다.
- 가정생산의 의미

학자	내용
채경희와 문숙재	• 가족 구성원 개개인의 욕구 충족
리드(Reid)	• 가족이라는 하나의 단위로서 기능하기 위하여 그 가정 내에서 최종적으로 소비되는 재화와 용역을 생산하는 활동
보이틀러와 오웬 (Beutler & Owen)	• 가계생산 개념을 '가정생산' 개념으로 확장 • 가계생산활동을 '분리 가능한 생산'과 '분리 불가능한 생산'으로 유형화 • 유급노동자에게 위임될 수 있는 것과 위임될 수 없는 것을 모두 포함 • '가정 내에서' '가족원들만'을 위한 노동으로 제한되지 않고 가족원 이외 다른 가정이나 지역사회를 바탕으로 한 가정생활 활동 또한 포함

② 어떤 특성으로 산출할 것인가와 관련된 의사 결정
- 선호와 제한된 자원이 조합해서 최적의 특성 묶음이라고 할 수 있는 가족의 생활표준을 수립하게 된다.
- 가족생활 수준과 밀접하게 관련된 것은 가계가 획득한 특성의 묶음을 나타내는 생활 수준이다.
- 생활표준과 생활수준과의 긍정적이거나 부정적인 차이를 '부족(deficit)'라고 하는데, 이 '부족'은 가계에서 필요로 하는 특성이 무엇인지를 알린다. '부족'은 효용을 갖는 특성을 생산하도록 기대되는 활동에 종사하도록 알려 주는 역할을 한다.
- 가정생산활동모형은 경제학·사회학·심리학과 같은 다양한 학문을 통합한 것인데, 이러한 학제적 접근은 바로 학문으로서의 가족경제학 또는 가정관리학의 전형적인 특성으로 볼 수 있다.

2. 가사노동의 생산적 기능

1) 사용가치 또는 효용가치의 창출

① 보통의 경우 상품에 대해 추가적인 가공의 과정, 즉 구입한 생활원료(쌀)를 생활자료(밥)로 만드는 생산 과정이 존재함으로써 비로소 욕구가 충족된다. 직접적인 욕구 충족 행위인 소비가 가능하기 위해서는 욕구 충족 자체는 아닌 과정이 필요한데, 바

로 이 과정이 소비와는 구분되는 생산이다.

② 재화나 용역을 최종적으로 소비할 수 있게끔 정비해 주는 과정인 가사노동은 상품의 사용가치 또는 효용가치를 부가 내지 창출한 것이며, 이러한 의미에서 가사노동의 생산성이 인정된다.

학자	내용
커크(Kyrk.1933)	가사노동을 통해 거의 모든 재화의 형태, 장소, 시간이 변형되어 그 유용성이 증가한다고 함으로써 가사노동이 형태효용, 장소효용, 시간효용의 창출과 관계 있음을 이미 밝힌 바 있다.
베커(Becker)	미시경제학자들은 가계의 효용가치 산출 기능에 주목하여, 가계를 소비뿐만 아니라 생산기능을 수행하는 소규모의 공장으로 간주하고 비시장노동시간과 시장재가 결합하여 효용이 직접적인 원인이 되는 '가계상품'을 생산한다고 주장함으로써 가계의 생산적 기능을 강조하였다.
에데버그와 스미스 (Ehrenberg & Smith)	가사노동시간과 시장노동시간에 주목하였다. 가사노동시간이 시장재와 여러 형태의 조합으로 동일한 효용을 가진 가계상품을 생산한다고 보았다.

2) 시장노동을 통한 대체 가능

가정 내에서 수행되는 가사노동이 영역별로 시장노동에 대응될 수 있으며, 대응되는 시장노동의 대가를 통해 가사노동의 경제적 가치평가가 이루어지기도 한다.

학자	내용
리드 (Reid)	가사노동을 가계 구성원들에 의해, 그리고 그들을 위해 수행되는 무보수의 활동으로 이러한 활동들은 소득, 시장조건, 그리고 개인적 취향 등이 허락한다면 가정밖의 타인에게 위임될 수 있는 유급의 서비스라고 하였다.
세컴(Seccombe)	시장에서 제공되는 상품과 균등가를 가지는 상품의 일부를 생산하는 것이라면, 어떤 노동이든지 가치를 생산하는 것으로 볼 수 있다고 주장
워커와 고저 (Walker & Gauger)	시장비용대체법에 의거해서 가사노동을 영역별로 분해한 후 각 영역에 해당되는 시장 가격을 적용하여 가사노동의 경제적 가치를 금액으로 제시하였다.

결국 가정 내에서 이루어진 가사노동시간에 동일한 서비스를 제공하는 타인에게 지불될 임금률만큼 가치를 부여함으로써 가사노동이 가치생산노동임을 구체화할 수 있다

3) 노동력 재생산을 통한 부가가치의 산출

① 사회주의 경제학의 토대가 되는 객관적 가치 학설의 관점에서 볼 경우에도 가사노동은 노동력의 재생산에 필요한 생활 수단의 가치를 높임으로써 이를 사용하는 노동력 상품의 가치도 사실상 높인다.

② 가사노동은 확실한 교환가치를 가지고 시장에서 매매되는, 또한 모든 잉여가치의 원천이 되는 노동력이라는 상품을 생산하는 노동이다.

③ 노동 가치설 관점에서 가사노동은 노동력의 재생산을 통한 부가가치를 산출하는 노동으로 생산성을 지닌다고 볼 수 있다.
④ 노동 가치설에서 상품가치는 그 상품을 생산하는 노동에 의해 형성, 가치의 크기는 그 상품을 생산하는 데 필요한 노동시간에 의해 결정
⑤ 인간의 주관적 만족도나 효용이 상품 가치의 기준이 된다는 효용가치설과 대비되는 관점으로 객관적 노동 가치설로도 불림
⑥ 주부의 가사노동은 남편의 노동력으로 대상화 되어 남편의 노동력의 가치를 높인다는 점에서 부가가치를 생산하는 노동

3. 가사노동 가치평가의 의의

가사노동의 가치평가란 무보수 가사노동의 생산적 기능을 반영하여 가사노동의 가치를 화폐가치로 측정하는 것이다.

① **생산적 노동**: 가사노동이 생산적 노동임을 분명하게 해 준다.
  ㉠ 가사노동의 생산성을 분명히 하기 위해 가사노동의 가치의 가시화가 필요하며 이는 가치의 수량화를 통해 가능하다.
  ㉡ 가사노동 가치를 측정함으로써 노동으로서의 가사노동 가치에 대한 재인식이 가능하다.
② **기여도**: 국민경제에 대한 가사노동의 경제적 기여도를 파악할 수 있다.
③ **보상의 기준가치**: 주부의 손해배상이나 이혼 시 재산분할 문제에서 보상의 기준치로 작용할 수 있다.
  ㉠ 사고 발생 시 보험업계로부터 받는 보상금이나 이혼 시에 반환 받게 되는 재산분할금, 상속 및 증여 시에 부인이 납세해야 하는 세금액, 부인에 대한 사회보장의 인정 등
  ㉡ 주부의 가사노동에 대한 지속적인 측정 노력이 필요하며 이러한 노력의 성과가 이루어질 때 보상의 기준치로서 그 의의가 크다.

4. 가사노동 화폐가치의 측정 방법

1) 투입 접근법

① 시장 대체비용법

㉠ 종합적 대체비용법: 가사노동을 활동별로 구분하지 않고 가계 내에서 이루어지는 모든 가사노동을 하나의 활동, 즉 하나의 직업으로 간주하여 평가하는 방법
- 주부의 가사노동을 하나의 가정관리직으로 간주하여 가족원이 가사노동을 수행한 시간에 대해 다른 사람이 동일한 노동을 대체할 경우 그 사람의 시간당 임금을 적용하는 방법이다.
- 가족 구성원이 가사노동 활동에 투입한 전체 시간에 동일한 노동을 대체할 사람의 시간당 임금을 곱하여 가사노동의 가치를 측정한다.
- 가사 근로자를 대체 노동자로 보는 경우로서 가장 낮은 값으로 평가되는데, 주부가 수행하는 가사노동을 가정부가 종합적으로 대체한다고 보기 어렵다는 점에서 문제가 제기된다.
- 1인 대체의 경우 발생할 수 있는 가사노동의 가치 과소·과대평가 문제 보완을 위해 가사노동을 단순노동과 관리노동으로 나누어 가사 근로자와 관리자 2인을 대체 직종으로 선정하여 평가하기도 한다.
- 2인 대체법은 가정 내에서 가사노동을 수행하는 주부를 하나의 직업으로 간주하고 이에 상응하는 1명의 대체 근로자를 고용한다고 보고 그 대체 근로자의 총임금을 가사 노동가치로 보는 종합대체법의 기본적인 전제에 엄격하게 부합하는 방식이 아니라는 한계가 있다.

㉡ 전문가 대체비용법: 다양한 가사노동 활동에 대하여 각각의 활동에 해당하는 대체 직종의 시장 임금을 적용하여 가사노동 영역에 속하는 작업을 분류한 후 각 작업에 해당하는 직업노동의 임금률을 적용하여 추계하는 방법이다.
- 보다 복잡한 방법으로 가계생산의 경제적 가치를 다소 높게 산정한다.
- 그러나 현실적으로는 개별 가사 과업을 위해 필요할 때마다 전문 직업인을 고용하는 것은 불가능하다. 또한 전문인을 고용하더라도 가족이 그 일들을 감독해야 하므로 관리적 임금률이 적어도 어느 정도는 포함되어야 한다는 주장도 있다.
- 이 방법에 기초한 산정액은 실제의 수준보다 다소 높아질 수 있다.

② 기회비용법

주부가 무급노동에 시간을 투입함으로써 유급고용으로 발생할 수 있는 소득을 상실

된 소득으로 보고, 상실된 소득을 기회비용으로 파악하여 산출하는 방법이다.

㉠ 어떤 사람이 지불고용에서 일정량의 시간당 임금을 벌어들일 수 있다면, 그것이 바로 가사노동시간에 부여되는 임금에 해당되는 것이다.

㉡ 대응되는 취업 여성의 시간당 평균임금이나 최저임금에 대한 자료를 통해 산출되는데, 실제로는 무급노동에 대한 총시간소비를 연령별 전체 평균 시장 임금률에 곱해서 구하게 된다.

㉢ 가사노동의 기회비용과 주부가 취업할 경우의 기회비용의 비교를 가능하게 함으로써 주부가 취업해야 할 것인지의 여부를 결정하는 데 도움을 준다.

㉣ 전업주부의 가사노동 기회비용은 주부가 취업할 경우에 벌어들일 수 있는 잠재소득(순화폐소득)에 해당하며, 취업한 주부에 있어 취업의 기회비용은 취업으로 인해 가사노동을 못함으로써 상실한 실질소득에 해당한다.

- 각 개인이 시장노동과 가사노동 중 어느 하나를 선택할 경우에 유용하게 작용하나, 동일한 가사노동이 가사작업자의 획득능력에 따라 큰 차이를 보일 수 있다는 점에서 많은 문제를 내포하고 있다.
- 대부분의 임금에 근거한 가사노동 가치의 산정은 일차적인 행위만을 고려한다. 가치산정 시에 겹쳐서 하는 일, 즉 이차적인 행위까지 고려한다면 가사노동 가치는 더 높아질 것이다.

2) 산출물 접근법

① 이 방법은 현재 가족원이 제공하는 재화와 서비스를 시장에서 구입할 경우에 가계가 지불해야 하는 화폐비용을 측정하는 방법으로, 가사노동 가치의 생산물 계산법이라고도 한다.

② 이 방법은 가족원이 생산해 내는 재화 및 서비스의 양과 질의 계산을 필요로 하며, 유사한 질의 재화와 서비스를 구입할 수 있을 때에만 유용하다.

③ 이 방법은 생산비용을 더욱 완벽하게 고려하므로, 이 방법을 통해 가족들은 재화 및 서비스의 구입과 생산의 균형을 효율적으로 맞출 수 있다.

5. 가사노동 가치의 제도적 활용

1) 손해배상

① 일반적인 손해배상액의 산정

불의의 사고나 재난으로 인해 신체적·정신적으로 피해를 입은 경우 피해자의 월평균 현실소득액을 기준으로 하여 상실수익액을 산정하여 배상하는 제도이다.

② 우리나라 주부의 경우
- ㉠ 손해배상의 경우 현재 전업주부의 가사노동에 대한 고시 가격은 현실소득액으로서 일용 도시 근로자 임금을 적용하고 있다.
    - 무직자로 간주되는 전업주부의 월소득: 일용 근로자의 임금 × 월 근무일 22일(60세 정년 연한)
- ㉡ 사고의 발생으로 주부가 하던 일을 타인에게 위임하거나 시장상품으로 대체할 경우 지출되는 비용을 고려하면 주부의 노력을 크게 과소평가하는 것이다.
    또한, 가사노동의 가치를 정당하게 평가하고 있는지에 대한 논쟁의 여지가 있다.

③ 가사노동 가치평가에 의해 추계된 주부의 가사노동 가치는 주부의 손해배상 기준을 정하는데 객관적인 잣대로 활용할 수 있다.

2) 재산분할 및 세금

① 재산분할청구권

재산분할청구권이라 함은 이혼배우자 사이에 재산관계를 청산·정리하는 것을 말하는데, 근세 이후에 있어 혼인관계를 대등한 부부의 결합관계로 보게 됨에 따라 재산분배제도는 부부공동재산의 청산 또는 이혼 후의 부양이라는 사상으로 바뀌게 되었다. 이혼의 자유를 실질적으로 보장하는 의미가 있다.

- ㉠ 재산분할청구권의 의의: 여성의 가사노동이나 재산 형성에 대한 기여도를 인정하고 있다. 이혼의 자유를 실질적으로 보장하는 의미가 있다. 즉, 이혼하는 부부의 일방(一方)이 상대방 배우자에 대하여 혼인 중 취득한 공동재산의 분할을 청구하는 일종의 법정채권이다.
- ㉡ 문제: 여성의 가사노동이나 재산 형성에 대한 기여도를 인정하고 있다는 점에서 여성의 입장에서 볼 때 진일보한 법률 조항이다. 그러나 액수나 방법 등이 정해져 있지 않고, 아내의 기여도가 충분히 인정되지 않으며, 기여도와 분할액 산정이 가사노동량이나 화폐가치에 근거하기보다는 전적으로 판사의 재량에 맡겨져 있다는 점이다.
    - 선진국의 부부별산제 수준의 재산분할, 혹은 주부의 가사노동 가치에 대한 배우자의 소득 수준의 상대적 비율을 재산분할의 기반으로 활용해야 할 것이다.

② 세금

전업주부의 가사노동 가치평가는 공동 형성한 재산 부분을 증여세 및 상속세에서 공제하는 범위를 결정하는 데 활용될 수 있다.

03 가사노동의 생산 이론과 가치의 평가: 예상 문제

01 베커의 시간배분모형에서 효용의 극대화가 이루어지는 경우는?

① 무차별 곡선의 기울기가 예산제약선의 기울기보다 클 경우
② 무차별 곡선의 기울기와 예산제약선의 기울기가 같을 경우
③ 무차별 곡선의 기울기가 예산제약선의 기울기보다 작을 경우
④ 동일한 무차별 곡선상의 모든 점에서 효용 극대화가 동시에 이루어진다.

정답 ②
해설 무차별 곡선의 기울기와 예산제약선의 기울기가 같을 경우 소득제약과 시간제약을 고려한 예산선의 기울기와 가계의 선호를 반영한 무차별 곡선의 기울기가 일치할 경우 효용의 극대화가 이루어진다.

02 노동 공급에 대한 소득과 임금의 영향을 바르게 설명한 것은?

① 임금률의 변화 없이 소득이 증가하면 소득효과와 대체효과가 동시에 발생한다.
② 임금률의 변화 없이 소득이 증가하면 소득효과로 인해 노동시간이 감소한다.
③ 임금률이 상승하면 항상 동일한 소득효과와 대체효과가 발생한다.
④ 임금률이 상승하면 항상 대체효과가 소득효과보다 크다.

정답 ② 임금률의 변화 없이 소득이 증가하면 소득효과로 인해 노동시간이 감소한다.
해설 임금률의 변화 없이 소득이 증가하면 소득효과만 발생하며, 그로 인해 여가시간은 증가한다. 한편 임금률이 상승하면 소득효과와 대체효과가 동시에 발생하며, 이때 소득효과는 노동시간을 감소시키는 반면, 대체효과는 노동시간을 증가시키는 방향으로 작용하는데, 이러한 두 가지 효과의 상대적 영향의 크기에 따라 시간 배분이 결정된다.

03 다음 중 기회비용법에 대한 설명으로 바르지 않은 것은?

① 주부의 가사노동 수행에 따른 상실소득에 근거하여 가사노동의 가치를 측정한다.
② 주부가 고용되었을 경우 벌 수 있는 임금이 가사노동 가치에 해당한다.
③ 기회비용을 기준으로 취업으로 인한 유불리를 판단할 수 있다.
④ 기회비용법에 의한 가사노동 가치의 추정치는 가정부에 의한 종합 대체비용법보다 낮은 수준이다.

정답 ④ 기회비용법에 의한 가사노동 가치의 추정치는 가정부에 의한 종합 대체비용법보다 낮은 수준이다.
해설 기회비용법은 주부가 무급노동에 시간을 투입함으로써 유급고용으로 발생할 수 있는 소득을 희생하게 된다고 보고 상실소득에 해당하는 기회비용으로 가사노동 가치를 산정하는 방법으로서 일반적으로 가정부에 의한 종합 대체비용법에 비해 높은 수준이다.

04 다음 중 산출접근방법에 의한 가사노동 가치평가 방법은?

① 종합적 대체비용법
② 전문가 대체비용법
③ 기회비용법
④ 생산물 계산법

정답 ④ 생산물 계산법
해설 종합적 대체비용법, 전문가 대체비용법, 기회비용법은 모두 투입 접근 방법이다.

05 가사노동의 경제적 가치평가의 의의를 두 가지 이상 제시하시오.

정답 가사노동이 생산적 노동임을 규명하여 가사노동에 대한 인식을 개선하도록 하며, 국민경제에 대한 가사노동의 기여도를 화폐가치로 산정하여 제시한다. 또한 주부의 손해배상이나 이혼 시 재산분할 문제, 사회보험 등에서 보상의 기준치를 제공한다.

06 근로소득이나 비근로소득의 변화가 시간배분이나 상품구입에 미치는 영향은?

① 임금이 상승하면 소득효과와 대체효과가 동시에 작용하게 된다.
② 근로소득이 상승하면 대체효과에 의해 시장노동시간이 감소한다.
③ 근로소득이 상승하면 소득효과에 의해 시장노동시간이 증가한다.
④ 근로소득이 증가하면 시간집약적 상품이 재화집약적 상품을 대체한다.

정답 ①
해설 임금이 상승하면 소득효과와 대체효과는 동시에 작용하게 된다.

07 시간배분모형과 관련이 먼 분석적 틀은?

① 효용함수
② 생활표준과 생활 수준의 차이
③ 소득제약
④ 시간제약

정답 ②
해설 시간배분모형은 효용함수, 소득제약, 시간제약 등이 있다.

08 기회비용법에 대한 설명 중 바른 것은?

① 상실비용에 근거하여 가사노동의 가치를 측정한다.
② 지불고용에서 벌어들일 수 있는 임금이 가사노동 가치에 해당된다.
③ 취업 시 기회비용이 가사노동의 기회비용보다 높으면 취업하는 편이 유리하다.
④ 기회비용법에 의한 가사노동 가치의 국가적 추정값은 가정부 대체비용법보다 낮다.

정답 ②
해설 주부가 무급노동에 시간을 투입함으로써 유급고용으로 발생할 수 있는 소득을 상실된 소득으로 보고, 상실된 소득을 기회비용으로 파악하여 산출하는 방법이다. 어떤 사람이 지불고용에서 일정량의 시간당 임금을 벌어들일 수 있다면, 그것이 바로 가사노동시간에 부여되는 임금에 해당되는 것이다. 지불고용에서 벌어들일 수 있는 임금이 가사노동 가치에 해당된다.

09 가사노동영역에 속하는 작업을 분류한 후, 각 작업에 해당되는 직업노동의 임금률을 적용하여 가사노동의 가치를 추계하는 방법은?

정답 전문가 대체비용법

해설 다양한 가사노동 활동에 대하여 각각의 활동에 해당하는 대체 직종의 시장 임금을 적용하여 가사노동 영역에 속하는 작업을 분류한 후 각 작업에 해당하는 직업노동의 임금률을 적용하여 추계하는 방법이다. 보다 복잡한 방법으로 가계생산의 경제적 가치를 다소 높게 산정한다. 그러나 현실적으로는 개별 가사 과업을 위해 필요할 때마다 전문 직업인을 고용하는 것은 불가능하다. 또한 전문인을 고용하더라도 가족이 그 일들을 감독해야 하므로 관리적 임금률이 적어도 어느 정도는 포함되어야 한다는 주장도 있다. 이 방법에 기초한 산정액은 실제의 수준보다 다소 높아질 수 있다.

10 ( ) 안에 알맞은 말을 쓰세요.

> 가사노동 가치의 생산물 계산법은 가계생산물에 상응하는 ( )의 구매가격에서 가계생산물의 ( )을 뺀 가계생산물의 순화폐비용을 가사노동의 ( )으로 나누어 가사노동의 시간당 임금을 산출하는 방법이다.

정답 시장생산물, 화폐비용, 순시간비용

해설 가사노동가치의 생산물계산법은 가계생산물에 상응하는 시장생산물의 구매가격에서 가계생산물의 화폐비용을 뺀 가계생산물의 순화폐비용을 가사노동의 순시간비용으로 나누어 가사노동의 시간당 임금을 산출하는 방법이다.

CHAPTER

02

가사노동의 관리와 전망

01 가사노동의 관리체계
02 가사노동의 정서적 요소
03 가사노동의 노동과학적 연구
04 가사노동의 전개와 전망

01 가사노동의 관리체계

제2장 가사노동의 관리와 전망

1. 가사노동 관리체계모형

1) 가계

가계는 자원을 소비할 뿐만 아니라 자원을 생산하는 주체이다.

2) 라이스와 터커(Rice & Tucker)의 모형

체계적 개념틀을 적용하여 그 효용성을 증가시킬 수 있다. 라이스와 터커의 가계생산 모형에서 투입은 가사노동에의 요구, 사건, 자원을 포함하고, 과정은 자원과 요구를 고려한 표준 설정 및 자원의 배분으로 구성되며, 산출은 내재적 산출과 외재적 산출로 구성된다.

① 투입
사전적 의미로는 '사람이나 물자, 자본 따위를 필요한 곳에 넣는다'라는 의미로 가족 구성, 가족원의 취업, 문화적·사회적 기대, 그리고 예기치 못한 사건에 의해 영향을 받는다. 투입은 가사노동에 대한 요구, 예기치 못한 사건, 그리고 가계가 사용할 수 있는 자원을 포함한다.

② 과정
인간의 욕구와 투입요소를 토대로 하여 사람들은 표준을 선택하고 가계생산, 재화와 서비스의 구입 그리고 시장생산 간에 자원을 배분한다.

③ 산출
화폐소득이나 생산된 재화와 같이 쉽게 측정될 수도 있으며 또한 인적 자본 개발이나 만족감과 같이 사람과 관련된 의미로 평가될 수도 있다.

2. 투입요소

1) 투입으로서의 요구

① 가족 구성
㉠ 가족원 수가 많거나 다양한 연령층으로 구성된 복잡한 가족에서는 가사노동에

대한 요구가 크다.
- ⓒ 대가족은 소가족보다 가사노동에 더 많은 시간을 할당한다.
- ⓒ 자녀 수는 총가사노동시간을 증가시키는데, 규모의 경제성에 의해 자녀의 수가 증가한다고 해서 반드시 일정한 비율로 가사노동시간이 증가하는 것은 아니다.
- ⓔ 일반적으로 막내 자녀의 연령이 많아짐에 따라 주부가 가사노동에 할당하는 시간은 감소된다.
- ⓜ 혼자 〈 가족, 여성 〉 남성, 소가족 〈 대가족, 자녀 수가 증가 요인(규모의 경제, 막내 자녀 연령)

② 취업
- ㉠ 가족원의 취업: 가사노동에 투입하는 시간의 제약으로 인해 가사노동시간이 줄어든다. 남편보다 아내의 취업이 가사노동시간에 부적인 영향을 준다. 아내의 효과가 상대적으로 크다. 가족과 함께 지내는 시간에 영향을 미친다.
- ㉡ 직장시간의 융통성 여부: 근무시간을 조절할 수 있는 사람이 그렇지 못한 사람보다 가정일에 더 활발하게 참여한다.

③ 문화적·사회적 기대
가사노동에 대한 기대는 여성의 경제활동 참여가 증가할 때 여성에 대한 기대가 크기 때문에 문화적·사회적 체계에 의해 영향을 받는다.

④ 사건
사건은 관리적 행동을 요구하는 예기치 못한 상황을 말한다. 사건들은 가족원들의 우선순위에 의해 그 중요성이 달라진다. (예 질병, 사고, 자연재해, 예기치 못한 손님 등)

2) 투입으로서의 자원

① 시간
다른 일에 사용된 시간만큼 가사노동시간은 제약을 받는다.
- ㉠ 총가사노동시간은 고용시간 증가에 따라 감소하지만 자녀를 가진 맞벌이 부부에서 자녀 양육 시간만은 다른 시간에 비해 덜 감소하는 경향이다.
- ㉡ 고용시간이 규칙적이고 낮 근무인 고용인이 교대근무나 주말근무를 해야 하는 사람보다 가사노동에 많이 참여한다.
- ㉢ 가사노동의 대부분이 규칙적으로 수행되므로 고정된 고용시간을 가진 사람에게 가사노동이 할당되기 때문이다.

② 에너지

가사노동 수행자는 관리자인 동시에 작업자이기도 하다. 가사노동은 전체적으로는 가벼운 노동이나 보통 노동에 속하며, 짧은 시간에 많은 일을 하기 위해 속도를 증가시키거나 동시에 두 가지 이상의 과업을 수행할 경우에는 일에 대한 신체적 요구가 증가하고 피로감이 증가한다.

③ 인지적·정서적 자원(수준, 작업자의 태도)

식사 관련 과업과 자녀 돌보기가 가장 좋아하는 일인 동시에 가장 많은 시간을 소비하는 일이라는 사실을 볼 때, 인지적 자원과 정서적 자원이 결합하여 가사노동의 특정 부분에 할당되는 시간에 영향을 준다고 할 수 있다. 과업에 대한 작업자의 태도는 특히 피로와 관련되며, 특정 과업을 싫어하는 사람은 그 일을 즐기는 사람보다 피로를 더 많이 느끼는 것으로 보고되었다.

④ 물적 자원(설비, 화폐소득)

많은 자원을 소유했거나 넓은 공간을 가지고 있는 경우에는 이를 유지하기 위해 많은 시간이 요구된다. 역사적으로 볼 때 가사노동을 위한 기구나 설비의 도입은 작업시간을 감소시키기 위한 것이기보다는 생산의 표준을 높이기 위한 것으로 판명되었다. 주거 공간, 설비, 기술의 진보로 부가적 과업, 화폐(서비스의 이용 수준이 높다.)

→ 수행 수준, 수행 여부, 주요 수행 담당자, 수행 방법, 성과, 반복 빈도 영향을 미침

3. 과정

1) 계획

계획이란 인지적 기술을 사용하여 어떤 일을 할 것인가를 상상하는 과정이다. 과정 단계에서 계획은 목표 추구를 위하여 행동을 설계하는 것이다. 따라서 계획은 목표를 달성하기 위한 초점과 방향을 제시해 준다.

가사노동에 있어 계획이란 표준과 순서에 관한 의사결정이 포함되며, 잘된 계획이란 여러 과업을 통합해서 바람직한 행동패턴을 형성하는 것이다.

① 표준 설정

표준이란 목표 달성을 측정하는 척도로서 표준은 우리가 어떻게 목표에 도달할 것인지를 규정하고 달성된 목표에서도 예상되는 결과를 나타내는 척도가 된다.

㉠ 가사노동이 가족원에 의해 제공되든 또는 지불된 노동력에 의해 제공되든 간에

관계없이, 표준 설정은 계획의 중요한 구성요소이다. 언제, 어디서, 누구에 의해, 명료화, 수정, 과업별 표준 시간 결정, 융통성 적용, 엄밀하게 적용, 인적 자원(경험) 등

ⓛ 가사노동은 나름대로 표준을 가지는 다양한 과업으로 구성되어 있는데, 식사 준비와 설거지, 주택 손질, 의류 손질, 시장 보기, 가계부 적기, 신체적 및 비신체적 가족원 돌보기 등으로 구성되어 있으며, 과업별 표준이 각 과업시간에 영향을 주어 표준이 높을수록 과업을 달성하는 데 많은 시간이 걸린다.

ⓒ 표준이 상황에 따라 적용되는 방식이 다양하다. 또한 가족원의 건강이나 안전과 관련된 행동에 있어서는 표준이 엄격하다.

② 과업의 우선순위를 결정

㉠ 가사노동이 만족스럽게 달성되기 위해서는 그 일을 하는 데 필요한 시간이 사용 가능한 시간과 일치해야 한다.

ⓛ 가사노동시간의 계획은 중요한데, 계획을 하도록 의식적인 노력을 함으로써 투입시간을 감소하고 목표 달성을 증대할 수 있다. 또한 세심한 계획은 주부 외의 다른 가족원들이 가사노동에 참여하는 기회를 마련해 주기도 한다.

ⓒ 특정 과업에 대한 지식을 갖고 있으면 일을 효과적으로 할 수 있는 순서를 개발할 수 있다.

2) 수행

수행작업이 이루어지는 동안에 취하는 관리행동으로서 과정의 한 부분을 수행이라고 한다. 이는 실행과 통제의 두 가지 요소로 구성된다.

① 실행

계획된 행동을 실천에 옮기는 활동이다. 계획이 실천되지 않으면 계획 자체가 목표 달성으로 이어지지 않는다.

㉠ 여성들은 가정 내에서 주로 생산자이다. 그러나 전업주부에 비하면 취업 주부는 식사 준비 횟수가 적고 가사노동시간이 짧다.

ⓛ 다른 사람이 가사에 협조해 주기를 원할 경우 주부가 타인의 도움을 유도하기 위해 배려할 사항

- 일을 함께 하는 것이 다른 사람의 참여를 유도할 수 있다.
- 일에 대한 책임을 어떤 한 사람에게 완전히 맡길 경우 그 사람이 긍정적으로 일을 받아들이기도 한다.
- 일을 함께 하는 것은 동료감을 느낄 기회나 공유된 경험을 갖게 함으로써 일

에 대한 불쾌감을 경감시킨다.
ⓒ 가사노동의 수행은 물리적 조건이 일을 하기에 적합하도록 구비된다면 쉽게 달성될 수 있다.
② 스타이들과 브래턴이 제시한 가사노동 수행을 위한 지침
- 사용하고 관리하기에 용이한 기기와 도구는 가사작업의 수행을 촉진한다. 크기가 적합하고 배열이 잘된 작업공간과 수납공간도 중요하다.
- 작업을 하는 동안에 똑바로 서거나 앉아서 하면 피로를 덜 느낀다.
- 상박과 하박이 직각을 이룬 상태로 작업을 할 수 있게끔 작업표면이 설계될 경우 피로를 경감시킨다.
- 자주 사용하는 물품을 손끝과 눈높이에 둘 경우 쉽게 발견할 수 있다.
- 사람들이 수납된 물품을 볼 수 있고, 손이 닿을 수 있으며, 잡을 수 있고, 쉽게 되돌려 놓을 수 있다면 작업은 보다 수월하게 진행될 수 있다.

② **통제**

일의 진행에 대한 점검보다는 목표 달성을 위한 계획된 행위를 조정하는 것을 포함한다. 수행 과정을 점검하거나 계획 및 표준과 비교하여 필요할 경우 조절하는 것이다.
㉠ 점검: 일이 진행 과정을 살피는 활동으로 가사작업이 가족원의 욕구를 충족시키기에 충분할 정도의 빈도로 이루어져야 한다. 너무 자주 점검이 이루어지면 시간을 낭비하게 된다. 다른 사람이 작업할 때 너무 자주 점검을 할 경우 작업자는 신뢰받지 못하고 있다고 생각되어 좌절할 수도 있다(일의 과정을 살피는 활동, 칭찬).
㉡ 조정
- 목표 달성을 위해 계획된 행위를 조정하는 활동으로 조정은 점검 결과 문제가 있다고 확인될 경우 이를 변화시키는 것이다.
- 안정지향적 관리체계: 변화를 싫어함, 목표중심유형(뷰러와 호간, C.Buehler & J. Hogan, 1986)이다. 이들은 가족이 현재 보유하고 있는 자원을 그대로 받아들여 가족의 요구를 수정하거나 없는 것으로 한다.
- 변화지향적 관리체계: 상황에 맞추어 조정하며 자원중심적 계획유형에 속한다.
- 때때로 보다 나은 목표에 도달하기 위해 과정 도중에 표준이나 순서가 변경될 수 있다. 이러한 조정은 처음에 계획을 세울 때는 알지 못했던 새로운 정보를 얻게 됨으로써 일어나게 된다.
- 가정생활의 안정과 발전의 균형을 이루기 위해서는 계획상황이나 계획대상에 따라 적절한 계획유형을 채택하는 것이 바람직하다.

4. 산출과 피드백

산출은 관리행동의 결과이다. 이러한 결과는 요구의 충족 정도와 자원의 변화를 포함한다. 이론적으로 가족에게 중요한 모든 요구가 충족되고, 이러한 요구를 충족시키기 위해 최소한의 자원이 사용된다면 가사노동의 관리는 효율적인 것이 된다. 요구가 충족된다 할지라도 몇몇 자원이 과다하게 사용되거나 낭비된다면, 미래의 관리적 선택은 제한을 받게 된다. 따라서 가사노동의 산출에 대한 검토는 가정관리자에게 유용한 피드백이 된다.

1) 내재적 산출

인간 욕구와 직접적인 관련을 가지는 산출로서 가족 복지와 밀접하다. 내재적 산출은 가사노동 수행을 통한 만족감 내지 그 결핍 및 인적 자본의 변화를 내포한다.(효용, 만족감, 인지적 자본, 심리정서적 측면)

① 가사노동 만족감
   ㉠ 가계생산산출의 효용성은 주부 역할에 대한 만족감 또는 가사노동과 작업에 대한 만족감과 동일시된다.
   ㉡ 가사노동의 역할과 결과에 대한 만족감 여부는 가사노동 담당자인 주부의 관점에서의 주관적인 평가도 중요하나 다른 가족원에 의해 지각되는 만족감도 내재적 산출로서 중요하다.
   ㉢ 가계생산에 대한 주관적 평가와 관련해서 생산의 결과인 재화와 서비스뿐만 아니라 생산 과정도 만족감에 기여할 수 있다.

② 인적 자본
   ㉠ 가족원은 가사노동에 대한 참여를 통해 가사노동 지식이나 기술 등을 개발한다. 즉, 인적 자본이 산출되는 것이다.
   ㉡ 가사노동 수행을 통한 생활기술의 습득은 바로 가계생산의 내재적 산출인 인적 자본의 산출이다. (지식, 기술 증진, 시행착오, 경험, 삶의 질 증진 등)

2) 외재적 산출(생산된 재화, 서비스)

① 가사노동의 관리 과정을 통한 산출은 가족원에 의해 생산되는 재화와 서비스이다.
② 가사노동에 화폐가치를 부여하고자 하는 시도에 의해 가사노동의 범주는 지불된 노동력에 의해 수행되지만 시장에서 구매될 수 있는 재화와 서비스로 제한되어 있다.

01 가사노동의 관리체계: 예상 문제

01 가사노동의 관리체계모형에서 투입요소인 "요구"로 볼 수 있는 것은?

① 가족원 수
② 인적 자본의 수준
③ 시간
④ 심리적 만족감

정답 ①
해설 가사노동 관리체계모형에서 요구에 영향을 주는 요소로는 가족 구성, 취업, 문화적·사회적 기대가 있다.

02 가사노동시간 사용에 대한 경향을 바르게 설명한 것은?

① 가족 구성의 복잡성은 가사노동에 영향을 미치지 않는다.
② 자녀 수의 증가에 따라 일정한 비율로 가사노동시간이 증가한다.
③ 직장시간의 융통성 여부는 가사노동시간과 관련이 있다.
④ 독신 남성은 독신 여성보다 가사노동에 더 많은 시간을 소비한다.

정답 ③ 직장시간의 융통성 여부는 가사노동시간과 관련이 있다.
해설 가족 구성이 복잡할수록 가사노동시간이 증가하며, 규모의 경제가 작용하므로 자녀의 수가 증가한다고 해서 반드시 일정한 비율로 가사노동시간이 증가하지 않는다. 독신 남성은 독신 여성보다 가사노동에 더 적은 시간을 소비한다.

03 다음 중 과정의 구성요소로 연결된 것은?

① 요구와 자원
② 계획과 수행
③ 외재적 산출과 내재적 산출
④ 피드백

정답 ② 계획과 수행
해설 가사노동의 관리체계모형은 투입-과정-산출로 이루어지며, 투입요소(요구와 자원), 과정(계획과 수행), 산출(외재적 산출과 내재적 산출)로 구성된다.

04 변화지향적 관리체계와 관련이 있는 것은?

① 가족의 목표와 욕구를 달성하기 위해서는 자원을 창출하고 대체한다.
② 목표중심적 유형에 해당한다.
③ 가족의 요구가 변화하는 경우에도 현재의 가족자원 수준을 그대로 수용한다.
④ 이미 계획된 행위와 일치하도록 행위를 조정하는 데 초점을 둔다.

정답 ① 가족의 목표와 욕구를 달성하기 위해서는 자원을 창출하고 대체한다.
해설 변화지향적 관리체계는 안정지향적 관리체계와 달리 계획된 행위를 변화하는 상황에 맞추어 조정하는 데 초점을 둔다. 가족의 변화하는 목표와 욕구를 달성하기 위해서 자원을 증가시키거나 창출, 또는 대체하고자 하는 자원중심적 유형에 해당한다.

05 가사노동 관리체계모형에서 내재적 산출에 대한 설명과 거리가 먼 것은?

① 가사노동 수행을 통한 생활기술을 습득할 수 있다.
② 가사노동과 작업 수행에 따른 만족감을 의미한다.
③ 가계생산의 결과물인 재화와 서비스뿐만 아니라 생산 과정도 만족감에 기여할 수 있다.
④ 가사노동의 경제적 화폐가치평가에서 적용되는 산출을 의미한다.

정답 ④
해설 가사노동의 경제적 가치평가에는 주로 가사노동의 외재적 특성을 적용한다.

06 가사노동 관리체계모형에서 요구에 영향을 주는 요소와 거리가 먼 것은?

① 가족원 수
② 주부의 취업
③ 문화적·사회적 기대
④ 주부의 교육 수준

정답 ④
해설 가사노동의 관리체계모형에서 요구에 영향을 주는 요소는 가족원수, 주부의 취업, 문화 사회적 기대, 사건 등이다.

07 가족 구성과 가사노동시간의 관계를 바르게 설명한 것은?

① 가계의 총가사노동시간에 대한 요구는 청소년기에 가장 높다.
② 자녀 수의 증가에 따라 일정한 비율로 가사노동시간이 증가한다.
③ 다양한 연령층으로 구성된 가족에서 가사노동에 대한 요구가 크다.
④ 독신자 중에서 남자가 여자보다 더 많은 시간을 가사노동을 하는 데 소비한다.

정답 ③
해설 다양한 연령층으로 구성된 가족에서 가사노동에 대한 요구가 크다.

08 취업 주부의 가사노동시간이 전업주부에 비해 짧은 이유를 가장 잘 설명한 것은?

① 취업 주부의 남편이 더 많이 협조한다.
② 취업 주부의 시장재 대체화에 의한 정도가 더 크다.
③ 취업 주부가 가정 기기에 더 많이 의존한다.
④ 취업 주부의 가사노동 표준이 더 유동적이다.

정답 ④
해설 취업 주부의 가사노동 표준이 더 유동적이다.

09 자원중심적 계획 유형을 바르게 설명한 것은?

① 안정지향적 관리체계를 지향한다.
② 변화지향적 관리체계를 지향한다.
③ 자원에 맞추어 가족의 요구를 수정한다.
④ 가족이 현재 보유하고 있는 자원을 그대로 받아들인다.

정답 ②
해설 변화지향적 관리체계를 지향한다.

10 다음 중 가계생산의 내재적 산출로만 묶인 것은?

| ㄱ. 생활기술의 습득 | ㄴ. 재화와 서비스 |
| ㄷ. 가사노동 만족감 | ㄹ. 화폐소득 |

① ㄱ, ㄴ
② ㄱ, ㄷ
③ ㄴ, ㄷ
④ ㄴ, ㄹ

정답 ②

해설 가족자원관리의 전반적 과정을 통해 가족구성원이 얻는 주관적 산출을 의미한다. 정서적 반응, 인적자본과 사회자본의 형태로 축적되는 자원의 형태로 나타난다. 재화나 서비스, 가사노동의 만족감 등이다.

02 가사노동의 정서적 요소

제2장 가사노동의 관리와 전망

1. 가사노동 만족

1) 개요

① 가사노동과 만족

가사노동은 주부의 역할 중 중요한 부분이므로 가사노동에 대한 주부의 만족은 주부 역할에 대한 만족과 밀접하게 관련된다.

② 주부의 역할에 대한 불만
  ㉠ 고등 교육을 받은 여성일수록 불만감을 갖게 되는데, 그들의 능력을 가정 밖에서 보다 더 유용하게 쓰고 싶다는 바람에 기인한다.
  ㉡ 주부·아내·모친으로서의 책임 역할을 수행해야 하는 개인적인 책임 개념과 자아실현에 대한 욕구 사이에 갈등이 초래되고, 이는 가사노동에 대한 불만으로 나타난다.
  ㉢ 가사노동 자체의 불만보다 가사노동이 여성만의 노동으로, 즉 주부의 역할로 간주되는 데에서 기인할 수도 있다.
  ㉣ 오늘날의 여성의 취업이 보편화되면서 전업주부가 느끼는 상대적 불만감은 더욱 증대되고 취업 주부의 경우 특히, 역할 과중에서 오는 갈등과 불만이 가중되고 있다.

2) 가사노동의 만족도 증진 방안

① 주부 역할과 개인의 욕구실현 사이의 갈등을 해소한다. 이를 위해 주부의 역할에 가치를 확립하고, 가사노동의 생산성에 주목하여 그 가치를 인정한다.
② 가사노동에만 전념하는 주부가 자신의 주부 역할에 대해 자부심을 가지는 것이 중요하다.
③ 가사노동의 합리화나 산업화에 의해 가사노동의 수행 환경이 개선되어야 한다.
④ 가족원 간의 역할 분담 고정화를 타파하여 가사노동에 가족원이 함께 참여할 수 있도록 한다.
⑤ 과중한 가사노동을 감소시키고, 가족들의 인정과 감사의 표현 또한 중요한 요소이다.

3) 우리나라 주부들의 가사노동 만족

① 어머니를 모델로 하여 성장한 주부가 그렇지 않은 주부보다 가사노동에 만족하는 것으로 나타나며 어머니의 생활이 행복해 보이지는 않았더라도 그러한 삶을 당연시 할 때 주부 역할을 불만 없이 받아들인다고 볼 수 있다.

② 주부들의 취업 의사도 가사노동 만족과 관련이 있는데, 가사노동에 대한 불만은 취업을 원함에도 불구하고 전업주부로만 살아야 하는 데 대한 불만으로 볼 수 있다.

③ 가사노동을 많이 하는 주부들의 만족도가 더 높게 나타났는데, 이는 가사노동을 좋아하는 주부들이 더 많은 가사노동을 수행한다고 볼 수 있다.

④ 가사노동 분담은 가사노동 만족에 영향을 주지 않았는데, 이는 가족원이 가사노동을 분담하더라도 분담시간이 워낙 짧기 때문에 가사노동 분담이 가사노동에 대한 만족 요인으로 작용하지 않는다고 볼 수 있다. 가사 분담 여부보다는 주부의 분담 의식이 영향을 미치는데, 분담을 원하지 않는 경우 가사노동에 만족하는 비율이 높게 나타난다.

2. 가사 과업에 대한 선호

1) 가사 과업의 선호

대체로 식사 준비와 자녀 양육은 좋아하는 과업이고, 설거지, 다림질, 청소는 싫어하는 과업이며, 세탁과 시장 보기는 중간 정도인 것으로 나타났다.

2) 말로흐(Maloch)의 가사 과업 특성

① 도시 주부를 대상으로 하여 가장 좋아하는 일과 가장 싫어하는 일의 특성을 식별하고자 하였다.

〈표 2-1〉 가장 좋아하는 과업과 가장 싫어하는 과업의 속성별 특성

구분	가장 좋아하는 과업	가장 싫어하는 과업
수단·목적 관계		
내재적 흥미	• 만족스럽다. • 재료를 좋아한다. • 거의 항상 계획대로 완성된다. • 소요되는 시간을 좋아한다. • 스스로 조정할 수 있다.	• 단조롭다. • 창조적이지 못하다. • 정신적 기능을 사용할 여지가 거의 없다. • 그 일을 하면서 보내는 시간이 싫다.
사회적·물리적 환경	• 설비가 적절하다. • 결과에 대해 가족이 평가해 준다.	• 혼자서 주로 일을 한다. • 결과가 지속되지 못한다.

② 평가척도의 구성과 관련된 속성
　㉠ 수단·목적 관계: 활동의 결과와 관련을 갖는 특성 또는 질
　㉡ 내재적 흥미, 바람직함, 호감: 작업의 내재적인 질 또는 특성
　㉢ 사회적·물리적 상황에 대한 적응성: 상황에 대한 적응과 상황 자체
　㉣ 표에서 가사 과업의 '내적 흥미에 관련된 특성'이 과업의 선호 여부와 관련이 큰 것을 볼 때, 정서적 요소가 일의 선호를 결정하는 데 가장 중요한 것임을 알 수 있다.

3. 가사노동의 달성을 위한 조건

가사노동을 달성하는 것은 주부의 수단적 목표이다. 전체적인 가사노동은 여러가지 과업과 하위 과업으로 구성되는데, 가사노동을 할 경우 하나하나의 과업을 달성하려는 것은 염두에 두고 목표를 정해야 한다.

① 전체 일을 일련의 하위 단위로 분할할 것
　전체의 일을 하위 단위로 나누면 목표가 분명해져 일의 달성이 수월해진다.

② 규칙적이고 율동적인 패턴을 개발할 것
　㉠ 반복되는 활동과 관련된 것으로 율동적인 일련의 동작으로 일하는 것이 효과적이다.
　㉡ 일의 규칙적인 속도나 유형은 양질의 재료와 기구, 저장 장소에 대한 접근의 용이성에 의해 촉진된다.

③ 세심한 주의력을 기울이거나 몰두할 것
　견인력(traction)이라는 개념과 밀접하게 관련된다. 발디무스(Baldamus)는 산업노동의 분석에서 일시적 흥미와 만족을 서술하면서 이를 견인력이라고 불렀다. 견인력이란 특정 활동에 고유한 관심에 의해 끌려들어가는 듯한 느낌이다. 견인현상에는 대상(object), 묶음(batch), 과정(process), 기계(machine), 열(line)견인 등이 있다.

④ 적절한 지속 시간을 유지할 것
　㉠ 최적의 지속 시간을 아는 것이 목표 달성을 위해 중요하다. 가사노동에 있어 최적의 지속 시간에 관한 유용한 정보는 없다. 아마도 경험 있는 주부는 일을 기꺼이 지속할 수 있는 시간에 대해 스스로 알고 그에 맞추어 적당량의 일을 조직할 것이다.
　㉡ 만약 일이 너무 많아서 그것을 종료하기 전에 식상해 버린다면, 하던 일을 의도

적으로 중단하고 다른 일을 하는 기술을 적용하는 편이 그 일을 지속하는 것보다 목표 달성에 용이하다. 이는, 일부는 자이가닉(Zeigarnik) 효과로 알려진 현상의 전개에 기반을 둔 것이고, 일부는 일의 하위 단위를 설정하는 기술에 기반을 두고 있다.

> * 자이가닉(Zeigarnik) 효과란 마치지 못한 일을 마음속에서 쉽게 지우지 못하는 현상을 말한다. 이런 이유로 미완성 효과라고 불리기도 한다.

4. 사회계층과 가사노동 만족

현대 사회에서 가사노동에 대해 불만을 느끼는 사람이 많아진 것은 여성의 경제활동 인구가 급속하게 증가한 것에 기인한다. 고용노동에 참여하는 기혼 여성이 증가함에 따라 전업주부의 고립감이 증가하는데, 고립감이 가사노동에만 전념하는 데 불만을 가지게 하는 구조적인 원인으로 작용한다. 페레(Ferree)는 사회계층에 다른 가사노동 만족도의 차이를 생산성 이론, 사회화 이론, 상황 이론의 세 가지 모형으로 설명하고 있다.

1) 페레(Ferree)의 사회계층에 따른 가사노동 만족도의 차이

① 생산성 이론
- 자유의지로 선택한 노동의 생산성과 만족감이 크다는 이론이다. 일반적으로 중산층 여성은 직업을 통한 성취 욕구가 크므로, 집에 있게 되면 이러한 의지와 어긋나 가사노동에 불만족하게 된다.
- 반면, 노동계층의 여성은 자유의지가 아니라 경제적인 이유로 취업을 하므로 취업이 생산성 증가를 가지고 오지 않으며, 취업 전 집에서 하던 일의 생산성과 비교하면 취업이 오히려 생산성을 감소시킨다고 한다.
- 취업 전 노동계층의 가사노동 만족도가 높고 중산층은 낮을 것으로 기대하였다.

② 사회화 이론
- ㉠ 성장 과정에서 사회화를 통해 형성된 가부장적 태도와 순종적 인성이 전통적 주부의 역할 수용에 영향을 준다는 이론이다.
- ㉡ 노동계층 여성이 중산층에 비해 보다 전통적이고 가부장적인 가정환경 내에서 성장하므로 주부의 역할을 긍정적으로 수용하고 가사노동에 대해서도 만족도가 크다고 본다.

③ 상황 이론
- ㉠ 가족 특성에 따른 노동 조건의 차이가 가사노동의 특성을 다르게 인식해서 만족

감에 영향을 준다는 이론이다. 계층에 따른 상황이나 환경 특성이 가사노동에 대해 긍정적 또는 부정적 조건으로 작용해서 다양한 방향으로 영향을 줄 수 있다.

- ⓒ 노동계층
    - 대가족이거나 어린아이가 많은데, 이것이 가사노동에의 요구를 증대시켜 불만족을 가져오는 조건이 될 수 있다.
    - 성차별이 심한데, 이는 오히려 가사노동 영역에서 보다 많은 자율성을 주고 고독감을 덜 느끼며 가사노동에 대해 더 나은 조건이 되기도 한다.
- ⓒ 물리적 환경
    - 노동계층의 경우: 좋지 않은 노동환경이 불만족을 가져오는 조건이 된다.
    - 중산층의 경우: 교외 생활에서 오는 고독감이 불만족을 가져올 수도 있다.

2) 페레의 중산층과 노동계층의 전업주부를 대상으로 한 가사노동 만족감에 대한 분석

① 분석 대상

6세 이하 자녀 유무, 고독감, 직업에 대한 열망과 가사노동에 대한 만족감과의 관계를 분석했다.

② 결과

- ㉠ 고독감과 가사노동 만족도의 관계는 계층과는 관계없이 어린 자녀 유무에 따라서 차이가 있어 미취학 아동이 있는 경우에 유의한 부적(負的)인 관계를 보여 주었다.
- ㉡ 열망도 계층 간에 차이가 없었으며 열망과 불만족과의 관계는 자녀가 취학기인 여성에서만 의미가 있고 계층 간 차이는 없었다. 노동계층 여성이 직업상 경력을 덜 원하거나 직업에의 성취감이 달성되지 않았다 해서 덜 불만족하다는 증거는 없다.
- ㉢ 결론적으로 사회계층은 가사노동 만족감에 영향을 주지 않고, 고독감이나 열망과도 관련이 없다. 오히려 자녀의 연령에 따라 가사노동 만족도에 차이를 보여 자유의지에 의한 선택 여부가 만족을 결정하는 요인임을 알 수 있다.

02 가사노동의 정서적 요소: 예상 문제

01 말로흐(Maloch)가 제시하는 가사 과업의 특성 평가척도에 포함되지 않는 것은?

① 수단·목적 관계
② 사회적·물리적 상황에 대한 적응성
③ 내재적 흥미
④ 장기적인 목표

정답 ④
해설 장기적인 목표 말로흐(Maloch)가 제시하는 가사 과업의 특성 평가척도의 근거로는 수단·목적 관계, 내재적 흥미, 사회적·물리적 상황에 대한 적응성이 있다.

02 가사노동을 쉽게 달성하기 위한 조건이 잘 조성된 것으로 볼 수 있는 것은?

① 전체 일을 일련의 하위 단위로 분할하지 않고 한꺼번에 여러 과업을 수행한다.
② 일의 특성을 고려하여 규칙적이고 율동적인 패턴을 개발한다.
③ 세심하게 주의를 기울이면 쉽게 피로하므로 가능한 한 일에 몰두하지 않는다.
④ 지속 시간을 적절하게 유지하기보다는 일을 다 마칠 때까지 되도록 중단하지 않는다.

정답 ② 일의 특성을 고려하여 규칙적이고 율동적인 패턴을 개발한다.
해설 가사노동을 쉽게 달성하기 위한 조건에는
① 전체 일을 일련의 하위 단위로 분할하고, ② 규칙적이고 율동적인 패턴을 개발하며,
③ 세심한 주의를 기울이거나 몰두하고, ④ 적절한 지속 시간 유지하기 등이 있다.

03 견인현상의 요소와 거리가 먼 것은?

① 대상   ② 묶음
③ 수단   ④ 과정

정답 ③ 수단
해설 견인현상에는 대상, 묶음, 과정, 기계, 열견인 등이 있다.

04 "자이가닉 효과"는 어떠한 원리를 활용한 것인가?

① 일의 시작 시점에서 활동을 지속하는 데 유리한 긴장이 발생한다는 원리
② 일련의 하위 단위로 분할하는 것이 효율적이라는 원리
③ 일에 사용하는 기계와 기구가 결정적인 작용을 한다는 원리
④ 일의 율동적인 패턴을 개발하는 것이 만족감에 영향을 준다는 원리

> **정답** ① 일의 시작 시점에서 활동을 지속하는 데 유리한 긴장이 발생한다는 원리
> **해설** 자이가닉 효과는 일의 시작 시점에서 활동을 지속하는 데 유리한 긴장이 발생한다는 원리를 활용한 것으로서 적절한 지속 시간을 유지하는 것이 노동을 쉽게 할 수 있는 조건이 됨을 설명한다.

05 사회계층에 따른 가사노동의 만족도에 관한 이론 가운데 자유의지로 선택한 노동이 생산성이 높음을 주장하는 이론은?

① 사회화 이론
② 상황 이론
③ 생산성 이론
④ 가계생산 이론

> **정답** ③
> **해설** 사회계층과 가사노동 만족도에 관한 페레의 이론에는 생산성 이론, 사회화 이론, 상황 이론이 있다. 생산성 이론은 자유의지로 선택한 노동이 생산성이 높음을 설명하며, 상황 이론은 계층에 따른 상황이나 환경 특성이 가사노동에 대해 긍정적·부정적 조건으로 작용하여 다양한 방향으로 영향을 줄 수 있다고 주장한다. 사회화 이론은 성장 과정에서 사회화를 통해 형성된 가부장적 태도와 순종적 인성이 전통적인 주부 역할 수행에 영향을 준다는 이론이다.

06 가사노동과업에 대한 선호에 가장 크게 영향을 미치는 속성은?

① 수단·목적 관계
② 결과와 관련된 질이나 특성
③ 사회·물리적 환경
④ 내재적 흥미

> **정답** ④
> **해설** 가사노동과업에 대한 선호에 가장 크게 영향을 미치는 속성은 내재적 흥미이다.

07 다음 중 일을 보다 쉽게 달성하기 위한 조건으로만 묶인 것은?

> 가. 일을 전체로 통합해서 한다.
> 나. 율동적인 패턴을 개발한다.
> 다. 견인현상을 활용한다.
> 라. 하던 일을 항상 완료하도록 한다.

① 가, 나
② 나, 다
③ 다, 라
④ 가, 라

정답 ②
해설 율동적인 패턴을 개발, 견인현상을 확인

08 다음 중 생산 과정의 화학적, 물리적 성격에 의해 일의 속도와 동작의 특성이 결정되는 작업에서 흔히 경험하는 견인현상은?

① 대상견인
② 묶음견인
③ 과정견인
④ 열견인

정답 ③
해설 과정견인: 용해, 주조, 페인팅 등 생산과정의 화학적, 물리적 성격에 의해 일의 속도와 동작의 특성이 결정되는 작업에서 경험한다. 식사준비에 있어 케이크를 장식하거나 감자를 으깨거나 소스를 만들 때 경험할 수 있으며 마루나 가구의 왁스 칠하기와 같은 청소작업에서도 볼 수 있다.

09 작업을 의도적으로 중단하고 다른 일을 하는 기술을 적용하는 것이 그 일을 지속하는 것보다 목표 달성에 용이하다는 것은 어떤 현상에 기반을 둔 것인가?

정답 자이가닉 효과
해설 자이가닉 효과는 일의 시작 시점에서 활동을 지속하는 데 유리한 긴장이 발생한다는 원리를 활용한 것으로서 적절한 지속 시간을 유지하는 것이 노동을 쉽게 할 수 있는 조건이 됨을 설명한다.

03 가사노동의 노동과학적 연구

제2장 가사노동의 관리와 전망

1. 작업자

1) 신체에 관한 기초적 지식

① 골격 구조
  ㉠ 해부학적인 골격계: 인체 구조의 기초로서 작업을 수행하는 데 지주 역할을 한다.
  ㉡ 골격에 의해서 형성된 인체: 머리, 가슴, 엉덩이의 세 가지 주요 체중으로 이루어지며, 이는 다시 두 다리로 지탱된다.
    - 세 주요 체중이 각각 바르게 중심을 갖고 일직선상에 있으면 몸통은 자연스럽고 올바른 상태에 있게 되며, 인체는 균형을 가장 잘 취한 자세를 갖게 된다.
    - 정적 수축작용 – 어떤 저항에 대해 신체의 부분을 움직일 수 없을 만큼 근육의 긴장이 생긴 경우 수축작용이 정지된 상태를 유지하는 작용
    - 운동량 – 작업을 급하게 멈추거나 방향전환을 할 경우에 근육이 극복해야 할 힘으로 관성의 법칙과 관련됨
    - 에너지 대사율(Relative Metabolic Rate) – 순수하게 어떤 작업에 소모된 에너지를 나타내며, 작업 시에 소모된 칼로리에서 안정 시에 소모되는 칼로리를 빼서 순수 작업에 소요되는 칼로리를 구한 후 이를 기초대사량의 비율로 계산함
    - 작업 방법을 고안하는 경우에는 신체를 올바른 자연선열(Natural Alignment)로 유지하는 것, 즉 올바른 자세를 유지하는 것을 일차적인 원칙으로 해야 한다.
  ㉢ 인체의 골격계는 인대(ligaments)와 건(tendons)이라는 결체조직(connective)으로 연결되어 있으며, 이에 의해 뼈가 서로 움직인다. 만약 세 주요체중이 장연선열로부터 이탈하여 중량이 각각 다르게 놓이면, 몸이 인대와 건의 긴장과 저항에 의해 지탱되어야 하므로 위험하게 된다.
  ㉣ 서거나 앉거나 무거운 것을 들어 올리거나 하는 가사작업 시에는 뼈거나 허리를 다치지 않도록 인대와 건 및 연골조직을 잘 의식하여 작업방법을 고려해야 한다.

② 근육작용
  운동과 동작은 골격계와 더불어 신경계와 근육계가 협력해서 이루어진다. 특히 중

추신경계의 작용과 밀접한 관련을 가지며, 여러 기능도 이 관계에 의해 습득된다.
- ㉠ 팔다리, 목, 몸통 등의 부분에는 굴근(flexor)과 신근(extensor)이 있으며, 이들은 한쪽이 수축하면 다른 쪽은 이완, 즉 반대 방향의 운동을 가능하게 하는 상호작용적 기능을 하는데 여기에도 중추신경계가 관련된다.
- ㉡ 앉아서 하는 가사노동작업과 서서 하는 정적 작업은 한정된 근육에 의한 한정된 동작을 의미하며, 중추신경계통이 관련되어 있다. 피로는 근육 부위와 동시에 중추신경계통에도 나타난다. 이러한 피로는 중추신경의 한 현상인데 표면적으로는 '근육군에 있어서의 긴장 증가'로 파악될 수 있다.
- ㉢ 가사노동에서 중요한 근육작용은 자세를 유지하는 작용, 운반작용, 조작작용 등이 있으며, 이들은 단계적으로 발달해 간다. 그 외에 정적 수축작용이 있다. 정적 수축작용은 어떤 저항에 대해 신체의 부분을 움직일 수 없을 만큼 근육의 긴장이 생긴 경우 수축작용이 정지된 상태를 유지하는 것이다.
- ㉣ 작업할 때 작은 근육이 에너지 소모는 적지만 피로감은 큰 근육보다 더 큰데, 이처럼 피로가 더 큰 것은 근육의 고정에 기인하는 것으로 이때 에너지 소모량은 별 의미가 없다.
- ㉤ 근육은 늘어날 때 가장 큰 힘을 발휘하며 짧게 수축할 때는 힘이 감소한다. 그러므로 무거운 것을 들어 올릴 때에는 그 짐을 잡기 전에 무릎을 약간 꿇고 짐을 들어 올리면서 쭉 펴는 것이 큰 힘을 낼 수 있는 방법이다. 가사작업을 할 때 근육의 효과적인 사용 방법을 염두에 두고 동작을 하면 근육 긴장에서 오는 피로를 감소시킬 수 있다.
- ㉥ 서서 하는 작업을 오래 하면 높은 정수압, 혈액 농축, 심장 혈액량의 감소를 초래하여 피로가 발생되는데, 다리와 허리를 튼튼하게 하여 근압의 효과를 상승시킴으로써 어느 정도 피로를 경감시킬 수 있다.

③ 순환
- ㉠ 맥박과 혈압은 순환계의 상태를 아는 측정 기준인데 작업자는 각자의 수치를 아는 것이 중요하다.
- ㉡ 다리와 허리가 튼튼한 것은 가사노동에 있어서 중요하다.
- ㉢ 가사노동의 순환계에 대한 또 하나의 지식은 높은 정수압, 혈액의 농축, 그리고 심장 혈액량의 감소 등이다. 서서 하는 작업의 경우 혈액이 동맥을 통해 다리 아래로 흘러 들어가는 속도가 정맥을 통해 심장으로 돌아오는 것보다 다소 빠르다.

④ 신체 역학의 중요한 원리
신체 역학은 '신체의 힘과 동작을 다루는 과학'이다. 가사작업을 할 때 작업 코스를 최

소한으로 유지하고자 하는 욕구는 신체 역학에 대한 관심으로 연결된다. 신체 역학의 중요한 원리는 중력(gravity), 운동량(momentum), 지레의 작용(leverage)이다.

㉠ 중력
- 몸의 중심이 일직선상을 유지하는 것이 중요하다.
- 여성의 경우 신체의 중량이 중심은 신장의 55%인 골반 부분에 위치하고 있다.
- 신체는 엎드린 자세를 제외하고는 끊임없이 중력에 저항하고 있다.
- 작업자 자신의 신체가 작업자가 운반하는 가장 큰 중량이다.
- 걷거나 오르거나 팔을 들거나 하는 것 모두가 체중을 움직이는 것이다.
- 중심으로부터 지면에 직각의 위치에 있는 선을 중선(重線)이라고 하는데, 직립 자세를 취할 때 중선은 척추의 토대, 즉 두 다리 사이를 지나면서 신체를 지탱해 준다.
- 신체는 굽혀서 물건을 잡을 때는 등을 곧게 펴고 무릎을 굽히는 자세로 잡는다.
- 서서 커다란 짐을 들고 버틸 때에는 양다리를 넓혀서 안정되게 한다.
- 무거운 짐을 들어 올릴 때에는 체중이 가중되어 중심이 이동되기 때문에 신체의 중심인 허리 부근에 가까이해서 무릎을 굽혀 들어 올린다.
- 무거운 기구 등을 이동할 때에는 이동하는 중량의 중심에서 몸을 조금 구부리고 양손을 기구에 대었다가 신체가 원래의 똑바로 선 자세로 올라오기 직전에 힘을 낸다.

㉡ 운동량: 관성의 법칙을 고려하여 원형적이고 연속적인 동작을 유지하여야 한다. 작업을 급하게 멈추거나 방향전환을 할 경우에 근육이 극복해야 한다.
- 격심한 속도의 운동이나 갑자기 정지하거나 방향을 바꿀 때는 그만큼의 운동량을 극복할 근력이 필요하다.
- 운동 중 신체의 운동량은 질량과 가속도의 곱과 같으며, 불균형한 힘의 작용을 받지 않는 인체는 정지 혹은 등속 운동을 계속한다는 법칙이다.
- 원형적이고 자유롭게 흐르는 동작은 가장 피로를 적게 하는 동작인데, 연속적으로 흘러서 부드럽게 다음 동작으로 넘어가기 때문이다. 예 바닥을 자루 걸레로 닦을 때 동작 끝을 둥글게 하여 되돌아오도록 한다.
- 똑바로 걷기보다 걸어가다 회전하는 것이 에너지 소모가 더 많다. 이는 회전하려면 걸어가던 속도를 늦추게 되어 관성의 법칙을 이용하지 못하고 동작이 부자연스럽게 되어 에너지 소모가 증가되기 때문이다.
- 이러한 회전 동작은 우리나라 재래식 부엌에서 작업할 때 많이 요구된다. 부뚜막과 조리대가 나란히 있어 작업자가 앞뒤로 180도 회전하는 일이 많아져

서 에너지 소모도 크고 신체적 피로도 커지게 된다.
ⓒ 지레의 작용
- 팔의 근육에 의해 이루어지는데 팔꿈치를 중심으로 상박과 하박이 직각으로 되었을 때 근육이 가장 두꺼워져 팔을 펴거나 구부릴 때 근육을 늘리면서 가장 큰 힘을 낼 수 있게 된다. 작업면의 높이가 팔꿈치의 위치와 이런 원리에 맞게 되었을 때 가장 효율적으로 힘을 사용할 수 있다.
- 팔로 물건을 운반할 때 몸 가까이 붙이는 것이 더 유리하며, 긴 쪽을 몸에 평행이 되게 드는 것이 수직이 되게 드는 것보다 힘이 덜 든다.

2) 에너지 소모

① 에너지 소모 수준 및 이에 따른 가사노동의 분류
ⓐ 에너지 소모는 같은 작업이라도 개인차가 있고 또 작업 방법과 작업에 사용하는 도구나 설비에 의해 차이가 있다.
ⓑ 에너지 소모 수준에 따른 작업 분류는 가벼운 일, 중간 정도의 일, 힘든 일, 아주 힘든 일로 가사작업을 분류할 수 있으며, 이것은 특히 시간관리를 하는 데 실제적인 도움을 준다.
ⓒ 활동의 순서를 계획할 때 가사작업의 에너지 소모 수준을 알면 힘든 일을 연속적으로 하지 않도록 계획할 수 있다.

② 에너지 소모량을 결정하는 요인
ⓐ 신체 사용 부위의 무게는 에너지 소모량에 영향을 주는 결정적인 요인이다. 이는 필요한 신체의 한 부분을 들거나 움직일 때 에너지 소모는 그 사용 부분의 무게 증가에 비례해서 증가하기 때문이다.
ⓑ 동작 요소: 브래턴(Bratton)은 여러 동작 요소를 연구하였다.

노동 분류	분당 소모(Cal/min)	작업 내용
	1	쉬기
가벼운 노동	1~2	재봉, 뜨개질, 감자 깎기, 접시 닦기, 22인치 높이에 팔 뻗기, 72인치 높이에 팔 뻗기
보통 노동	2~3	각각 걷기, 마루 걸레질, 먼지 털기, 긴 자루걸레로 마루 닦기, 빨랫줄에 빨래 널기
힘든 노동	3~4	구부려서 마루 닦기, 침대 단지기, 바닥에서 3인치 구부리기, 낮은 부뚜막에서 일하기
매우 힘든 노동	4 이상	아래위층 오르내리기, 바닥에서 물건 줍기, 잡초 뽑기, 쪼그리고 앉아서 빨래하기

출처: Steidi & Bratton(1968). Work in the home. P. 184

ⓒ 자세: 신체 사용 부위나 동작 요소와 밀접하게 관련되어 있다.
- 앉아서 일하거나 서서 일하거나 팔 정도만 사용하는 경우 자세에 따라 에너지 소모에 별 차이가 없다. 그러나 등을 굽히고 서서 일할 때나 무릎을 굽혀 쪼그리고 앉아서 일하는 경우 에너지 소모가 크게 증가한다.
- 낮은 에너지 소모에서 오는 피로감은 거의 대부분 자세의 제한에서 오는 불편감, 근육 집단의 정지 작업이나 긴장이 원인이다.
- 작업 시설과 설비가 합리적으로 잘 갖추어 있는 경우 대부분의 가사작업은 에너지 소비가 낮은 것을 알 수 있다.

ⓔ 속도: 활동의 속도가 에너지 소모에 영향을 준다. 걷는 속도가 증가할수록 단위시간당 에너지 소모량이 증가한다. 그러나 일정한 거리를 걸어갈 때 느린 속도에서 에너지 소모량은 더 많다. 느린 걸음이 단위시간당 에너지 소모는 적으나 일정 거리를 가는 데 시간이 더 걸리기 때문이다.

ⓜ 작업과 에너지 대사율
- 작업을 할 때에 소모되는 에너지 소모량은 작업을 하는 사람의 연령, 성, 신장, 체중 등에 따라 달라지는데, 이는 사람에 따라 기초대사량이 다르기 때문이다.
- 에너지 대사율(RMR: Relative Metabolic Rate): 작업의 강도를 표시해 준다는 데 의미가 있다.

$$\text{에너지 대사율(R)} = \frac{\text{작업 시 소요칼로리} - \text{안정 시 소요칼로리}}{\text{기초대사량}} = \frac{\text{노동대사량}}{\text{기초대사량}}$$

※ 단, 안정 시 소요칼로리는 기초대사량의 1.2배로 계산한다.

- 에너지 대사율은 작업의 강도를 표시해 준다는 데 의미가 있다.
- 가사노동의 에너지 대사율은 그 작업이 신체의 어느 부위를 사용하며 작업 속도 및 취급하는 물품의 무게 등에 따라 좌우된다.
- 신체의 주된 사용 부위에 따라 손끝, 손끝과 팔 전체, 전신으로 나누고, 또 전신을 이동하는 것과 이동하지 않는 것으로 나누며, 팔 전체와 전신에 대해서는 취급하는 물품의 무게, 작업 속도, 동작의 대소를 고려해서 가벼운 것, 중간 것, 무거운 것으로 분류한다.

2. 작업 장소의 간소화

1) 작업센터의 구성

작업센터는 특정 활동을 하기 위하여 설계된 장소로서, 작업에 필요한 설비 기구, 재료 용기 등과 그것을 수납할 공간 및 작업대를 갖추고 있어서 그 작업을 만족스럽게 수행할 수 있는 장소를 의미한다. 이러한 작업센터의 원리로 작업장을 구성하면 노동력, 시간, 동선 및 신경 쓰는 일을 줄일 수 있다. 작업센터의 구성요소로는 작업대, 수납공간, 작업을 위한 기기, 재료, 용기 등으로 나누어 볼 수 있다.

① 작업대

작업대에서 중요한 세 가지 요소는 작업대의 높이, 넓이, 깊이이다.

㉠ 높이: 작업자의 자세를 결정하는 열쇠가 되며, 팔꿈치보다 약간 낮은 작업대가 적합하다.(대체로 신장의 52% 정도가 적합하며 피로에 중요한 영향을 준다.)

- 작업대 높이는 작업자의 신체와 관련되며 팔꿈치보다 약간 낮은 작업대가 작업자에게 적합한데, 팔꿈치보다 얼마나 낮아야 하는가는 작업의 성질에 따라 달라진다.
- 서서 하는 작업이나 앉아서 하는 작업의 편안한 높이는 작업자가 팔을 신체에 직각으로 유지할 수 있게 하는 높이이다.
- 서서 일할 때 적당한 높이는 상박을 동체에 나란히 하고 몸을 앞으로 굽히지 않고 일할 수 있는 높이로서 팔꿈치 아래로 12.5cm 되는 높이이다.

㉡ 넓이

- 작업대의 넓이에 영향을 주는 요인은 작업자의 요구보다 일 자체의 요구와 더 관계가 깊고 그 작업대에서 사용되는 물품의 수, 크기, 사용 방법 등에 영향을 받는다.
- 보통 편안하게 작업할 수 있는 범위는 위팔은 자연스럽게 내리고 아래팔을 뻗치고 움직여서 닿는 범위이며, 최대의 작업 범위는 상박에서부터 팔 전체를 뻗쳐서 그려지는 곡선이다.
- 하이너와 맥클로프는 넓이의 최대 범위는 120~145cm이고, 보통은 100cm 라고 하였으며, 앉아서 일을 할 경우 80~90cm가 적당하다고 하였다. 이러한 환경은 가사노동의 에너지를 절약할 수 있다.
- 오모리는 가사노동과 에너지 대사율에 관한 연구보고서에서 작업대의 높이에 따른 산소 수요량, 맥박수, 호흡과의 관계를 측정한 결과 신장이 150~156cm 인 작업자에게는 82cm 전후의 작업대 높이가 적당하다고 하였다.
- 작업대의 높이는 대체로 신장의 52% 정도가 되는 것이 적당하다.

ⓒ 깊이
- 작업대의 깊이를 결정하는 요인
  - 손이 편안하게 닿을 수 있는 거리
  - 원활한 활동의 가능성
  - 작업 중 수시로 그릇을 사용하고 밀어둘 만한 공간
- 작업만을 위한 작업대의 깊이는 30~40cm이며 최대한의 깊이는 60cm이다. 이것은 그릇, 기구 등을 놓아둘 수 있는 여유 공간을 생각할 때 깊은 것은 아니다.

② 수납장

재료와 기기를 손이 쉽게 닿는 곳에 배열하는 것이 불필요한 동작이나 보행을 감소시키는 역할을 한다. 이를 위한 수납의 원칙은

- 자주 사용하는 품목을 처음 사용하는 장소에 수납한다.
- 품목을 보기 쉽고, 닿기 쉬우며, 잡기 쉽고, 제자리에 다시 놓기 쉽게 수납한다.
- 작업자의 손이 닿을 수 있는 작업 범위를 정한다.

㉠ 수납 원칙을 적용한 세부 지침
- 수납할 품목을 사용할 장소에 따라 분류하여 사용하는 작업대의 위나 아래 수납장에 수납한다.
- 용도가 다른 품목은 한 줄이나 한 층으로 수납한다. 즉, 종류와 크기, 모양들이 다른 것은 두 줄로 놓거나 포개어 놓지 않는다.
- 같은 모양과 크기의 품목만을 포개도록 한다. 접시, 커피잔, 유리컵 등 모양이나 크기가 똑같은 것만 두 줄로 놓거나 포갤 수 있다.
- 잡고 다시 놓기 위한 여유 공간을 둔다.
- 자주 사용하는 무거운 품목은 팔꿈치 높이 가까이, 즉 편안하게 손이 닿을 수 있는 작업 범위 안에 둔다.
- 수납장의 전 공간을 효율적으로 사용한다.

㉡ 식기장의 깊이는 너무 깊지 않게 하며, 찬장 밑의 수납 장소에는 그다지 자주 쓰지 않으면서도 중량이 과히 무겁지 않은 기구(광주리나 나무그릇), 또는 가정에서 다량으로 장만해 두기 쉬운 마늘·양파·고추 또는 밀가루·설탕·멸치·북어 같은 식품 등을 보관한다.

2) **작업센터의 배치**

일반적으로 센터의 배치는 식사준비, 상차림, 설거지 등의 작업 흐름과 동선거리에 영향을 준다. 부엌의 작업센터는 개수대, 조리대, 가열대, 냉장고 등을 중심으로 구성되

어 있다. 일반적으로 적용될 수 있는 배치의 원리는 다음과 같다.

① 일반적으로 적용되는 배치의 원리

　㉠ 가장 중요한 센터를 제일 먼저 계획하고 배치한다. 부엌에서는 개수대를 먼저 계획한다.

　㉡ 밀접한 관계가 있는 센터를 가까이 배치한다. 센터 간의 동선 빈도를 고려할 경우 개수대와 가열대, 개수대와 조리대를 함께 연결하거나 가깝게 둔다.

　㉢ 가장 중요한 센터(개수대)의 오른편이나 왼편에 일의 흐름에 맞게 다른 센터를 배치한다. 우리나라에서 가장 보편적인 작업대 배치는 준비대 → 개수대 → 조리대 → 가열대 → 배선대의 순이다.

② **작업센터의 기본 배치형**

　㉠ ㄷ자형
　　● 개수대, 가열대, 냉장고를 중심으로 한 세 가지 중요한 센터를 세 면의 벽에 붙여서 배치(부엌이 좁을 때)하거나 두 면을 벽에 붙이고 한 면은 직각으로 꺾어서 배치(넓고 장방형인 경우)하기도 한다.
　　● 같은 면적의 작업대인 경우: ㄷ자형이 가장 동선이 짧은 배치이다. 동선을 줄이지만 모퉁이 공간에 활용 가능한 수납장을 마련하는 것이 좋다.

　㉡ ㄴ자형
　　● 중요한 작업센터를 두 면의 벽에 붙여서 ㄴ자형이 되게 배치한 것이다.
　　● 작업센터가 직각으로 연결되어 모퉁이 수납공간의 이용에 창의성을 발휘해야 한다.
　　● 일렬형보다는 동선이 짧아 작업 효율을 높일 수 있다.
　　● 좁은 부엌이나 넓은 부엌에 모두 적합하다.
　　● 회전식 선반 등은 매우 도움이 되며, 직각 부분을 대각선으로 만드는 것도 사용 효율을 높일 수 있다.

　㉢ 병렬형: 마주 보는 두 벽면에 작업센터를 나누어 배치한 것이다. 양쪽 작업대에서 관련되는 일을 하려면 회전 동작을 많이 하게 되는 단점이 있다.

　㉣ 일렬형: 각 작업센터가 일렬의 직선으로 배치되어 동선이 가장 길며 좁고 긴 부엌에 배치된다.

03 가사노동의 노동과학적 연구: 예상 문제

01 부동의 물체를 들려고 하는 가사작업과 관련이 있는 근육의 작용은?

① 운반작용　　　　　　　　② 지레의 작용
③ 조작작용　　　　　　　　④ 정적 수축작용

정답 ④ 정적 수축작용
해설 정적 수축작용(Static Contraction)은 어떤 저항에 대해 신체의 부분을 움직일 수 없을 만큼 근육의 긴장이 생긴 경우 수축작용이 정지된 상태를 유지하는 작용을 의미한다. (예 유아 목욕)

02 중력의 원리에 따른 기본적 동작을 바르게 설명한 것은?

① 신체를 굽혀서 물건을 잡을 때는 등을 구부리고 무릎을 굽히지 않는다.
② 서서 커다란 짐을 들고 버틸 때에는 양 다리를 넓힌다.
③ 무거운 짐을 들어 올릴 때에는 짐을 무릎 부근에 가까이해서 무릎을 굽혀 들어 올린다.
④ 무거운 가구 등을 이동할 때에는 이동하는 중량의 중심에서 몸을 곧게 펴고 양손을 가구에 대었다가 신체가 원래의 똑바로 선 자세로 돌아온 후 힘을 낸다.

정답 ② 서서 커다란 짐을 들고 버틸 때에는 양 다리를 넓힌다.
해설 신체를 굽혀서 물건을 잡을 때는 등을 곧게 펴고 무릎을 굽힌다. 무거운 짐을 들어 올릴 때에는 체중이 가중되어 중심이 이동하므로 짐을 신체의 중심인 허리 부근에 가까이해서 무릎을 굽혀 들어 올린다. 무거운 가구 등을 이동할 때에는 이동하는 중량의 중심에서 몸을 조금 구부려 양손을 가구에 대었다가 신체가 원래의 똑바로 선 자세로 돌아오기 직전에 힘을 낸다.

03 에너지 소모량을 결정하는 요인에 관한 설명으로 적절한 것은?

① 신체 사용 부위의 무게에 비례하여 증가한다.
② 팔 뻗기가 몸 굽히기보다 더 많은 에너지를 소모한다.
③ 자세는 신체 사용 부위와 관련되나 동작 요소와는 관련되지 않는다.
④ 걷는 속도가 증가할수록 시간당 에너지 소모량이 증가하지만, 일정한 거리를 걸어갈 때는 빠른 속도에서 에너지 소모량이 더 많다.

정답 ① 신체 사용 부위의 무게에 비례하여 증가한다.
해설 동작과 에너지 소모량 간의 관계를 연구할 결과 팔 뻗기는 몸 굽히기보다 더 적은 에너지를 소모하는 것으로 나타났다. 자세는 신체 사용 부위와 동작 요소와 긴밀하게 관련된다. 걷는 속도가 증가할수록 시간당 에너지 소모량이 증가하지만, 일정한 거리를 걸어갈 때는 느린 속도에서 에너지 소모량이 더 많다. 자세는 신체 사용 부위와 동작 요소와 긴밀하게 관련된다.

04 에너지 대사율(RMR)을 산출하는 공식은?

① 노동대사량/(기초대사량 * 2)
② (작업 시 소요칼로리 − 안정 시 소요칼로리) / 기초대사량
③ (작업 시 소요칼로리 − 기초대사량 * 2) / 기초대사량
④ (작업 시 소요칼로리 − 노동대사량) / 기초대사량

정답 ② (작업 시 소요칼로리 − 안정 시 소요칼로리 / 기초대사량)
해설 기초대사량 작업 시 에너지 대사율은 작업 시 칼로리에서 안정 시 소요칼로리(기초대사량의 1.2배)를 구한 다음 이를 기초대사량으로 나누어 계산한다.

05 대걸레로 바닥을 닦을 때 동작을 둥글게 하여 되돌아오도록 하는 것은 다음 중 어떤 원리를 이용한 것인가?

① 중력
② 운동량
③ 지레의 작용
④ 정적 수축작용

정답 ②
해설 운동량은 작업을 급하게 멈추거나 방향전환을 할 경우에 근육이 극복해야 하는 힘인데, 가사노동에서 주목해야 할 점은 그 중에서도 관성의 법칙이다. 원형적이고 자유롭게 흐르는 동작은 가장 피로를 적게 하는 동작인데 연속적으로 흘러서 부드럽게 다음 동작으로 넘어가기 때문이다.

06 신체적 동작과 관련된 다음 설명 중 바른 것은?

① 짐을 들어 올릴 때 등을 굽히는 것이 좋다.
② 물건을 운반할 때 몸에서 멀리 하는 것이 더 유리하다.
③ 근육은 늘어날 때 가장 큰 힘을 발휘하고 수축할 때 힘이 감소한다.
④ 작업할 때 작은 근육을 사용하면 에너지 소모가 적고 피로감도 적다.

정답 ③
해설 근육은 늘어날 때 가장 큰 힘을 발휘하며 짧게 수축할 때에는 힘이 감소한다. 그러므로 무거운 것을 들어올릴 때에는 그 짐을 잡기 전에 미리 무릎을 약간 굽히고 짐을 들어올리면서 쭉 펴는 것이 큰 힘을 낼 수 있는 방법이다.

07 우리나라의 가장 보편적인 작업대 배치는?

① 준비대 → 조리대 → 개수대 → 가열대 → 배선대
② 준비대 → 조리대 → 가열대 → 개수대 → 배선대
③ 준비대 → 개수대 → 조리대 → 가열대 → 배선대
④ 준비대 → 개수대 → 가열대 → 조리대 → 배선대

정답 ③
해설 보편적인 작업대 배치는 준비대 → 개수대 → 조리대 → 가열대 → 배선대 순이다.

08 ( ) 안에 알맞은 말을 쓰세요.

> 에너지 대사율은 작업 시에 소모되는 칼로리에서 안정 시에 소모되는 칼로리를 빼서 순수 작업에 소요되는 칼로리를 구한 다음 이것을 ( )에 대한 비율로 나타낸 것으로, ( )를 표시하는 것이다.

정답 기초대사량, 노동 강도
해설 에너지대사율은 작업 시에 소모되는 칼로리에서 안정 시에 소모되는 칼로리를 빼서 순수 작업에 소요되는 칼로리를 구한 다음 이것을 기초대사량에 대한 비율로 나타낸 것으로, 노동 강도를 표시하는 것이다.

09 ( ) 안에 알맞은 말을 쓰세요.

> 작업센터를 배치할 때 가장 중요한 센터를 제일 먼저 계획하고 배치하는데, 부엌에서는 ( )를 먼저 계획하고, 다음으로 중요한 ( )를 계획한다.

정답 개수대, 가열대
해설 작업센터를 배치할 때 가장 중요한 센터를 제일 먼저 계획하고 배치하는데, 부엌에서는 개수대를 먼저 계획하고, 다음으로 중요한 가열대를 계획한다.

04 가사노동의 전개와 전망

제2장 가사노동의 관리와 전망

1. 가사노동의 전개

가사노동은 사회경제적 환경의 변화에 상응하여 변용되어 왔다. 특히 오늘날 산업자본주의의 지속적인 발달에 따라 대량생산 및 대량판매체계가 확립되면서 종래의 가정 내에서 이루어지던 가사노동 중 많은 부분이 산업노동을 통해 생산된 상품에 의해 대체되거나 경감되고 있다. 처음에는 거의 자급자족의 가정경제로 시작해서 오늘날과 같이 가정의 생산과정이 상대적으로 축소된 가정경제로 전이되는 과정은 가계가 지속적으로, 또 어느 정도 강제적으로 가정경제적 생산영역을 상실해 간다는 기본관념에 토대를 두고 있다.

1) 가사노동의 국민경제로의 편입

① 가사노동의 산업화

㉠ 가사노동의 산업화란 가정 내에서 이루어지던 일상적인 가사 업무들이 시장에서 유료로 이루어지는 서비스 산업으로 전환되는 과정을 의미한다. 이는 주로 청소, 육아 요리, 빨래 등의 일상적인 가사 업무를 전문적으로 제공하는 서비스 업체 등이 생겨나면서 이루어진다. 이러한 산업화 과정은 여성을 중심으로 한 가사 노동자들의 경제적인 활동 영역을 넓히고, 가사노동의 시장화로 인한 일자리 창출과 경제적 가치의 인정을 가져온다.

㉡ 가사노동의 산업화 요인

- 사회적 변화: 여성의 사회적 역할 변화와 경제적 활동 참여 증가로 인해 가사노동에 대한 수요가 변화되고 있다. 또한 가정에 일에 대한 가치관 변화로 인해 외부에 가사 서비스를 외주하는 문화가 확산되고 있다.
- 기술 혁신: 기술의 발전으로 인해 가사노동에 대한 자동화와 효용화가 가능해지면서, 가사노동의 산업화가 가속되고 있다. 로봇기술, 인공지능 등이 가정 내 가사업무를 대체하거나 보조하는 데 사용될 수 있다.
- 노동 시장의 변화: 여성의 교육 수준의 상승과 경력에 대한 요구가 높아지면서 가사노동의 전문화된 서비스 제공자가 필요해 졌다. 이는 가사노동 산업의 성장을 촉진시키는 요인 중의 하나이다.
- 법적 정책적 변화: 가사 노동자의 권리와 노동 조건을 보호하기 위한 법률 및

정책의 변화가 산업화에 영향을 미친다. 예를 들어 노동시장에 진입한 가사노동자들의 근로조건 및 임금 보호를 위한 정부의 노력도 요인으로 작용한다.
이러한 요인들이 복합적으로 작용하여 가사노동의 산업화를 형성하고 발전시키고 있다.

ⓒ 가사노동 산업화의 문제점
- 가정 내 생산 과정의 가정 밖으로의 이동은 계속적으로 자급자족하기를 원하는 가계로 하여금 최종 소비를 위해 필요한 재화나 용역을 결국 시장에 의존하지 않을 수 없도록 강요한다.
- 대량생산된 소비재가 가정생활로 침투해 들어오게 됨으로써 가정생활의 획일화를 야기하고, 결과적으로 일방적인 편의성 추구의 왜곡된 생활양식이나 질적으로 낮은 생활을 초래할 수 있다.
- 영리 추구의 목적을 중시하는 기업에 의해 대량생산되는 상품의 질의 문제가 그대로 가정생활의 문제로 직결되어 가정생활의 질을 저하시킨다.
- 일방적인 편의성 추구의 왜곡된 생활양식이나 질적으로 낮은 생활을 초래할 수 있다는 점이다.
- 영리 추구를 목적으로 하는 기업에 의해 대량생산되는 상품의 질 문제가 그대로 가정생활의 문제로 직결되어 가정생활의 질을 저하시킨다.

② 가사노동의 기계화
㉠ 가사노동의 기계화란 기술적인 발전을 통해 가정 내 가사업무를 자동화 하거나 자동으로 수행하는 과정을 의미한다. 이는 로봇 기술, 인공지능, 자동화 장치 등을 활용하여 청소, 조리, 세탁, 육아 등의 일상적인 가사업무를 인간의 개입 없이 자동으로 수행하는 것을 말한다. 기계화는 가정 내 가사노동의 부담을 줄이고, 시간을 절약하며, 노동자의 노동조건을 개선하는 등 장점을 제공한다. 그러나 이러한 기술적 발전은 일부 가사노동자들의 일자리를 위협할 수도 있으며, 사회적 문제나 윤리적 고려 사항을 유발할 수도 있다.

㉡ 가사노동의 기계화를 결정하는 요인
- 각 가계의 소득을 통해 가계 기계 설비의 비용 마련이 가능하다.
- 가정 기기의 저렴한 가격은 취업의 기회가 증대됨에 따라 가정주부들은 비싼 대가로 그들의 노동력을 제공하고, 대신 비용상 저렴한 기계화에 의해 가정 내 생산 과정을 경감시키는 것이다.
- 여성의 취업이 가사노동의 기계화를 촉진하는 요인이면서 동시에 그 결과이기도 하다. 즉, 여성의 취업이 증가하면 가사노동의 기계화가 촉진되는데, 한

편 이러한 가사노동의 기계화는 여성의 취업을 용이하게 하여 결국 여성 취업의 증가로 귀결된다.
- 기계화로 인해 자유시간이 늘어난 것 같지만 기계화에서 가정 기기의 효과는 우선 노동의 경감에 있으며, 노동시간 절약 효과는 크지 않다. 그러나 완전자동식 기기는 노동시간 단축의 효과를 가진다.
- 가정 기기의 사용 방법과 조작의 용이성: 대다수의 가정주부의 기계에 대한 평균적인 이해 수준에 맞아야 한다.
- 정부의 제반 조치: 감가상각의 형태로 세제상의 혜택을 주거나 수도·가스·전기·하수도 시설의 비용을 부분적으로 부담함으로써 기계화를 촉진시킬 수 있다.
- 다양한 형태의 조달 방법: 가정 기기의 사용 권리를 임대해 주는 가정 기기 임대 계약 등이 있다.

③ 가사노동의 집단화

가사노동의 집단화는 개별 가계가 지속적으로 해체되어 가는 동시에 생산 과정을 사회적으로 조직된 기구가 담당하게 되는 과정을 의미한다. 집단화가 계속 진행되면 개별적인 가계가 완전히 해체되며, 각 가족원은 사회의 구성원으로서 마치 중앙에 큰 부엌이 있고 이와 연결되어 거주 공간이 있는 형태와 같은 대가계에 속하게 되며, 가족원은 가사노동으로부터 거의 해방된다.

㉠ 가사노동의 집단화에 대한 요구가 생기는 이유
- 산업화의 진보에 의해 기업 부문에 달성되는 생산성의 증가가 개별 가계에는 사소한 정도밖에는 도움을 주지 않는다는 경제적 효용성에 기인한다.
- 사회적 공평의 이유로도 주장된다. 예 빈곤한 사회계층에게 '국민급식소'와 같은 시설 및 공공의 자선단체를 통해 최저 생존에 필요한 식량을 보장해 주는 것이다.

㉡ 집단화된 가계가 갖는 경제적 이점: 식사의 집단화의 예
- 공간이 절약된다.
- 자급의 가능성이 광범위해진다.
- 비용상의 이점이 커진다.
- 인간의 노동력과 기계적 노동의 노동 분담이 개선된다.
- 생산단위당의 노동력과 노동시간 및 자본투입이 절약된다.
- 보다 합리화된 이용 가능성에 의해 효용이 극대화되고, 쓰레기 처리 면에서 유리해지며 에너지 소모가 감소됨으로써 물자가 절약된다.
- 위생 조건이 향상되고 식품의 영양가 섭취 면에서 유리하다.

- 여성 노동력이 가정 밖에 제공되어 소득을 얻을 수 있는 기회나 가능성이 커지며, 이와 관련되어 여성의 지위 향상과 여성해방의 가능성이 증대된다.
ⓒ 여성을 모든 가사노동으로부터 해방시키고 가계에 부여된 가족원의 욕구 충족 기능을 사회적으로 조직된 기구가 맡음으로써 가사노동을 완전히 가정 밖의 영역으로 통합시키는 것은 사회주의의 기본 목표의 하나가 되어 왔다.
ⓓ 독립된 개별 가계에 비해 집단화된 가계의 단점
- 비인간적이다.
- 개개인의 가정 외 조직체로의 의존성이 증대된다.
- 사회 구성 단위로서의 가족이 붕괴될 가능성이 발생한다.
- 대규모의 관리 기구와 감독 기구를 설립할 필요가 생긴다.
- 가정 내 가사노동을 생산적인 취미 활동으로 활용하려는 가능성을 배제한다.
- 집단화된 가계의 종사자들이 개인의 책임이 감소하게 됨에 따라 생산요소를 낭비할 가능성이 발생한다.
- 최종 소비를 위한 재화나 용역에 대한 세분화된 개개인의 수요를 등한시하며 생산을 획일화시킨다.

2) 가사노동의 사회화

가사노동의 사회화는 '소비의 사회화'와 유사한 개념으로, 노동력 재생산이라는 가정생활의 기본적 기능의 일부가 노동력 재생산에 필요한 생활 수단 및 서비스의 형태로 사회적·개별적인 가정 내로부터 사회적인 것으로 치환되는 것, 즉 사회적 노동의 산물에 의해 대체되거나, 사회적 분업의 일환으로 편입되거나, 공무노동으로 변환되는 것을 의미한다.

이토는 자본주의 경제의 토대 위에서 사회화가 진전되는 측면을 다음과 같이 보았다.

① 자본주의적 사기업에 대해 소비비용이나 유통비용을 치름으로써 개별 가족에 사적으로 공급되는 형태를 취하는 것이다.
  ㉠ 사기업 노동에 의한 대체: 식당, 세탁소, 배달 서비스, 수선 서비스, 파출부, 요리사, 가정부 등
  ㉡ 상품 형태의 대체: 가공품, 반가공품, 기성복과 냉장고, 냉동고, 세탁기, 건조기, 청소기 등 가정 기기
② 여러 가족의 분업에 의한 대체: 여러 개별 가족이 모여서 분업·협업하고 서로 도와서 개별 가족의 가사노동을 대체하는 형태로, 이 중 일부는 근로자복지사업이나 생활협동조합운동으로 발전하기도 한다. 예 공동구입, 후생식당, 공동탁아소, 노인의

집, 공동주택 관리시스템, 공동청소서비스 등

③ 사회적·공공적 소비 수단이나 서비스로서 개별 가족에 공공으로 공급되는 것이다.
   예 학교급식, 탁아시설, 양로시설, 병원, 산지직배 시스템, 아동상담소, 소비자센터 등

2. 가사노동의 전망(가사노동을 둘러싼 문제에 대한 주체적 대응 내지 개선방향)

① 자본주의적 사기업에 의한 가사노동의 '상품화', '서비스화'와 관련해서는 상품 및 서비스의 질과 가격에 대해 적극적으로 점검하는 것이다. 예를 들어서 식품 첨가물, 농약, 재생할 수 없는 재질, 쉽게 버리도록 되어 있는 기성 의류, 수명이 짧은 내구소비재나 완구류, 부품의 구입 곤란으로 자주 바꾸어야 하는 기기류, 과다 복용되는 약물류, 자녀에게 강요되는 과잉된 예능 교육이나 과외 학습 등이다. 이윤추구를 주 목적으로 하는 '상품화', '사회화'에 대해서는 주체적인 소비자 운동, 물가상승 반대 운동 등으로 대처하여야 한다.

② 가정 내에서 가족원에 의한 가사노동의 분담을 추진한다. 노동과 생활을 공동으로 협력해 나가면서 새로운 생활양식과 가족관계를 창조하고, 부부의 애정과 신뢰를 발전시키는 방향으로 나아가야 할 것이다.

③ 상호부조, 공동화, 근로자복지사업을 통한 가사노동의 개선이다. 공동구입으로부터 생활협동조합의 단위 활동이 생기고 생활협동조합의 설립과 생활협동조합 운동에 적극적으로 참가하는 계기가 된다.

④ 남편과 부인의 직장에서의 노동 조건 개선과 복리후생 요구를 관철한다. 남녀를 불문하고 노동시간의 단축, 휴가, 육아시간과 육아휴업제도 등은 가정생활의 여유를 가져오며, 직장탁아시설, 사원식당, 매점, 작업복 대여, 저렴한 보수 서비스 등 폭넓은 기업 복지의 양과 질도 가사노동 문제의 해결을 돕는다.

⑤ 공공적 시설·서비스·생활환경 개선·지역 복지를 요구하고 법적·제도적 개선을 요구한다. 지역 주민의 권리로서 생활보장은 공적으로 지원됨으로써 확보되며, 탁아소, 아동 보육 시설, 아동회관, 의료시설, 기타 사회복지시설과 서비스, 주민이 살기 좋은 도시 환경 양성 등에 세심한 배려를 하여 가정생활의 질을 향상시키면서 가사노동을 합리화하는 방향으로 나가야 할 것이다.

04 가사노동의 전개와 전망: 예상 문제

01 가계내의 생산 과정이 가정 밖의 영역으로 대폭 이양되어 가족원의 욕구를 충족시키는 재화의 용역을 시장을 통해 구입하는 것을 의미하는 용어는 무엇인가?

① 가사노동의 집단화
② 가사노동의 국제화
③ 가사노동의 기계화
④ 가사노동의 산업화

정답 ④
해설 가사노동의 산업화는 가계 내의 생산과정이 가정 밖의 영역으로 대폭 이양되어 가족원의 욕구를 충족시키는 재화의 용역을 시장을 통해 구입하는 것을 의미한다.

02 가사노동의 산업화를 촉진시키는 요인은 무엇인가?

① 가사노동의 생산성 증대
② 가정의 소득 증가와 기혼 여성의 취업 증대
③ 가족원 욕구의 개별화
④ 저렴한 가정 기기의 보급 증대

정답 ②
해설 가사노동의 산업화를 촉진시키는 요인
산업생산기술 면에서의 유리함, 최종 소비재의 욕구 충족 정도, 산업생산의 가격 면에서의 유리함, 기혼 여성의 취업 증대, 가정소득의 증가, 정부의 정책 등

03 가사노동의 국민경제로의 편입 형태 중 가사노동이 가정 내의 생산으로 남아 있도록 영향을 미치는 것은 무엇인가?

① 여가화
② 집단화
③ 기계화
④ 산업화

정답 ③
해설 가정노동의 기계화
가정에서 사용하는 가정 기기의 도움으로 재화나 용역을 광범위하게 가정 내에서 생산하는 것

04 가사노동의 집단화가 갖는 경제적 이점에 해당되지 않는 것은?

① 대규모의 감독 기구가 필요하다.
② 가사관련 산업이 발달한다.
③ 개별 가정 외 외부 조직체에 대한 의존성이 증대된다.
④ 인간의 노동력과 기계적 노동의 노동 분담이 개선된다.

정답 ④
해설 집단화 기계의 경제적 이점
 – 공간의 절약이 가능, 지급의 광범위한 가능성
 – 여성의 지위 향상과 여성해방의 가능성 증대
 – 대량 구입에 의해 비용상 이점이 커지고, 식품의 영양가 섭취 면에서 유리
 – 보다 합리화된 이용으로 효용의 극대화
 – 기계적 노동과 인간의 노동력과의 노동 분담이 개선됨

05 가사노동의 사회화 형태 중 사기업노동에 의한 가사노동의 대체에 해당하는 예는?

① 세탁기, 공동구입
② 기성복, 식당
③ 기성복, 공동양로시설
④ 학교급식, 공동탁아소

정답 ②
해설 가사노동에 의한 가사노동의 대체
자본주의적 사기업에 의해 소비비용이나 유통비용을 치름으로써 또는 사적 소비 수단으로서 개별 가족에 사적으로 공급되는 형태를 취하는 것(예 세탁소, 파출부, 요리사, 냉장고, 기성복, 배달 서비스, 식당 등)

06 다음 중 가사노동 집단화에 대한 설명으로 바른 것은?

① 가계 내의 생산 과정이 가정 밖의 영역인 사회로 대폭 이양되어 가족원의 욕구를 충족시키는 재화나 용역을 시장을 통해 구입하는 것을 의미한다.
② 노동집약적인 가정생산에서 자본집약적인 가정생산으로의 이행하는 과정을 의미한다.
③ 가정 내 생산 과정을 사회적으로 조직된 기구가 담당하게 하는 과정을 의미한다.
④ 노동력 재생산이라는 가정생활의 기능 일부가 사회적 노동의 산물로 대체하는 과정을 의미한다.

정답 ②
해설 ①은 가사노동의 집단화, ②는 가사노동의 기계화, ③은 가사노동의 집단화, ④는 가사노동의 사회화의 개념을 각각 설명한다.

07 가사노동의 사회화 유형 중 공공서비스의 형태에 해당하는 것은?

① 학교급식　　　　　　　　② 공동구입
③ 공동탁아　　　　　　　　④ 식당

정답 ① 학교급식
해설 ②, ③은 여러 가족이 분업, 협업하여 개별 가족의 가사노동을 대체하는 형태이고, ④는 자본주의적 사기업에 비용을 치르고 개별 가족에게 사적으로 공급되는 형태이다.

08 다음 중 이토가 주장한 것으로 가사노동의 사회화가 진행되는 세 가지 측면에 해당되지 않는 것은?

① 사기업노동에 의한 가사노동의 대체
② 여러 개별 가족이 모여, 분업, 협업하여 도우며 대체
③ 사회적 공공적 소비 수단이나 서비스로 공급
④ 정치적 이해관계에 의한 대체

정답 ④
해설 사회적 공공적 서비스 수단이나 서비스로서 개별 가족에게 공급
　예 학교급식, 탁아시설, 양로시설, 병원, 아동상담소, 소비자센터 등

CHAPTER

03

시간의 개념과 연구

01 시간의 개념
02 시간 사용의 연구
03 시간 사용의 연구 방법

01 시간의 개념

제3장 시간의 개념과 연구

1. 시간에 대한 접근법

1) 경제적 접근법

① 시간을 잠재적 효용을 가진 상품과 같은 것으로 간주하는 것이다.
② 마케팅이나 거래에서 사람들이 가장 자주 사용하는 것이다. 예 "누구나 똑같이 가진 중요한 것", "최대효용을 얻도록 사용해야 하는 유한한 자원", "가치 있는 것", "시간은 돈이다"

2) 심리적 접근법

① 심리적 접근법: 사람들이 시간을 개인적으로 지각하는 방법이다. 예 "너무 빡빡하다", "쫓기는 느낌이다", "행복하다", "심심하다", "따분하다"
② 미얼루(Meerloo)가 제시한 개인적 시간 지각: 역사적 시간, 생리적 시간, 시간 감각, 속도, 시간의 연속성이라는 다섯 가지 차원을 제안하였다.

3) 사회문화적 접근법

① 각자가 시간에 관하여 사회화된 방법과 관련된 것이다. 가족, 친구 집단, 문화, 하위문화, 직업 등에 따라 시간에 대한 접근법이 다양하다.
② 개인의 사회문화적 접근법에는 경제적 접근법과 정량적 접근법 등이 영향을 미칠 수 있다.

4) 정량적 접근법

① 시간을 물리적으로 보는 것이다. 물리학에서는 시간은 우주의 네 번째 차원으로 간주되며, 공간과 더불어 시공간의 구조를 형성한다. 시간은 사건이 발생하는 순서를 결정하고, 속도와 변화를 측정하는 데 사용한다.
② 개인이 시간을 해석하거나 사용할 때 연·월·일·시 등과 관련시키는 것이다. 예 연월일시의 구체적인 표현, "얼마나 오랫동안 했는지 측정한다", "하루 24시간" 등과 같은 표현이다.

2. 개인적 시간 감각

1) 심리학적 시간

① 시간 지각의 의미는 시간의 경과 또는 시간의 길이를 시계와 같은 물리적인 계측 수단에 의하지 않고 개인의 인식과 경험에 따라 주관적으로 다르게 인식된다. 예를 들어 즐거운 경험은 시간이 빠르게 지나가는 것처럼 느껴질 수 있고, 불쾌한 경험은 반대로 시간이 느리게 흐르는 것처럼 느껴진다.
  ㉠ 각 감각에는 각기 특유한 감각기관이 있으나 시간을 전문적으로 느끼는 감각기관은 없다.
  ㉡ 시간의 지각은 많은 감각기관의 종합적인 작용에 의한다.

② 시간의 장단에 관한 인식
  ㉠ 보통 무엇에 열중하고 있을 때의 시간은 짧게 느껴진다. 그러나 후에 과거의 경험을 회상할 때에는 그와는 반대로 충실했던 시간 쪽이 더 길게 느껴진다.
  ㉡ 체온을 인위적으로 올리거나 발열했을 때의 시간은 평상시보다 길게 느껴지고, 흥분제가 투여되면 시간이 길게, 진정제가 투여되면 시간이 짧게 느껴진다.

③ 피아제(J. Piaget)는 '시간과 인간' 문제의 심리학을 발달시킨 사람으로 발달심리학의 자료를 근거로 시간이 직관으로 파악되는 개념이 아니고 고차적인 인식에 근거함을 밝혔다.

④ 시간 감각의 차원
  ㉠ 직관이 아니라 관계 판단에 근거한다. 즉 시간이란 인간에 있어서 그 자체로서 존재하고 있는 것이 아니라 항상 내용이 있고 그 내용에 상응하여 시간이 인식되는 것이다.
  ㉡ 우리의 시간 감각은 현재의 활동이나 일의 내용과 끊을 수 없는 관계에 있다.
  ㉢ 힘의 개념에 의한 설명: 재미있는 일을 할 때는 거기에 주의를 집중시키기 때문에 인간의 힘을 동원하게 된다. 마음을 쓰이는 일에 대해서도 인간은 많은 정열을 기울인다. 그러나 지루한 경우에는 흥미를 잃고 그 일에서 벗어나려고 한다.

2) 미얼루(Meerloo)의 개인의 주관적 시간 감각(시간 감각의 차원)

미얼루(Meerloo)는 개인의 주관적 시간 감각에는 다섯 가지 차원의 이론을 정립하였다. 역사적 시간, 생리적 시간, 시간 감각, 속도, 시간의 연속성이라는 다섯 가지 차원에서 개인마다 감각이 다를 수 있다는 것이다.

① **역사적 시간**

과거의 사건들을 시간 속에서 바르게 순서를 정하는 것으로 주관적 시간 개념의 한 차원이다. 이것은 원인과 결과를 이해하는 데 도움이 되며, 기억을 필요로 한다. **예** 가족원 사이에 논쟁이 벌어졌을 때, 논쟁의 순서를 바르게 기억할 수 있다면 문제의 원인을 규명하는 데 용이하다.

② **생리적 시간**

㉠ 처음 사람들에게 시간 개념을 제공한 것은 자연의 리듬이다. 즉, 24시간의 낮과 밤, 수면과 기상 시간의 주기나 달의 변화, 계절의 변화 등 자연 현상은 시간의 경과를 나타내고 있다. **예** 규칙적인 호흡이나 심장 박동, 주기적인 여성의 생리일 등

㉡ 몸의 활동에는 많은 리듬이 있다. 몸의 어딘가에 시계와 같은 것이 있어서 그것에 따라 움직이고 있는 것이라 생각되며, 이와 같은 조직을 '생물시계'라고 한다. 뇌 속의 송과체라는 기관의 물질대사는 낮과 밤에 차이가 있는데, 이런 사실에서 송과체가 생물시계의 하나라고 생각되고 있다.

③ **시간 감각은 시간 경과에 대한 주관적인 의식이다.**

㉠ 사람들마다 가지고 있는 주관적인 시간 경과에 대한 측정은 객관적 시계에 의한 시간 경과와 일치하지 않으며 그 정도도 모두 다르다.

㉡ 체온, 권태와 같은 기분, 긴급성과 같은 특정 상황도 시간의 경과를 측정하는 데 영향을 준다.

④ **속도는 홀(E.T. Hall)의「숨겨진 차원」에서 시간 사용과 관계된 성격 유형을 보면 다음과 같다.**

㉠ 단선적 성격은 일에 대한 계획을 세우고 그 계획대로 시간에 맞춰 일을 처리하고 한 번에 한 가지 활동만 계획하는 사람으로, 관계의 복잡성이 적은 사람이다. 이러한 사람은 동시에 해야 할 일이 너무 많으면 혼란스러워진다.

㉡ 복합적 성격을 가진 사람은 시간을 융통성 있게 사용하고 한 번에 여러 가지 일을 하려는 경향을 가지고 있다. 어떤 일에 관여하고 마치는 것이 미리 준비된 계획을 따르는 것보다 더 중요하다. 최후의 목표는 있지만 목표에 도달하는 데는 서로 교환할 수 있는 징검돌이 존재한다. 활동을 편안하게 하는 사람이다.

⑤ 시간의 연속성은 과거 사건의 순서를 정하고 연결하는 역사적 시간 개념과는 달리 과거, 현재, 미래의 활동을 연결하는 것이다.

㉠ 시간의 연속성 속에서 사람들은 시간의 흐름에 조화되고 과거, 현재, 미래의 시간 요소에 자신을 적응시켜 간다.

ⓒ 전통적으로 우리나라 사람들은 과거지향적인 경향을 보여 왔고, 미국 사람들은 미래지향적이었으나 근래에 와서는 모두 현재지향적인 것으로 보고되고 있다.

3. 문화와 시간 개념

문화란 한 사회에서 공통적으로 나타나는 독특한 생활양식을 의미하며, 사회 구성원들이 후천적인 학습을 통해 공유하고 있는 행동양식과 사고방식을 말한다. 예를 들어 청소년 문화, 한국 문화, 서양 문화, 대중문화 등이 있다.

문화(Culture)라는 말은 라틴어 Cultus에서 유래된 것으로 '밭을 갈아서 경작하다'라는 의미로 쓰였다. 나중에는 이것이 자연적인 행동과 반대되는 문명화된 행동이라는 의미로 바뀌었고, 나아가 상류계급의 행동을 의미한다. 이어서 19세기는 가장 훌륭한 예술, 음악, 사상을 가리키는 '고급문화'의 개념으로 등장하였고 20세기에 들어와서는 대중문화가 들어오면서 문화의 개념이 '세련된, 교양 있는, 고급스러운'의 의미만 아니라 인간의 모든 생활양식을 넓은 의미로 가리키는 것으로 사회학자들에 의해 정립되었다.

1) 개요

① 전통적으로 에스키모인들은 시계의 시간과 관계없이 배고플 때 먹고, 피곤할 때 자는 식으로 생리적 리듬에 따라 생활해 오고 있다.

② 문화가 발달된 곳일수록 생리적 주기보다는 인위적으로 특정 시간이나 환경을 만들어서 이에 맞추어 생활하는 것을 볼 수 있다.

③ 시간에 관한 언어를 통하여 민족의 시간 개념을 파악할 수도 있는데, 세계적으로 볼 때 시간의 단위가 가장 발달한 민족으로 인도인을 꼽을 수 있다. 현대인은 대개 시간의 단위로 연, 월, 일, 시, 분, 초를 사용하나 인도의 경우에는 겁, 찰나 등 극히 길거나 짧은 단위를 나타내는 용어를 사용한다.

④ 겁이란 시간의 단위로 가장 길고 영원하며, 무한한 시간을 나타낸다.

⑤ 찰나란 산스크리트어의 크샤나, 즉 순간의 음역인데, 불교에서 시간의 최소한의 단위를 나타내는 말이다. 현대적인 계산에 의하면 1찰나는 75분의 1초에 해당한다.

(1) 시간 지각 모델

시간에 대하여 생각하는 방법을 시간 과정에 기본을 두고 나눈 것이다.

① 선형분리적 모델은 서구 문화권에서 시간을 보는 견해로, 시간을 선형적인 하나의 연속체로 간주한다. 즉 시간을 과거로부터 현재, 그리고 미래로 연결되는 연속체로

보는 것이다.
- ㉠ 선형분리적 시간 개념은 시간에 대한 경제적 접근법과 관련된다. 시간을 하나의 자원으로 보고 시간을 측정하고 계획하고 투자할 수 있는 하나의 소비상품으로 지각한다. 오늘의 시간 투자는 그것이 미래에 이익으로 돌아올 것을 예상하기 때문이다.
- ㉡ 선형적분리 모델에서는 장기 계획이 정상적인 것으로 받아들여진다.
- ㉢ 이야기, 단계, 절차 등이 연대기적 순서에 따라 진행되는 것이 일반적이다. 따라서 속도가 가치가 있고 따라서 식사 준비를 효율적으로 하기 위하여 냉동식품이나 가공식품과 같은 시간절약적인 제품이 용납된다.
- ㉣ 시간이 시계와 달력에 의해 측정되고, 약속은 정시에 지켜질 것을 기대한다. 그러므로 시간의 흐름에 따라 미래지향적 양상으로 나타난다.

② 절차적 지각 모델
- ㉠ 절차적 지각을 하는 사람들은 활동시간보다 절차와 순서를 중요하게 여긴다. 즉 절차적 지각을 하는 사람은 실질적인 단계, 사건, 절차 등을 활동에 소요되는 시간보다 더욱 중요하게 생각한다. **예** 아메리카 인디언
- ㉡ 활동의 중요한 요건은 시간에 맞추어 과업을 완수하는 것보다는 정확한 절차에 따라 행하는 것이다. 한 가지 일에 얼마나 많은 시간이 소모되는지에 상관없이 그 일이 완수될 때까지 계속되는 것을 나타낸다.
- ㉢ 이러한 시간 지각 모델은 아메리카 인디언과 알래스카 에스키모인을 몇몇 부족에게서 발견할 수 있다. 인디언 사회에서는 일을 해야 하는 순서는 정해져 있으나 일을 언제 시작하고 언제 끝내야 하는가는 정해져 있지 않다.
- ㉣ 인디언들의 장례식 전야 행사는 모이는 시간, 기도시간, 노래시간, 휴식시간, 식사시간으로 구분되는데 어느 것도 시계시간으로 정해지지 않는다. 참석자들이 서로 합의하여 다음 순서로 넘어가기만 하면 되는 것이다. 이처럼 시간을 절차로 이해하는 문화에서 기간을 절약하라는 말은 이해하기 어려운 의미이다.

③ 순환적 지각 모델
- ㉠ 시간을 같은 사건이 어떤 순환적인 유형에 따라 반복되는 체계로 인식하는 것이다. 이 모델의 문화에서는 시간을 같은 사건이 순환적으로 반복되는 체계로 인식한다. 이 곳의 시간은 규칙적으로 시작과 끝이 있는 리듬을 가지고 있지만 과거, 현재, 미래의 명확한 구분은 없다. 오늘은 어제와 비슷하며, 내일 역시 오늘과 같을 것이라 가정한다.
- ㉡ 순환적 지각에서 사건은 진전되거나 그대로 있을 수 있다. 이것은 가난과 자주

관련되는데, 이는 가난한 사람들의 삶은 하루하루 거의 변화하지 않기 때문이다. 이렇게 시간을 인식하면 시간을 저축하거나 사용한다는 의식은 없고 그저 하루하루를 살아갈 뿐이다. 예를 들면 시간을 자원으로 인식하지 않기 때문에 사건자체를 중요하게 여기는 히스패닉 문화와 사건을 고정된 자원으로 인식하지 않고 시간 지각을 즉각적으로 보는 아라비안 문화 등이 있다.
- ⓒ 선형적 분리모델에서의 시간사용이 미래지향적이라면, 순환적 지각모델에서의 시간사용은 현재 지향적인 특성을 갖는다.

(2) 민속에 나타난 시간 인식

① 창조 신화의 조사
- ㉠ 여러 문화가 시간에 대해 가지고 있는 다양한 견해를 알아보는 데 가장 좋은 방법은 창조 신화를 조사하는 것이다.
- ㉡ 창조 신화에서 시간이 맡고 있는 역할을 확인하고, 그런 원칙이 우주의 운행에 대한 폭넓은 인식을 어떤 식으로 뒷받침하고 있다는 것을 알 수 있기 때문이다.
- ㉢ 시간 민속 연구는 우리민족의 시간인식이 얼마나 체계적이고 세계관적 상징성을 드러내고 있는지를 잘 나타내 주고 있다.

② 임재해의 우리나라의 신화적 시간 인식의 체계와 그 정밀성이 우리 민속에서 고려되는 시간은 연월일은 물론 시각까지 정확하게 헤아리는 까닭에 생년월만 주목하는 현대적 시간 인식보다 한층 철저하다.

③ 우리나라의 천지개벽 신화
- ㉠ 사람의 출생과 마찬가지로 천지의 생성에 관한 시간도 역시 사주를 다 밝힌다. 소우주와 대우주가 함께 짝을 이루며 생성의 시간을 연월일시의 사주로 한층 구체화하여 밝히는 것이다.
- ㉡ 서구의 천지 창조 신화에는 창조의 시간 개념이 구체적으로 잘 드러나 있지 않으나 우리나라의 천지개벽 신화에는 하늘이 열리고 땅이 열리며 사람이 생겨나는 연월과 시각까지 정확하게 명시되어 있다. 천지인(天地人) 3재론이 공간적 인식의 축이라면 시간적 인식의 축은 연월일시의 사주이다.
- ㉢ 우주가 시작되는 태초의 시간 역시 인간의 출생 시간처럼 시간의 네 기둥에 입각해서 인식하고 있다.
- ㉣ 천지개벽의 신화를 통해서 우리의 시간 인식이 얼마나 구체적이고 치밀한가와 함께, 신화적 상상력까지 영향력을 미칠 정도로 원초적인 것임을 알 수 있다. 신화적 시간의 정밀성을 통하여 우리 민속 일반의 시간 인식이 얼마나 체계적이고 세계관적 상징성을 드러내고 있는가 하는 것을 알 수 있다.

01 시간의 개념: 예상 문제

01 개인이 시간을 해석하고 사용할 때 연월일시 등과 관련시켜 나타내는 접근법은?

① 정량적 접근법
② 경제적 접근법
③ 심리적 접근법
④ 사회문화적 접근법

정답 ① 정량적 접근법
해설 정량적 접근법은 개인이 시간을 해석하거나 사용할 때 연·월·일·시 등과 관련시키는 것이다.
   예 연월일시의 구체적인 표현, "얼마나 오랫동안 했는지 측정한다.", "하루 24시간" 등과 같은 표현임

02 발달심리학의 자료를 근거로 시간이 직관적으로 파악되는 것이 아니고 고차적 인식에 근거함을 밝힌 학자는?

① 울프
② 피아제
③ 프로이트
④ 브라우저

정답 ② 피아제
해설 '시간과 인간' 문제의 심리학을 발달시킨 학자로 발달심리학의 자료를 근거로 시간을 직관으로 파악하는 개념이 아니고 고차적인 인식에 근거함을 밝혔다.

03 시간지각모델 중 선형분리적 시간 개념의 내용으로 옳지 않은 것은?

① 시간에 대한 경제적 접근법과 관련된다.
② 과거, 현재, 미래의 구분이 없다.
③ 이야기, 단계, 절차 등 연대기적 순서에 따라 진행된다.
④ 미래는 더 나아질 것이라고 기대한다.

정답 ② 과거, 현재, 미래의 구분이 없다.
해설 시간에 대한 경제적 접근법과 관련된다. 이야기, 단계, 절차 등 연대기적 순서에 따라 진행된다. 미래는 더 나아질 것이라고 기대한다.

04 주관적인 시간 감각 중 과거, 현재, 미래의 활동을 연결하는 것은?

① 속도
② 생리적 시간
③ 역사적 시간
④ 시간의 연속성

정답 ③ 역사적 시간
해설 과거의 사건들을 시간 속에서 바르게 순서를 정하는 것으로 주관적 시간 개념의 한 차원이고, 원인과 결과를 이해하는 데 도움이 되며, 기억을 필요로 한다.
예 가족원 사이에 논쟁이 벌어졌을 때, 논쟁의 순서를 바르게 기억할 수 있다면 문제의 원인을 규명하는 데 용이함

05 시간이 시계와 달력에 의해 측정되고, 약속은 정시에 지켜지며 미래는 더 나아질 것이라고 기대하는 이론은?

정답 선형분리모델
해설 시간을 하나의 자원으로 보고 시간을 측정하고 계획하고 투자할 수 있는 하나의 소비상품으로 지각한다. 오늘의 시간 투자는 그것이 미래에 이익으로 돌아올 것을 예상하고 기대한다.

06 시간의 반복적인 속성을 강조하며, 오늘은 어제와 비슷하며 내일 역시 오늘과 같을 것이라고 가정하는 이론을 쓰시오.

정답 순환적 모델
해설 시간을 같은 사건이 어떤 순환적인 유형에 따라 반복되는 체계로 인식하는 것이다. 시간은 규칙적으로 시작과 끝이 있는 리듬을 가지고 있지만 과거, 현재, 미래의 명확한 구분은 없다. 오늘은 어제와 비슷하며, 내일 역시 오늘과 같을 것이라 가정한다.

02 시간 사용의 연구

제3장 시간의 개념과 연구

1. 시간 사용 연구의 역사 및 동향

① 미국에서는 1925년 모릴법(Morill Act) 개정안에 의해서 주립농업연구소의 역할이 확대되고 가사노동 능률화와 합리적 자원 사용을 목적으로 주부를 대상으로 한 시간연구가 시작되었다.

② 1924년 구소련에서 실시된 노동자의 시간 연구: 오늘날의 시간 사용 연구와 같은 사회과학적 연구가 최초로 이루어진 것으로 사회주의 계획 경제의 발전을 위하여 필수적이라고 본 노동에 초점을 둔 것으로 각 직업 행동에서의 노동시간 실태, 적정한 노동시간, 노동시간에 관한 규칙과 표준 작성이었다. 노동시간뿐만 아니라 가사시간, 자유시간, 이동시간도 조사하였다.

③ 미국을 중심으로 한 자유주의국가: 노동이 아닌 여가 문제에 중점을 둔 시간 연구가 먼저 행해졌다. 미국은 1930년대 들어 증가된 여가시간 활용에 관심을 둔 시간 사용 조사를 실시하였다.

④ 영국과 일본 등 자유주의국가: 방송사에서 프로그램 편성을 위한 실용적 관심에서 시간 사용을 조사하기 시작하였다. 영국에서는 1939년에 BBC가, 일본에서는 1941~1942년에 NHK가 국민의 시간사용 실태를 조사하였다.

⑤ 각 국가별로 이루어지던 조사가 사회주의국가와 자유주의국가를 통합하여 국제적으로 이루어지게 된 것은 1960년대이다. 헝가리의 사회학자 실라이(Szalai)에 의한 1964~1966년에 걸친 유럽 12개국의 비교 연구는 시간 사용 연구를 정착시킨 기념비적 연구이다.

2. 학문 분야별 시간 사용 연구

1) 경제학

① 학문 분야별 시간 사용 연구는 가족 구성원들의 노동 공급 결정을 설명하기 위한 것에서부터 시작되었다.

　㉠ 시장노동과 가계생산에서 상대적 생산성에 초점을 두어 왔다. 즉, 상대적 생산성의 비교 우위에 근거한 시장노동, 가사노동, 여가에의 시간 분배에 초점을 둔다.

ⓒ 주된 관심사는 시장노동시간, 시장노동의 생산성 등이 가사노동시간과 어떠한 관계를 갖는가를 분석하는 것이었다.
② 경제학자들이 가사노동시간을 하나의 통합된 범주로 정의함으로써 다양한 과업들이 갖는 특성을 반영하지 못한 데 비하여 가정학자들이나 사회학자들은 육아와 기타 가사와 관련된 과제에 따라 가사노동을 세분하였다.
③ 미시경제학파인 신가정 경제학은 그동안 경제학이 시장경제만을 중시하여 비시장 경제 영역인 가정생활을 연구 대상에서 도외시한 것과는 달리 가족활동을 경제학적 입장에서 연구발전시켜 온 학파로, 민서(Mincer), 베커(Becker) 등이 주축이 되었다. 이들은 시간의 희소성을 인식하고 시간 자원을 기존의 재화 자원에 추가시켜 경제학적 이론으로 설명하였다.
④ Mincer(1962)는 여성의 시장생산시간과 가계생산시간의 관련성에 주목했다. 여성의 경제활동 참가는 가정 임금과는 부적(-)관계를 시장 임금과는 정적(+)관계를 유지함을 모형화하였다.
⑤ Becker(1965)는 상대적 효용 이론에 근거하여 가계가 소득과 시간제약에 영향을 받아 노동과 가계생산에 사용하는 시간은 상호 대체적이라고 가정하였다.
⑥ 문숙재(1996)는 남편과 부인의 가사활동 참여는 가계 효용 극대화에 기초해 상대적 생산성에 의해 결정된다고 주장했다.
⑦ 경제학자들의 연구 내용: 시장노동의 성과가 시간배분을 결정하는 주된 요인이라고 보았다.
　　㉠ 경제학자들의 연구 관심사: 경제적 성과(임금률), 경제적 효율성의 변화(임금률의 변화)가 가사노동시간 및 시장노동시간 그리고 여가시간에 미치는 영향이다. 이는 가계의 노동 공급 결정을 나타내는 것이다.
　　ⓒ 임금률 상승이 가사노동시간배분에 미치는 영향은 서로 상반되는 효과인 대체효과와 소득효과의 크기에 따라 결정된다고 보았다.
　　ⓒ 연구 방법: 가사노동시간을 하나의 통합된 범주로 간주하고 "1주일에 가사노동을 몇 시간 했는가?" 등으로 간단하게 측정하였고, 자료 수집의 기본 목적이 시간 조사가 아닌 2차적 자료도 많이 사용하였다.

2) 사회학

① 사회학자들의 연구 초점은 가족 구성원들 간의 공평성 또는 형평성에 관심을 두면서 특히 가사노동 분담을 결정하는 과정의 권력과 지위에 초점을 두어 왔다. 가사노동 분담에 관한 연구는 가사노동 수행에 있어서 역할 분화의 측면에서 이루어져 왔다.

- 성역할 관념 가설로 사회화를 통한 성역할 규범이 가사노동 분담의 주요요인이라는 가설이다.
- Blood와 Wolf가 주장한 상대적 자원 가설은 부부간의 물질적 자원의 비교에 의해 의사 결정 주도권이 결정된다는 것이다.
- 경제적 자원 가설(Relative Resources Hypothesis)은 부부간의 임금률을 비교하여 효율적으로 시간을 배분한다는 것이다.
- 생활주기가설은 가사노동 분담이 가족생활주기에 따라 변화함을 전제하고 가사 분담이 결혼 초기와 결혼 말기에 보다 공평하게 이루어진다고 한다.
- 수요 및 실행 가능 가설(Demand-Response Capacity Hypothesis)은 해야 할 가사노동과 이용 가능한 시간이 많을수록 가사노동시간은 증가한다는 것으로 가사노동의 수요와 가사노동 수행이 가능한 시간을 동시에 고려한다.

② 사회학에서의 연구 목적
  ㉠ 연구 목적은 남편의 가사노동 참여 정도, 부부간의 가사노동 분담 실태, 가사 분담 기대와 책임 의식, 성별과 과제에 따르는 분담 실태, 가사노동시간 결정 요인, 가사노동 분담과 공평성, 가사노동 분담과 부부 만족도 및 복지 등이었다.
  ㉡ 연구 분야들이 주로 부부간의 타협 과정과 함께 이해되었고, 그 과정에서 권력은 의사 결정에 영향을 미치는 중요한 요인으로 간주되었다.

3) 가정학

① 가정학자들의 관심사
  ㉠ 가사노동의 화폐적 가치평가에 관심을 가지고 가사노동시간을 재화와 서비스를 생산 및 창출하기 위한 시간으로 간주하였다. 경제학적 관점이 가사노동시간을 통합된 범주로 간주하고 양적 측면만 분석한 것에 반해 가정학자들은 가사노동을 과제에 따라 세분하고 가사노동의 특성과 질적인 측면을 연구하고자 하였다. 가사노동이 가족 및 사회에 공헌하는 점을 인정하고 그 경제적 가치를 평가하였으며, 가사노동시간 연구는 가사노동의 화폐가치를 산정하는 기초 자료가 되었다.
  ㉡ 시간배분 및 가사노동시간 실태에 관한 연구에 관심을 가졌다. 이들은 가사노동의 사회화, 기술의 혁신, 가족 구조의 변화(예 핵가족화, 자녀 수 감소 등) 등으로 인한 기혼 여성과 남편의 시간 사용 변화에 초점을 맞추었다.

② 니콜스(Nickols)와 메첸(Metzen)의 가사노동시간의 결정 요인을 설명하는 가설로 가족 구성원들의 시간제약, 가사노동의 압박, 가사노동의 촉진 요인 등에 초점을 두면서 가사노동시간 연구를 행한 것이 이론 구축을 위한 하나의 시도이다.

③ 가정학자들은 기본적으로는 경제 이론을 받아들이면서도 경제학적 이론이 선호와 취향, 가계의 특수성을 무시하는 점을 극복하기 위해 시간 사용 연구에 있어서 보다 실생활에 가까운 면에 초점을 두어 왔다.

④ 가족 또는 가계를 재화와 서비스의 생산단위로 간주하면서 시간과 시장재화의 투입으로 생산된 다양한 종류의 재화나 서비스, 가족과 사회에 대한 가계생산의 공헌도 평가, 기술혁신과 가족구성원의 변화가 가사노동에 미치는 영향 등 주된 연구 관심사였다.

3. 경제학에서의 시간배분론

1) 신가정 경제학의 유형

① 소비자 선택 이론은 시간가치를 효용 극대화 과정의 주요 변수로 고려한다. 즉, 소비자 단위인 가계가 시장에서 구입한 재화와 서비스를 획득함으로써 직접 효용을 극대화한다고 본다. 소비자는 주어진 예산제약하에서 효용을 극대화한다.

② 베커(G. Becker)의 가계생산 이론
  ㉠ 효용은 가계생산의 최종 생산물의 소비로부터 나온다. 또 최종 생산물은 구입된 시장재화와 용역, 즉 시장재와 가족원의 시간을 결합한 생산활동을 통해 소비자에 의해 생산된다고 본다.
  ㉡ 시간의 제약 조건은 주어진 시간을 시장노동시간과 가사노동시간으로 나누며, 소득의 제약 조건은 노동시간과 임금률, 비노동 수입에 의해 결정된다.

2) 베커의 시간배분론

① 베커의 시간배분론의 초점
  ㉠ 전통적인 소비경제 모델에 시간의 제약 조건을 포함시켰다.
    ● 가정은 단지 재화를 소비하는 주체가 아니고 많은 최종 생산물을 생산하는 '작은 공장'이다.
    ● 화폐와 시간이라는 두 가지의 제약 조건 아래에서, 각 가정은 효용을 최대화하려는 행동을 선택하고, 화폐와 시간을 배분한다.
  ㉡ 시간의 가치를 기회비용으로서 추가했다.
    ● 가사에 배분한 시간과 여가에 배분한 시간의 가치는 임금률(1시간당 임금)로 측정하면 포기소득으로 평가할 수 있다.
    ● 시간가치는 개인의 생산 능력(임금률)에 따라서 다르며 개인의 능력은 지식

수준, 즉 교육 정도에 따라 다르다.
- ● 베커는 이 두 가지 축으로 하여 가계의 생산계수를 공식화하였다. 행동선택에 시간가치가 어떻게 영향을 미치는가라는 이론적 함의를 간단히 정리하면 다음과 같다.
  - 노동시간: 본인의 임금률 및 소득과 여가선호에 영향을 받는다.
  - 가사시간: 가사시간을 줄이기 위하여 재화와 서비스를 구입하는가, 혹은 스스로 가사를 하는가의 선택은 본인의 시간가치에 영향을 받는다. 이론적으로는 임금률이 높은 사람은 일을 하고 그 수입으로 가사절약의 재화와 서비스를 구입하여 가사시간을 줄이려고 행동할 것이다.
  - 육아시간: 가사와 유사하지만 시간과 재화, 서비스의 교환가능성이 다르다. 육아를 타인에게 위임하는 것과 요리와 청소를 타인에게 위임하는 것은 그 성질이 다르기 때문이다.
  - 여가시간: 시간소비형 여가와 재화소비형 여가의 선택이 시간가치에 영향을 받는다. 임금률이 높은 사람은 기간을 절약하여 재화를 소비하는 여가를 선택할 것이다.
  - 이외에 이동시간과 기다리는 시간도 시간 가치에 영향을 준다.

② **시간배분론의 내용**
  ㉠ 가정을 기업과 동일한 적극적인 생산 주체로 파악하여, 가계생산을 위한 시간을 투입요소로 보았으며, 시간제약성과 분배론에 근거하여 이론을 전개하였다.
  ㉡ 가사노동에 기업 분석에 적용되는 이윤 극대화의 원리가 가치 분석의 기본 원리로 적용되었고, 재화 선택 기준을 시간에까지 확대하였다.
  ㉢ 가정도 재화와 시간을 결합하여 최종 생산물을 생산하는 생산단위이며, 가사노동은 최종 생산물을 생산하는 생산활동이다.
  ㉣ 가정에서 생산되는 최종 생산물의 가격은 그 생산에 소비된 시간가격과 재화가격을 합한 것으로 가계는 가사노동을 위해 시장 임금을 포기한다고 보았다. 따라서 가계생산의 가치는 가계가 투입한 단위시간당 임금과 동일하다. 이때 선택과 배분의 기준은 가계가 이 최종 생산물을 통해 얻는 효용의 극대화 유무이다.

③ **베커의 시간배분론에 대한 비판**
  ㉠ 가정을 기업과 동일한 생산 주체로 볼 수 있는가라는 문제에서 가정은 임금, 노동 조건, 수입, 생활 수단의 질 등에서 기업의 여러 조건에 제약을 받고 있기 때문에 가정은 기업의 부수적인 것에 불과하다는 견해이다.
  ㉡ 모든 가사노동이 생산적이며 복지적인 노동이라는 견해에 대한 비판은 이 이론

은 노동의 성과만을 측정하는데 복지 개념을 잘못 해석한 것이라는 비판이다.

예 실업자가 자신의 의사와는 달리 가사노동에 종사하는 것도 복지로 계산된다.

ⓒ 가사노동시간에 가격을 부여할 수 있는가의 문제어는 가격의 성립은 교환, 매매를 거친 후에 이루어진다. 따라서 교환되지 않은 가사노동시간에 가격을 부여하는 것은 교환되지 않은 생산물을 교환한 것으로 간주하는 가상적인 이론에 불과하다.

ⓔ 가정에 이윤 극대화 이론을 적용할 때의 문제는 가정 내의 역할 분담은 이윤 극대화의 원리로는 설명할 수 없다는 것이다.

ⓜ 경제학자들의 지대한 관심에도 불구하고 전통 이론은 실증 분석에 큰 도움을 주지 못한다는 것이다.

ⓑ 실질소득과 상대가격은 수요함수를 부분적으로 설명할 수 있을 뿐이며 여전히 기호라는 설명변수가 미지수로 남아 있다. 그러므로 기호라는 미지수를 분석할 수 있는 이론적 체계가 존재하지 않는 한 전통 이론은 수요변화의 원인을 정확히 분석할 수 없는 약점을 갖고 있다.

ⓢ 가장 중요한 약점으로서 전통이론은 가정부문에서의 가계의 경제 행위를 설명할 수 없다. 왜냐하면 전통이론은 시장재화 자체가 효용을 증대시킬 것이라고 가정함으로써 재화가격과 화폐소득의 기초 위에 형성되었기 때문에 이론의 적용이 화폐에 의하여 거래가 행해지는 시장부문에만 한정되기 때문이다.

4. 가정학에서의 시간 사용 연구

시간 사용 연구는 가족자원관리학에서 중요한 연구 영역의 하나로서, 주로 가사노동 능률화와 관련하여 합리적인 자원 사용을 위한 관점에서 주부를 대상으로 연구되어 왔다. 오늘날 시간 사용에 관한 정보가 이러한 관점에서뿐만 아니라 생활의 질 이외에 생활양식 또는 국내복지를 이해하는 중요한 내용의 하나로 다루어지면서 새로운 관심을 받고 있다.

1) 각국 가정학에서의 시간 사용 연구

① 우리나라

㉠ 우리나라에서는 1960년대 후반 이후 최근에 이르기까지 시간 사용에 관한 연구가 계속 이루어져 오고 있다. 초기에는 주로 주부를 대상으로 시간 사용의 구조를 파악하기 위한 실태 조사나 가사작업 간소화를 위한 실험 연구에 치중하는 경향이었다.

ⓒ 1970년대 중반 이후 연구 주제가 보다 세분화되고 연구 방법이 정교화되었다. 1988년에는 실증적 연구가 아닌 문화 연구가 처음으로 발표되었으며, 그 후 작업 간소화와 관련된 시간 연구는 전혀 나타나지 않았고, 다양한 주제가 다루어지고 있다.
- 시간 사용 구조에 관한 연구
- 가사노동시간에 관한 연구
- 가사작업 간소화와 관련된 시간 연구
- 여가 연구
- 시간관리에 관한 연구

② 미국의 시간 사용 연구는 가족자원관리학자들의 관심을 최초로 받았던 영역으로서, 많은 농업연구소가 농가 주부 및 그 가계의 총시간 사용과 시간 사용 양식을 발견하는 프로젝트를 개발하였다. 시간 사용 연구가 진행됨에 따라 연구 주제 및 방법들이 정교화되었다.

리콜스(Nichoals)는 그동안 미국가정학에서 이루어진 시간 연구의 주제를 다음과 같이 분류하고 있다.
- 가족생활의 풍요화
- 가정관리실무의 개선
- 시대별 비교
- 주부의 가사노동시간에 대한 평가
- 취업 주부와 전업주부의 비교
- 공익 설비 및 기구와 가계시간 사용의 관계

③ 일본의 가정학자들은 1950년대 이래 주로 주부에 초점을 맞추어 시간 사용을 연구해 왔으며, 최근에는 부부를 함께 조사하는 연구도 나타나고 있다. 일본의 시간 사용 연구는 이론적 연구와 실증적 연구로 나누어 고찰할 수 있는데, 시간 사용과 시간 사용 연구에 관하여 이론적 논의가 다양하게 이루어져 왔다. 일본에서의 시간 사용에 관한 연구를 정리한 이토 등의 저서 및 최근 동향을 중심으로 일본의 가정학에서 시간 연구를 살펴볼 수 있다.

㉠ 이론적 연구
- 시간 사용의 연구 방법론: 1961년 미야자키의 「농가생활 연구의 한 시각으로서의 생활시간-농가생활연구의 방법론과 관련하여」가 있는데 시간 사용의 본질, 시간 사용의 분류법, 농가생활 연구에 필요한 연구 방법 등으로 기술하였다.

- 시간 사용 분류와 관련한 연구는 이토, 오타케에 의한 「생활시간 분류에 관한 고찰」을 들 수 있다. 여기에서는 시간 사용 분류의 이론, 다른 분야에서 연구된 이론이 가정학분야 연구자에 의하여 도입된 계보, 가사노동시간의 분류 등을 정리하고 실증적 맥락을 상실한 혼란 상태에서 임기응변식의 시간 사용 분류를 사용하고 있는 것의 문제점을 지적하고 있다.
- 구와다 등의 「맞벌이 가정과 외벌이 가정 부부의 생활기간 구조의 추이- 가사적 생활시간에 관하여」에서 가사적 시간이 명료하게 정리되어 있다.
- 아마노는 「가정학에서 생활시간 구조의 분석 관점에 관하여」에서 실증적 연구에서 분석 관점이 불명확성을 비판하며, 맞벌이 가정의 시간 사용 구조를 분석하는 관점은 외벌이 가정의 시간 사용 구조와는 달라야 한다고 지적하였다.

ⓒ 실증적 연구

실증적 연구는 농촌을 대상으로 한 연구와 도시의 노동자 가계를 대상으로 한 연구로 대별할 수 있다. 시간 사용 연구는 초기에는 작업 동작의 시간적 연구, 에너지 대사량 측정을 목적으로 한 연구였지만 곧 가정생활 중에서 시간 사용을 전면적으로 파악하려는 연구가 착수되고 미야자키는 1960년 농업노동과 가사노동의 쌍방에서 자신의 노동력 재생산이 불가능한 주부뿐 아니라, 가사노동의 질이 저하됨으로써 가족 전체의 긴장도 악화되는 상태를 개선하기 위한 목적으로 농촌 주부를 대상으로 9개월간의 생활 전체를 기록, 분석한 사례 연구를 시행하였다.

2) 생활시간에 대한 가족자원관리학의 관점

① 노동력 재생산과 가사노동시간은 노동력의 생산 또는 소비와 관련해 볼 때 가사노동시간은 다른 생활시간과 차이를 보인다. 가사노동시간은 노동력 재생산을 위한 여러 조건을 마련한다는 의미에서 노동력 재생산시간에 속하지만, 가사노동을 수행하는 사람에게는 노동력의 소비시간으로서 노동시간이 되기 때문이다.

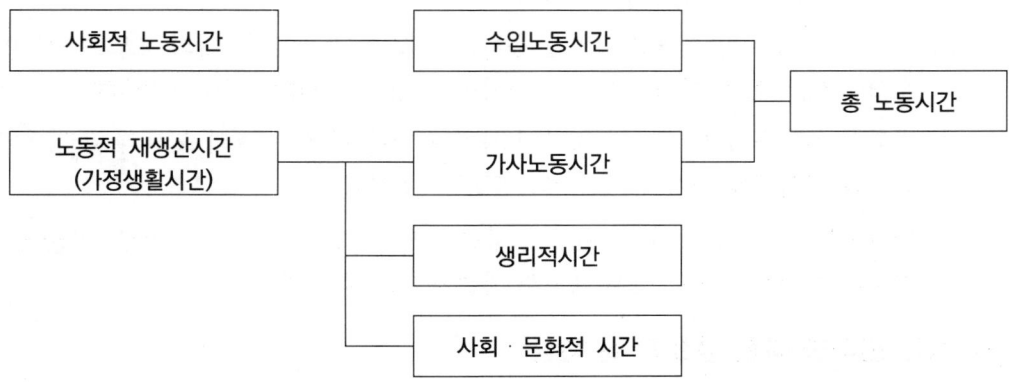

② 양성평등과 가사노동시간은 부부간에 진정한 평등을 유지하기 위해서는 일과 가정

에서의 양성평등 실현이 중요하다. 생활시간의 측면에서 본 부부의 평등이란 노동력 자체의 재생산시간의 양적·질적 구성에서의 평등과, 가정책임을 수행하는 시간의 양적·질적으로 평등한 분담, 즉 공동화(共同化)의 양 측면으로 표현될 수 있다.

③ 가사노동시간은 가정책임을 수행하는 것과 관련이 되며, 가사노동시간의 평등을 통해 부부의 생활 주체로서의 자립이 보장될 수 있고, 또 다른 생활시간 영역과 비교할 때 가장 평등이 실현되지 않고 있다는 점에서도 가사노동시간이 부부평등에서 가지는 의미는 크다.

5. 시간 사용 연구의 의의

1) 생활의 실태 및 문제 파악

시간은 모든 사람에게 하루 24시간씩 동일하게 주어지고, 축적되지도 않고 타인에 의해 대체될 수도 없는 독특한 성질을 지니며, 양적으로 측정이 가능하다. 그리고 인간의 행동은 시간의 흐름과 함께 진행된다. 따라서 시간 사용을 파악함으로써 인간 행동에 다양한 정보 수집이 가능하다.

시간 사용을 분석함으로써 생활의 실태와 문제를 파악하는 구체적인 예는 다음과 같다.

① 시간 사용의 전반적 구조를 파악함으로써 생활의 실태 및 문제를 파악할 수 있다.
② 가족공유시간의 실태를 파악함으로써 가족 간의 상호 작용의 양, 형태 등을 알 수 있다.
③ 남녀역할과 불평등의 문제도 시간 사용 비교를 통하여 수량화할 수 있다.
④ 자녀와 관련하여 자녀의 가사노동 참여 문제, 부모와 함께 하는 시간, 부모의 자녀에 대한 시간 투자 등을 알 수 있다.
⑤ 시간 사용에 대한 시대별 비교를 통하여 기술 발달의 영향, 사회 제도의 변화에 따른 인간의 행동과 사회의 변화를 파악할 수 있고, 미래의 전망도 가능하다.
⑥ 지역적 비교를 통하여 국가 체제의 차이에 따른 비교, 농촌과 도시의 비교, 산업화 국가와 비산업화 국가 사이의 비교 등이 가능하다.
⑦ 가사노동시간이나 사회봉사활동에 대한 경제적 평가를 가능하게 한다. 이를 근거로 여성의 경제적 기여나 복지 혜택의 기준을 마련할 수 있다.

2) 시간 관리를 통한 생활의 질 향상

시간을 자원의 개념으로 파악하여 기간 자원의 효율적 사용법을 연구하는 것은 시간 관리를 통하여 생활의 질을 향상시킬 수 있다고 보기 때문이다. 시간 관리와 관련된 구체적인 연구 예를 제시하면 다음과 같다.

① 가정관리실무 또는 취업노동을 향상시키기 위한 방법
② 시간 낭비를 막는 방법, 시간 사용을 효율적으로 하는 방법
③ 가사와 직업노동의 조화를 이루기 위한 방법, 직장일과 가사노동에 대한 시간배분의 적절성, 다양한 근무시간제의 효과 검증
④ 여가시간의 효율적 사용 방법
⑤ 일생에 걸친 시간배분을 효율적으로 하는 생활 설계 방법

3) 사회적 척도 개발

워커(Walker)와 우즈(Woods)의 시간 사용 연구는 그 주요 목적이 가사노동의 가치를 평가할 척도를 개발하는 것이었다. 오늘날에는 UN을 중심으로 그림자 노동(Shadow Work)에 대한 평가가 활발하게 이루어지고 있는데, 그 평가의 기초로서 시간 자료가 사용된다.

- 시간 사용 연구는 생활의 질을 측정하고 바람직한 생활양식을 창조하는 수단이 된다.
- 생활의 질을 측정하는 지표로서 사회 지표가 연구되고 있는데, 사회 지표의 중요한 구성요소의 하나로 시간 자료가 이용될 수 있다.
- 시간 사용을 연구하는 새로운 조류의 하나로서 시간 사용 방법에 대한 자료를 사용하여 개인의 생활양식을 측정하는 것이 있다. 인간의 행위는 욕구충족을 달성하고 욕구박탈을 회피하고자 하는 동기에서 선택된 결과이므로 각종 행동선택과 시간배분에는 인간의 선호가 반영되어 있는 것으로 생각하면 생활양식이란 이렇게 선택된 행동패턴이라고 할 수 있다.

일본의 사회학자 야노 마사카주(失野眞和): 시간 사용 자료를 분석하여 생활양식을 나타내는 '다양성(多樣性)', '동조성(同調性)', '다망성(多忙性)'이라는 세 가지 지표를 개발하였다.

- 현재의 국민계정이 비시장생산을 포함하지 못하는 한계성이 있음을 고려할 때, 무보수노동시간의 특정을 가능하게 함으로써 국민계정을 산출하는 데 유용한 자료가 될 수 있다.

현재의 노동력 통계는 종사상 지위가 상이한 집단 간 실제 노동시간 차이를 파악하기에 미흡하고 고용된 시간에 한정하여 노동시간을 파악하는 경향이 있는데, 이러한 한계를 시간활용조사가 보완해 줄 수 있다.

02 시간 사용의 연구: 예상 문제

01 다음 중 시간사용 연구에 대한 설명으로 옳지 않은 것은?

① 가정학에서는 특히 가족자원관리학을 중심으로 시간 사용 연구가 주요 연구영역으로 다루어져 왔다.
② 오늘날 시간사용 연구와 같은 사회과학적 연구가 최초로 이루어진 것은 1924년 구 소련에서 실시된 노동자의 시간 연구이다.
③ 각 국가별로 이루어진 조사가 사회주의 국가와 자유주의 국가를 통합하여 국제적으로 이루어지기 시작한 것은 1930년대이다.
④ 경제학 분야에서는 시카고대학의 미시경제학자들이 자원배분의 효율성에 초점을 맞추면서 가족의 시간사용을 분석하였다.

정답 ③
해설 각 국가별로 이루어지던 조사가 사회주의 국가와 장주의 국가를 통합하여 국제적으로 이루어지게 된 것은 1960년대이다. 헝가리의 사회학자인 살라이(Szalai)에 의한 1964~1966년에 걸친 유럽 12개국의 비교연구는 시간사용연구를 정착시킨 기념비적 연구라고 할 수 있다.

02 시장노동과 가계생산에 있어서 상대적 생산성에 초점을 두고 시간 사용 연구를 한 학문 분야는?

① 여성학　　　　　　　　② 사회학
③ 가정학　　　　　　　　④ 경제학

정답 ④
해설 경제학자들의 시간 연구는 가족성원들의 노동공급결정을 설명하기 위해 시작되었으며, 그들은 시장노동과 가계생산에서 상대적 생산성에 초점을 두었다.

03 인간의 자본적인 관점에서 정규교육, 직업훈련, 시간가치를 처음으로 다루기 시작했으며, 시간배분론을 발표한 학자는?

① 베커　　　　　　　　　② 민서
③ 랭캐스트　　　　　　　④ 그로나우

정답 ①
해설 베커는 1964년 그의 저서 인간자본론을 통해 인간자본적인관점에서 정규교육, 직업훈련, 그리고 시간가치를 처음으로 다루기 시작했으며, 1965년에는 그의 유명한 시간배분론을 발표하였다.

04 다음 중 베커의 시간배분론에 대한 설명으로 옳지 않은 것은?

① 재화선택기준을 시간까지 확대하였다.
② 가정생산을 위한 시간을 산출요소로 보았다.
③ 가정은 재화와 시간을 결합하여 최종생산물을 생산하는 생산단위이다.
④ 가정을 기업과 동일한 적극적인 생산주체로 파악한다.

정답 ②
해설 베커의 시간분배론은 가정을 기업과 동일한 적극적인 생산주체로 파악하고, 가계생산을 위한 시간을 투입요소로 보고 시간제약성과 분배론에 근거하여 이론을 전개하였다. 따라서 기업분석에 적용되는 이윤극대화의 원리가 가치분석의 기본원리로 적용되었고 재화선택기준을 시간에까지 확대하였다.

05 여성의 경제활동 참가는 가정임금과는 부적 관계를, 시장임금과는 정적관계를 유지함을 모형화 한 학자는?

① 민서(Minser)
② 베커(Becker)
③ 그로나우(Gronau)
④ 살라이(Szalai)

정답 ①
해설 민서는 경제학 분야에서 여성의 시간 사용에서 최초로 시사점을 이끌어 낸 사람으로, 그녀는 여성의 경제활동 참가는 가정임금과는 부적 관계를, 시장임금과는 정적 관계를 유지함을 모형화 한 학자다.

06 가사분담을 결정하는 과정에서 권력과 지위에 초점을 두고 시간 사용을 연구해 온 학문 분야를 쓰시오.

정답 사회학
해설 사회학자들은 가족 구성원들 간에 공평성 또는 형평성에 관심을 두면서 특히 가사노동 분담을 결정하는 과정의 권력과 지위에 초점을 두어 왔다. 실제 연구에서는 부부간의 가사노동 분담과 가정복지, 성별 분업형태, 가사노동시간결정요인 등에 관심을 가져왔다.

07 일본의 야노 마사카주는 시간 사용자료를 분석하여 생활양식을 나타내는 지표를 개발하였는데 이 지표를 세 가지만 쓰시오.

정답 다양성, 동조성, 다망성
해설 일본의 사회학자 야노 마사카주는 시간 사용자료를 분석하여 생활양식을 나타내는 '다양성', '동조성', '다망성'이라는 세 가지 지표를 개발하였다.

03 시간 사용의 연구 방법

제3장 시간의 개념과 연구

1. 시간 측정의 특성

1) 행정적 요구

다양한 공공 프로그램을 시행하고 평가하기 위해서는 풍부한 정보를 제공하는 화폐거래와 관련된 자료를 수집하고 표로 작성하는 것이 필요한데, 행정적인 필요에 의해서 시간 측정치를 얻기는 매우 어렵다.

2) 계정기간

화폐량은 전형적으로 분석 목적과 관련이 있는 기간 동안의 정보를 제공한다. 이는 화폐거래에 대한 행정적인 자료가 누진적인 특성이 있기 때문이다. 판매 기록은 곧 월, 분기, 연과 같은 장기간의 기록에 누적되어 이용되며, 이러한 기록에 기초하여 소득세 등이 매겨진다. 그러나 시간 사용에 관한 자료를 기록하고 그것을 축적할 이유는 없다.

3) 이중계정

실제로 모든 화폐거래는 구매자 혹은 판매자, 생산자 또는 소비자, 사용인 또는 고용인 등의 양쪽 중 어느 한쪽에서 얻을 수 있다. 시간 사용과 관련된 활동들은 이중 기재가 가능한 요소들을 가진 것이 있지만 대부분은 그렇지 않다. 그러나 많은 경우에 시간 사용에 관한 정보의 원천은 하나뿐이다.

4) 균형의 속성

전형적인 화폐거래는 종종 그러한 거래가 경제 체계의 균형 속성을 반영한다는 모델에 의해 분석된다. 그런데 시간 사용 분석에서는 적용할 수 있는 몇 가지 균형성이 존재하기는 하지만, 그것은 화폐의 경우와 약간 다른 점이 있다. 주요 차이점은 효율성의 차이가 산출의 차이를 낳지만, 비효율적인 가계도 존재할 수 있다는 점이다.

- 재화와 용역을 생산하는 가계의 효율성, 가계의 기호, 기회 등이 주어져 있을 때 한 활동에서 다른 활동으로 시간을 이동한다고 전반적인 복지가 증대되지는 않는다.
- 이윤을 극대화하는 기업의 산출에 대한 투입의 한계 기여도를 모든 투입에 대하여 동일하게 하려는 것과 같이 가계의 한계 시간 사용의 가치에서 동일해지려는 경향이 있다.

5) 제약과 기준총계

대부분의 화폐거래는 측정과 분석의 가능성에 중요한 영향을 주는 제약이나 외부의 기준 총계를 가지는 경향이 있다. 그러나 시간 사용의 경우를 보면 제약이 엄격하고 절대적이다. 많은 측면에서 화폐거래를 분석할 때보다 구속력이 있는 제약이 나타난다.

6) 가시성과 기억

㉠ 관찰 가능한 현상과 관계된 자료의 수집과 측정이라는 면에서 화폐거래는 개인과 가계의 정보로서 매우 분명하나 시간 사용은 거의 두드러지지 않는다.

㉡ 일정 기간 동안의 화폐거래에 대한 질문에는 어느 정도 정확하게 답할 수 있지만 일정 기간이 지난 후의 시간 사용에 관한 질문에는 정확하게 답할 수 없는 경우가 많다.

2. 시간 사용의 조사 방법

1) 시간 사용 측정 방법의 유형

시간 사용의 측정방법은 다음 몇 가지 기준에 따라 나누어 볼 수 있다.

① 기록자에 따른 분류

㉠ 기록 의뢰법(피조사자 기록법, 자기 기입법)

- 기록 의뢰법의 의미: 조사 대상자에게 질문지나 시간 사용 조사표를 배부하고 스스로 기입하도록 하는 방법이다.
- 기록 의뢰법으로 조사하는 경우의 특징: 표준화된 질문이 아니라 자유롭게 쓸 수 있는 시간 일지 등을 작성하도록 하면 개인에 따라 기록의 상세함의 정도에 차이가 있다.
- 피조사자의 자유로운 기록에 맡기는 경우의 장점: 생생한 생활 모습을 자료로 얻을 수 있다.
- 조사 대상자 전체가 비슷한 정도로 상세하게 응답을 원하는 경우 기입의 '예'를 제시하거나 몇 가지 생활 행동 분류표를 제시해 주는 것이 도움이 될 수 있다.
- 기입의 예를 제시할 경우 조사 대상자의 특성을 고려하는 것이 좋다.
- 자료를 수집한 후 조사 대상자의 전반적인 모습을 파악하기 위해서는 각각의 활동을 몇 개의 유형으로 부호화해야 한다.

ⓛ 조사자 기록법

조사자 기록법은 조사자가 기록하는 방법으로, 조사 시점에 따라 관찰법과 면접법으로 나눌 수 있다.

- 관찰법: 관찰법은 기록 의뢰법이나 면접법이 조사 대상자의 주관적인 보고에 기초를 두고 있는 것에 비하여 제3자(조사자)의 관찰에 의하여 조사하는 방법으로서, 이론적으로 직접 관찰은 시간 사용에 관한 가장 정확한 자료를 얻을 수 있는 방법이다. 인간의 감각기관을 이용하여 사물 대상이나 현상을 인식하는 기본적인 방법이다. 피관찰자의 행동이나 태도를 관찰함으로써 자료를 수집하는 귀납적 방법에 해당한다.
- 면접법: 면접법은 조사자가 연구 문제에 대한 적절한 해답을 구하기 위해 마련한 선제질문에 대해 응답자와 직접 대면한 상태에서 질문하는 상호 간의 직접적인 역할 상황이다. 대상자를 직접 만나서 하는 직접 면접법 혹은 면대면(face-to-face) 면접법과 전화를 통해 인터뷰하는 전화 면접법이 있다.

② 행동의 제시 방식에 따른 분류

㉠ 사후코딩 방식: 보통 오전 0시부터 24시까지 일정한 간격(5분, 10분 혹은 15분)의 눈금을 제시하거나 또는 전혀 시간의 제약을 주지 않고 생활 행동을 표시할 수 있는 시간 사용 조사표에, 그 시각에 주로 한 생활 행동을 자유롭게 기입하도록 하는 조사이다. 시간 사용 조사표에는 사전에 아무런 생활 행동의 분류를 제시하지 않는다.

- 장점: 시간 사용을 기입하는 사람이 다양한 생활 행동을 자유롭게 기입할 수 있다.
- 단점: 코딩에 많은 시간과 비용이 들고, 개인에 따라 기록된 생활 행동의 상세한 정도에 차이가 커서 분류에 어려움이 있다.

㉡ 사전코딩 방식: 시간 사용 조사를 위한 조사표에 하루의 시간대를 나타내는 눈금과 함께 연구자가 미리 생활 행동을 분류하여 그 예시를 제시해 주고, 기입자는 '생활 행동의 분류 보기'에 있는 번호나 생활 행동을 기입하도록 한다. 각각의 생활 행동을 시간대와 함께 제시하여 각각의 생활 행동이 이루어진 시간을 화살표로 표시하도록 한다.

- 장점: 자료를 코딩하는 시간 및 비용을 절약할 수 있고 응답자에 따른 편차를 표준화시킬 수 있다.
- 단점: 조사 대상자들이 자신들의 다양한 생활 행동을 자유롭게 기입하는 것을 제한한다.

③ 조사 도구(기록 방법)에 따른 분류

 ㉠ 시간 일지법(시각 추적법): 시간 사용을 조사하는 데 가장 신뢰할 만하고 보편적으로 쓰이는 방법이다. 하루 24시간을 일정한 간격의 눈금으로 나타낸 시간 사용 조사표에 1일의 행동을, 응답자가 시간을 따라서 일기처럼 자신의 언어로 직접 기록하는 방법이다. 시각을 제시하지 않는 시간 일지법은, 응답자가 직접 자신의 어느 한 행동에서 다음 행동으로의 시작과 끝 시각을 그 시간에 한 행동과 함께 기록하는 방법이다.

- 시각을 제시하는 시간 일지법: 시간 사용 조사표에 1일의 행동을 시간을 따라서 일기처럼 기록하는 방법이다. 이때 시간은 보통 10분이나 15분의 간격으로 눈금이 표시되어 있다.
- 시각을 제시하지 않는 시간 일지법: 응답자가 자신이 한 행동에서 다음 행동으로의 시작과 끝 시간을 그 시간에 한 행동과 함께 기록한다.
- 개인용 컴퓨터를 이용한 전자시간 일지법: 질문을 반복하고, 그때마다 화면에 가능한 행동 분류를 선택할 수 있도록 제시해 준다.
- 원칙적으로 시간 사용에 관한 가장 정확한 자료를 얻을 수 있는 방법: 사건이 일어난 직후에 작성된 일지에 의해 보고된 정보를 이용한다.
- 시간 일지법의 단점: 시간 사용의 일반적 경향을 파악하기 위해서는 이상적으로 볼 때 응답자당 20~25일에 대한 조사가 필요하고 따라서 많은 비용이 들 수 있다.

 ㉡ 질문지법(일괄 질문법, 행동 유형별 시간 기록 방법)

- 시간 사용을 조사할 뿐만 아니라, 다른 여러 가지 의식이나 태도 조사, 예를 들면 시간 압박을 느끼는 정도나 특정 주제에 대한 가치관 등에 대한 조사와 함께 시간 사용을 조사하는 경우 많이 사용하는 방법이다. 즉 필요에 따라 분류된 행동들로 유형화하여 각각에 소비한 시간의 양을 질문하는 것이다.

 ㉢ 무선호출기 연구법: 호출기에 무작위적으로 프로그램된 신호가 울릴 때마다 응답자가 자신의 행동을 기록하는 것이다. 호출기를 사용한 조사 방법은 그 조사결과가 시간 일지법에 의한 결과와 매우 근접한 것으로 나타났다.

 ㉣ 시간일지법이 직접적으로 하루의 생활행동을 조사하여 기록하는 1차적인 방법이라면, 질문지법은 주관적인 평가에 의해 시간사용을 조사하는 2차적인 방법이라고 할 수 있다. 시간일지법은 하루 생활행동의 합계가 24시간이 되지만, 질문지법의 경우는 조사의 목적이나 질문하는 분류 항목의 수, 응답자의 응답태도에 따라 다르기 때문에 하루시간의 합계가 24시간이 되는지를 계산하기가 어렵다.

④ 기록 시점에 따른 분류
  ㉠ 당일기록법: 조사자가 시간 기록 일지 등의 조사표를 피조사자에게 나누어 주면 피조사자는 조사 당일의 밤에 그날의 생활 행동을 기록하고, 그 다음 조사자가 방문하여 회수하는 방법이다.
  ㉡ 전일기록법: 일반적으로 많이 사용되고 있는 것은 '어제'의 생활을 기록하는 전일회상기록법이다. 이 경우 많이 쓰이는 방법은 조사 대상자가 어제의 일을 기록하고, 조사자가 질문을 병용하는 것이다.
  ㉢ 회상법: 자신의 행동을 기억하는 기간을 어제의 생활에 한정하지 않고 며칠을 거슬러 올라가 기억해 내는 것이다. 저스티는 회상법에 대해
    • 기억 시간은 평일에는 약간의 영향을 받지만 일요일에는 큰 영향을 받지 않고
    • 인터뷰 기술의 효과가 커서 조사 당일에 기입하도록 하는 방법에 떨어지지 않으며
    • 전화 면접법이나 직접 면접법과도 거의 차이가 없다고 보고하고 있다.

⑤ 측정 대상에 따른 분류
  ㉠ 실제 시간 사용 측정법: 기록의 시점이 언제든지 관계없이 조사 대상이 되는 날을 특정하는 방법이다. 예를 들면 '어제 하루' 또는 '지난 일요일'과 같이 실제로 행한 행동과 시간을 측정하는 것이다. 즉, 실제의 시간을 조사하는 방법이다.
  ㉡ 표준 시간 사용 측정법: 시간 사용을 조사할 때 어느 날의 실제 시간 사용이 아니라 일반적인 경우를 가정하고 측정하는 방법이다. 예를 들면 기상, 취침, 출근, 귀가, 식사 등 특별한 일이 없으면 대개 어느 시각에 하는 것으로 정해져 있는 것과 같이 어떤 표준형을 가상하고 조사하는 방법이다.

2) 시간 사용 조사 시 고려할 점

① 조사 전에 고려할 사항
  ㉠ 조사 대상의 선정: 가정관리학에서 시간 측정 대상은 일반적으로 가족이라고 할 수 있으나 연구 목적에 따라 개별 가족원이 될 수도 있다. 가족에는 남편, 주부, 자녀가 연구 대상이 될 수도 있고, 부부나 가족 전체가 대상이 될 수도 있으며, 아동, 학생, 특정 직업인, 노인 등 연구 목적에 따라 조사 대상이 달라질 수 있다. 사회 조사일 경우 표본을 선정하며, 사례 조사일 경우는 연구 목적에 따라 사례를 선정하여야 한다.
  ㉡ 조사 대상자 수: 질적인 연구를 위해서는 소수의 대상이 필요하고, 양적인 연구를 위해서는 다수의 조사 대상자가 필요하다.

ⓒ 조사 시기 및 조사 기간
- 사계절의 변화가 뚜렷한 우리나라에서는 1년 중 조사 시기를 언제로 할 것인가에 따라 조사 결과에 영향을 받을 수 있다. 예 농촌의 농번기 또는 농한기에 따른 시간 사용의 차이
- 조사 기간: 평일과 휴일 이틀을 조사하거나 평일, 토요일, 일요일 3일을 조사하는 경우가 일반적이다.
- 정기적으로는 일주일 동안의 생활 모습을 조사할 수도 있고, 평범한 어느 하루를 조사할 수도 있다.

ⓓ 조사 내용
- 시간 사용 조사: 기본적으로 조사 대상자가 생활의 각 행동에 소비한 시간을 알기 위한 조사이다. 하지만 연구 목적에 따라서는 여러 행동을 포함하기도 한다.
- 시간 사용을 조사할 경우: 조사 대상자의 배경이 되는 성별, 연령, 학력, 직업, 기타 생활환경 등도 질문 내용에 포함시키게 된다.
- 시간과 행동 외에 다양한 내용을 조사함으로써 복합적인 생활상을 다원적으로 파악할 수 있다.

② **조사 유형별 유의점**
ⓐ 시간 일지표를 이용하여 시간 사용을 조사하는 경우: 한 대상자의 1일에 대하여 1장의 조사표를 사용하는 것이 집계하기도 편리하고 기록하기도 용이하다.
ⓑ 배경 조사나 기타의 질문 사항이 있는 경우: 기억하기 쉽고 간단하며 되도록 대상자가 흥미를 가질 수 있는 사항부터 먼저 시작하는 것이 좋다.
ⓒ 피조사자에게 기록을 완전히 의뢰하는 표준화된 설문 조사인 경우: 조사표의 구성에 주의를 기울여서 응답자가 충분히 흥미를 가지고 조사표를 작성할 수 있도록 해야 한다.
ⓓ 조사자 기록법과 피조사자 기록 의뢰법을 병행하는 경우: 조사자가 조사 대상자를 방문하여 조사 목적 및 조사의 의의, 작성 방법 등을 설명하고 경우에 따라 배경 질문을 기록한 후 조사 대상자가 피조사자에게는 시간 일지표만을 주어 기록하도록 하는 방법이다.

③ **시간 사용 조사 결과의 분석**
ⓐ 조사표의 정리
- 정리된 조사표: 정해진 행동의 분류에 따라 기호화한다. 이때 사전코딩 방식으로 미리 행동의 분류가 제시되어 있는 경우는 큰 문제가 없으나 사후코딩

방식인 경우는 시간 사용 일지표를 점검하면서 수정할 수 있다.
- 정리된 조사표는 정해진 행동의 분류에 따라 기호화한다.
- 각각의 연구 목적에 맞추어 부호화한 조사표는 결과의 분석을 위해 컴퓨터에 입력한다.
- 컴퓨터에 입력할 때 조사표의 시간대별로 생활 행동의 분류를 입력하면, 시간량 분석과 함께 시간대별 분석이 가능하다.

ⓒ 결과의 분석
- 시간량 분석: 분류된 생활 행동에 따라 사용된 시간을 집계하는 방법으로, 시간량 분석에서 가장 일반적으로 쓰이는 지표는 다음의 세 가지이다.
  - 행동의 평균 시간: 특정 행동을 수행한 사람들의 총시간 합계를 대상이 된 전체 사람의 수로 나눈 시간으로, 그런 행동을 수행하지 않는 사람도 포함된 평균값이다.
  - 행위자율: 특정 행동을 한 사람의 비율이다. 조사 대상자 가운데 어떤 행동을 하고 있는 사람의 비율이 50%라면, 그 행동의 행위자율은 50%가 된다.
  - 행위자 평균 시간: 특정 행동을 한 사람들만의 평균 시간을 말한다.
- 시간대별 분석: 어떤 행동의 연속성에 관한 측면을 분석할 수 있게 한다. 예를 들어 텔레비전 시청 시간이 1일 3시간이라도 이것이 연속적으로 이루어진 행위인가 또는 비연속적으로 반복해서 이루어진 행위인가에 따라서 그 의미가 달라질 수도 있다. 그러므로 시간대별 분석을 하면 시간량만으로 설명할 수 없는 생활의 모습을 알 수 있게 해 준다.

3. 생활 행동의 분류 방법

1) 생활시간의 분류 방법

① 경제적 관점: 생활시간을 생산생활시간과 소비생활시간으로 분류
② 노동과학적 관점: 에너지 재생산시간과 에너지 소비시간으로 분류
③ 생활 장소 기준: 가정생활시간과 사회생활시간으로 분류
④ 기타: 필수생활시간, 의무생활시간, 여가시간으로 분류할 수 있다.
(필수생활시간은 수면, 식사 등 개인 유지를 위한 시간이고, 의무생활시간은 일, 학습, 가정관리, 가족 보살피기, 이동 등 의무적인 활동을 위한 기간이며, 여가시간은 참여 및 봉사활동, 교제 및 여가활동, 기타 등 개인이 자유롭게 사용하는 시간을 의미)

2) 생활시간의 종류

① 필수생활시간(생리적 시간): 생리적으로 에너지를 재생산하는 데 사용하는 시간으로 이 시간은 개인차가 적은 편이다(수면, 식사, 휴식, 몸단장, 목욕, 배설, 의료 등).

　㉠ 수면: 모든 인간활동 중에서 가장 많은 시간을 소비하는 활동 중의 하나이다. 일반적으로 약 1/3을 잠자는 시간으로 보내고 있다. 인간이라면 거역할 수 없는 필수적인 시간이다.

　㉡ 식사시간: 에너지를 공급하는 생리적인 의미가 있으나 한편으로는 가족 단란과 같은 여가시간으로서의 가치를 가지기도 하고, 또 직장에서의 점심시간은 일과 관련된 시간이므로 수입을 위한 노동시간으로 분류되기도 한다.

　㉢ 휴식: 에너지를 재생산하는 시간으로, 자유시간적인 요소를 많이 가지고 있다.

　㉣ 기타: 목욕이나 세면 및 배변시간도 포함되며, 여성의 경우 몸단장에 사용하는 시간이나 미용시간 그리고 자신이나 가족이 아파서 의료서비스를 받는 경우의 시간들이 모두 포함된다.

② 의무생활시간: 수입노동 및 가사노동, 학습 등 의무적인 활동을 위한 시간을 뜻한다.

③ 여가시간: 여가시간은 필수활동시간과 의무활동시간을 제외하고 남은 시간으로서, 주로 사회 및 문화생활에 사용되는 시간이다. 그러므로 여가, 자유시간, 사회문화적 시간은 거의 같은 의미로 사용되고 있다.

03 시간 사용의 연구 방법: 예상 문제

01 라이스와 터커(Rice & Tucker)의 가사노동 관리체계모형에서 투입요소가 아닌 것은?

① 가사노동에 대한 요구
② 만족감
③ 예기치 않은 사건
④ 가계가 사용할 수 있는 자원

정답 ②

해설 라이스와 터커의 가사노동 관리체계모형에서 투입은 가사노동에 대한 요구(가족 구성, 취업, 문화적·사회적 기대) 및 예기치 않은 사건 그리고 가계가 사용할 수 있는 자원을 포함한다. 인간의 욕구와 투입요소를 토대로 하여 사람들은 표준을 선택하고 가계생산, 재화와 서비스의 구입 그리고 시장생산 간에 자원을 배분하는 것은 과정이다.

02 시간 지각 모델 중 순환적 모델에 대한 설명 중 옳지 않은 것은?

① 시간의 반복적인 속성을 강조한다.
② 순환적 개념에서 미래에 대한 개념은 불확실하다.
③ 시간을 저축한다는 의식으로 살아간다.
④ 가난과 자주 관련된다.

정답 ②

해설 순환적 모형은 가난과 자주 관련되는데, 이는 가난한 사람들의 삶은 하루하루 거의 변화하지 않기 때문이다. 원시농경문화에서 생활하는 사람들은 그들의 조부모들처럼 같은 땅에서 태어나 생활하고 가족을 부양하다 죽기 때문에 순환적 인식을 많이 하게 된다. 이렇게 시간을 인식하면 시간을 저축하거나 사용한다는 의식은 없고 그저 하루하루를 살아갈 뿐이다.

03 필요에 따라 분류된 행동들로 유형화해서 각각 소비한 시간과 양을 질문하는 것으로 연구 목적이 특정 행동의 시간에 있는 경우 유용한 방법은?

① 일괄 질문법
② 관찰법
③ 시간 일지법
④ 시간 추적법

정답 ①
해설 질문지법(일괄 질문법): 시간 사용뿐 아니라 다른 의식이나 태도 조사와 함께 시간 사용을 조사하는 경우 많이 사용한다.

04 다음 중 시간 일지법의 장점이 아닌 것은?

① 응답자에게 자기 기술적인 용어로 보고하게 하고 이를 다시 부호화할 수 있다.
② 정해진 기간 동안의 모든 활동이 포함되므로 포괄적이다.
③ 개인의 상호 작용을 측정하는 자연스러운 틀을 제공할 수 있다.
④ 비용이 적게 든다.

정답 ④
해설 시간 일지법의 장점
　　　－ 응답자에게 자기 기술적인 용어로 보고하게 하고 이를 다시 부호화할 수 있다.
　　　－ 정해진 기간 동안의 모든 활동이 포함되므로 포괄적이다.
　　　－ 개인의 상호 작용을 측정하는 자연스러운 틀을 제공할 수 있다.
　　　－ 외적 기준 총계를 설정하는 것이 가능하다.

05 시간 추적법이라고도 하며 시간 사용을 조사하는 데 가장 신뢰할 만하고 보편적으로 쓰이는 시간 사용 측정 방법은?

① 시간 일지법
② 질문지법
③ 전일기록법
④ 무선호출기 사용법

정답 ①
해설 시간 일지법: 시간 사용을 조사하는 데 가장 신뢰할 만하고 보편적으로 쓰이는 방법이다.

06 제3자의 관찰에 의해 조사하는 방법으로 이론적으로 시간 사용에 관한 가장 정확한 자료를 얻을 수 있는 시간 사용 측정 방법은?

① 전화 면접법
② 직접 관찰법
③ 면접법
④ 기록 의뢰법

정답 ②

해설 관찰법: 기록 의뢰법이나 면접법이 조사 대상자의 주관적 보고에 기초를 두고 있는 것이 아니라 제3자의 관찰에 의해 조사하는 방법이다. 이론적으로 직접 관찰은 시간 사용에 관한 가장 정확한 자료를 얻을 수 있는 방법이다.

07 시간가치를 효용 극대화 과정의 주요 변수로 고려한다. 즉 소비자 단위인 가계가 시장에서 구입한 재화와 서비스를 획득함으로써 직접 효용을 극대화한다고 보는 이론은 무엇인가?

정답 소비자 선택 이론

08 사후코딩 방식의 장점과 단점을 쓰시오.

정답 장점: 자료를 코딩하는 시간 및 비용을 절약할 수 있고 응답자에 따른 편차를 표준화시킬 수 있다.
단점: 조사 대상자들이 자신들의 다양한 생활 행동을 자유롭게 기입하는 것을 제한한다.

CHAPTER

04

시간 사용의 이해

01 우리나라 국민의 시간 사용 실태 및 문제
02 시간 사용의 국제 비교
03 가족공유시간
04 가사노동 분담

01 우리나라 국민의 시간 사용 실태 및 문제

제4장 시간 사용의 이해

- 우리나라 시간 사용을 분석함으로써 언제, 얼마나, 어떠한 행동을 하는지 알 수 있다. '언제'의 문제는 기간대별 분석을 통하여 '얼마나'의 문제는 시간량별 분석을 통해서 알 수 있다. 그동안 우리나라에서는 주로 가정학자들이 주부를 중심으로 시간 사용 연구를 조사, 연구해 왔다.
- 전 국민을 대상으로 한 시간 조사: 한국방송공사, 통계청, 농촌진흥청에서 이루어졌다.
- 계측 기간은 5년마다 한 번씩 국민생활시간 조사를 실시하고 있으며, 통계청에서 1999년 최초로 10세 이상 전 국민을 대상으로 시간 사용 조사를 하였고, 농촌진흥청에서도 1979년 이후 농민의 생활을 분석하기 위하여 시간 조사를 시행하고 있다.
- 통계청의 조사 보고에서는 응답자가 행동한 목적에 따라 행동을 ①개인유지 ②일 ③학습 ④가정관리 ⑤가족보살피기, ⑥참여 및 봉사 ⑦교제 및 여가활동 ⑧이동 ⑨기타의 9개 대분류, 50개 중분류, 144개 소분류로 나누고 있다.
- 2009년 우리나라 10세 이상 전 국민을 대상으로 하루 24시간 중 잠자고 식사하는 등 필수활동에 10시간 53분(45%), 일하고 공부하고 이동하는 데 8시간 7분(34%), 여가활동에 5시간 1분(21%)을 사용하고 있다.

1. 전 국민 시간 사용 실태 및 문제

통계청에서 10세 이상 가구원을 대상으로 조사한 내용(2019년)이다.

1) 필수생활시간

① 필수시간: 수면, 식사, 개인 유지 등 필수시간은 11시간 34분이다.

② 수면시간: 10대가 8시간 43분으로 가장 많고, 다음은 20대 8시간 27분이다.

③ 식사시간: 평일 아침이 25분으로 가장 짧고 토요일 저녁이 39분으로 가장 길다.

2) 의무생활시간

① 의무시간: 일, 학습, 가사노동 등 의무시간은 7시간 38분이다.

② 가사노동: 남자의 평일 가사노동시간은 48분이고, 여자의 평일 가사노동시간은 3시간 10분이다.

③ 학습시간: 하루 평균 학습시간은 고등학생 6시간 44분, 중학생 5시간 57분, 초등학생 4시간 46분, 대학(원)생 3시간 29분 순이다.

3) 여가시간

여가시간: 평균 여가시간은 평일 3시간, 휴일 5.5시간이다.

60세 이상이 6시간 21분으로 가장 많고, 30대가 3시간 39분으로 가장 적다.

모든 연령층에서 미디어 이용 시간이 가장 많으며, 40대 이상은 미디어 이용 시간의 70% 이상을 실시간 방송 시청이 차지한다.

2. 집단별 시간 사용 실태 및 특징

1) 학생 및 성인

① 학생

㉠ 학생의 1일 시간 사용: 수면(7시간 57분)을 제외하면 학습(6시간 39분)이 가장 큰 비중을 차지하고, 그 다음이 미디어 이용(1시간 29분)이 차지하고 있다.

㉡ 학습시간
- 세대적 노동력 재생산에 관련하는 시간으로서 광의의 노동시간 범주에 속한다.
- 부모 세대의 수입노동시간과 마찬가지로 사회적 강제성을 갖는다.
- 다른 가족원의 시간 사용 방식에 큰 영향을 미친다.

㉢ 학생의 여가시간: 고등학생의 여가시간이 가장 적고, 초등학생이 가장 많다. 여가시간에는 미디어 이용이 가장 높다.

㉣ 청소년의 가사조력: 청소년의 생활기술 습득과 협동심 및 소속감 양성에 큰 역할을 하는데, 학생의 가사노동시간을 보면 초등학생, 중학생과 고등학생의 가사노동시간은 대체로 20분 내로 짧다. 남학생보다는 여학생의 가사조력시간이 더 많다. 서구의 경우 자녀의 독립성을 중시하여 가사 참여가 활발한 데 비하여 우리나라의 경우 상급 학교 진학이 학생들의 유일한 목표처럼 되면서 가사노동시간이 매우 짧은 특성을 보인다. 우리나라 청소년의 가사노동시간은 일본과 비교했을 때도 더 적다.

② 성인(19세 이상)

성인의 필수시간은 11시간 33분, 의무시간은 7시간 39분, 여가시간은 4시간 47분이다. 남녀 모두 여가시간에는 미디어 이용이 가장 많다.

2) 주부

① 주부의 가사노동시간

㉠ 가사노동시간이 다른 노동시간과 다른 성격
- 수입노동이나 학습시간과 달리 사회적 조직에 의한 규제를 원칙적으로 받지 않고 기본적으로는 자유롭게 전개될 수 있다. 그러나 현실에서는 가족원에 맞추어 가사노동이 수행됨으로써 사실상 구속적이다.
- 가사노동시간의 일부는 취미 또는 오락시간과의 구별이 어렵다. 특별한 음식 만들기, 집안 꾸미기, 옷 만들기 등 취미 삼아 하면서 가사로도 하기 때문에 가사노동과 여가시간을 동시에 가진다. 이러한 특징을 살려 반여가 활동이라고 한다.

㉡ 주부의 가사노동시간은 점차 감소하는 경향을 보이고 대신 여가시간의 증가가 나타나고 있다. 그러나 증가한 여가는 미디어 이용 중심으로 사용되고 있다.

② 주부의 여가시간의 특징

㉠ 여러 편의시설, 기기, 용품 등으로 신체적 가사노동이 경감되고, 자녀 수의 감소로 취학 전 자녀를 보살피는 기간도 감소된다. 그러므로 주부의 여가시간이 점진적으로 증가하고 있다.

㉡ 주부의 여가시간은 한계가 분명하게 구분되어 있지 않다.
- 가사노동 중 상당 부분이 시간적으로 융통성이 있기 때문에 개인적인 차이가 많을 수 있으며, 이에 따라 여가시간의 양과 질이 달라진다.
- 주부의 가사노동은 아침부터 밤까지 계속되는 활동이며, 그 중간에 개인적인 자유시간을 가질 수 있게 되는데, 그 한계가 명확하지 않고, 내용 면에 있어서도 가사노동과 여가활동은 구분하기 어려운 경우가 많다.
- 주부의 생활은 가족생활과 분리해서 생각하기 어려운 점이 많다.

③ 여가시간의 실태와 변화: 전반적으로 주부의 여가시간은 증가하는 모습을 보인다.

3) 노인 및 농촌 주민

① 노인

㉠ 노인의 경우 하루의 반 이상을 식사, 수면 등 필수활동시간으로 사용하고 있다. 남성 노인보다 여성 노인이 의무적인 시간 활용에서 사용 시간이 길었다.

㉡ 여가시간은 일요일과 평일의 시간 사용 실태에 큰 차이가 없고, 미디어 이용(TV 시청)이 큰 비중을 차지한다.

② 농촌 주민
- ㉠ 농번기: 과다한 노동을 하고 있으며, 생존을 위한 기본적 생활만이 이루어지고 있다.
- ㉡ 농한기: 농한기에도 전통적인 농업 외에도 비닐하우스 등을 이용한 농업 때문에 농업노동이 유지되고 있는 상황이다.
- ㉢ 농촌 주민의 경우 일요일보다는 농번기와 농한기에 따라 시간 사용 방식에 차이가 크다. 농가 주부는 어느 시기에나 남편보다 노동시간이 많으며, 농촌 남편의 가사 참여는 미미한 수준이다.

4) 맞벌이 가구

- ㉠ 맞벌이 가구의 주부는 비맞벌이 가구의 주부보다 의무적인 활동에 더 많이 사용하였다. 반면 맞벌이 가구의 남편과 비맞벌이 가구 남편은 거의 비슷한 양의 의무적인 활동을 하는 것으로 나타나 맞벌이 가구 주부가 남편보다 상대적으로 일을 많이 하는 것으로 나타났다.
- ㉡ 남편의 여가시간은 맞벌이 여부와 상관없이 큰 차이를 보이지 않았다. 10년 전과 비교하면 맞벌이 가구 주부가 여가시간이 가장 많이 증가하였다.

02 시간 사용의 국제 비교

제4장 시간 사용의 이해

1. 시간 사용의 국제 비교의 의의와 종류

1) 시간 사용 국제 비교의 의의

시간 사용의 국제 비교는 시간 사용의 분석을 통해 일상적인 생활 내용을 파악할 수 있기 때문에 단순한 경제지표의 비교와는 다르게 대상 국가 간의 생활양식이나 생활문화를 비교할 수 있다.

그러나 언어 및 생활문화가 서로 다른 국가 간의 시간 사용 비교는 조사에 상당한 어려움이 있을 뿐만 아니라, 조사된 자료의 비교에서도 주의를 기울이지 않으면 안 된다.

2) 국가 간 시간 사용의 비교

① 조사 방법 및 시간 분류를 통일하여 공동조사를 하는 것으로 정확하지만 조사에 따르는 시간 및 비용의 규모가 크기 때문에 조사 자체에 어려움이 있다.
   ㉠ 대표적인 공동 조사는 시간 사용을 최초로 국제적으로 비교한 헝가리의 살라이(A. Szalai)에 의해 주도되었다.
   ㉡ 최근에는 국제시간사용학회(International Association for Time Use Research)를 중심으로 자료의 수집, 코딩, 제시 방법 등을 표준화함으로써 시간 배분을 통한 생활문화의 비교 연구를 위해 노력하고 있다.

② 개별 국가에서 이루어진 시간 사용 조사 자료의 일정 기준에 따른 비교: 개별 국가에서 조사된 자료를 비교하는 것은 표집 방법, 시간의 분류 방법 및 코딩 체계의 차이로 인해서 한계를 가지게 된다. 그러나 1980년대 중반 생활·노동 조건에 관한 유럽재단에 의해 설립된 국제 시간 예산 아카이브(MLTBA: Multinational Time Budget Archives)가 자료를 공동의 분류 체계로 재코드화하는 방법에 의해 상당 부분 해소되었다.

③ 이 방법에 의한 비교는 공유하고 있는 자료의 일정 수준까지만 가능하며, 어떤 특정한 관심사를 분석하는 것이 불가능한 단점이 있다.

④ 유럽통계연합에서도 1995년부터 유럽의 18개국에서 시간 사용 자료를 공동으로 수집하기 위하여 생활 행동 분류표를 통일하고, 질문지를 작성하는 등 준비가 이루어지고 있다.

⑤ 주로 개발 도상국에 초점을 두고 국제적인 시간 비교 조사를 국제여성문제조사훈련소(INSTRAW)에서 실시하고 있다.

3) 시간 사용의 비교

우리나라 국민이 일본, 캐나다, 미국, 영국, 네덜란드, 덴마크, 핀란드 국민과 비교할 때 시간 사용에 있어서 다음과 같은 특징을 가지고 있다.

① 수면시간이 일본 다음으로 짧고, 일본, 영국과 같이 여자가 남자보다 적게 잔다.

② 신변잡일 시간이 일본 다음으로 길다.

③ 여자의 노동시간이 비교국 중 가장 길며, 남자의 노동시간은 일본 다음으로 길다.

④ 남녀의 가사시간이 비교국 중 가장 적으며, 남성의 가사시간은 특히 더 적다.

⑤ 여가시간 중 미디어 이용에 가장 많은 시간을 사용한다.

⑥ 시간 사용에서 남녀 간 차이가 크다.

4) 노동시간의 국제 비교

① 노동시간의 국가별 비교

국제노동기구에서 발표하는 노동시간은 전 산업 경제활동 인구의 노동시간, 그 가운데 제조업 종사자의 노동시간이며 기본적으로 주당 노동시간을 비교한다. 각국 제조업 근로자의 평균 주당 노동시간은 전반적으로 감소하고 있다.

② 우리나라 근로자의 노동시간

1980년대까지 우리나라는 세계의 최장 시간 노동국가였으나 계속 감소 추세를 보이고 있다. 1987년 이후 우리나라 근로자의 노동시간 감소가 뚜렷하게 나타난 원인은 노동자 의식의 변화 및 법정근로시간의 감소에 따른 구조적인 것으로 보인다.

③ 우리나라 노동시간의 문제

전체 노동자의 평균 노동시간은 감소되고 있으나, 근로자 개인의 노동시간은 오히려 증가되는 경우가 있어서 노동자 및 노동자 가정의 삶의 질을 심각하게 위협하고 있다.

2. 여가시간의 국제 비교

1) 연차유급휴가

① 프랑스의 연차유급휴가

일 년에 30일로, 하계에 2~3주간, 동계에 1~2주간의 휴가를 얻는 것이 일반적이다.

② 독일의 연차유급휴가

독일은 연방 연차휴가법에 따라 30일의 연차휴가법을 부여하며 이외에도 다양한 약정휴가일이 추가된다.

③ 영국의 연차유급휴가

연휴의 평균 취득 일수가 28일이다.

④ 미국의 연차유급휴가

연휴에 대한 법적 조항이 없으나 평균 연간 유급휴가는 15일 수준이다.

2) 프랑스와 독일의 육아 휴가와 교육 휴가

① 육아 휴가

프랑스의 경우 육아 휴직을 1년 신청했다면 두 번 더 연장해 총 3년까지 사용할 수 있다. 기본적으로 무급이므로 육아 휴직 제도를 활용하는 부부는 많지 않다. 독일의 경우도 최대 3년까지 사용할 수 있다.

② 교육 휴가

- 프랑스는 노동법에 학습 휴가를 명시하고 있다. '모든 근로자가 자신의 직업 생활 과정에서 그 소속 기업의 직업 훈련 계획에 따른 훈련 참여와는 무관하게 근로자 자신의 주동에 의해 개인적 자격으로 교육 훈련 과정에 참여할 수 있도록 하는 것을 목적으로 한다.' 휴가 기간은 장기간이 원칙이다. 최고 1년 또는 1200시간이다. 임금은 80~100% 지원된다.
- 독일은 직업 훈련 시설로 인정받은 기관에서 유급으로 일정 기간 훈련을 받을 수 있는 제도로 독일에서는 주 5일 근무하는 경우 1년에 5일 유급휴가를 신청할 수 있다.

우리나라 국민의 시간 사용 실태 및 문제, 시간 사용의 국제 비교: 예상 문제

01 우리나라 10세 이상 전 국민의 시간 사용 실태에 대한 설명으로 옳지 않은 것은?

① 수면시간은 10대가 가장 길다.
② 여가시간 중 교제활동이 모든 연령층에서 가장 많다.
③ 하루 평균 학습시간은 고등학생이 가장 많다.
④ 여성의 사회참여는 활발해지고 있지만 가사노동은 여전히 여성들의 몫이다.

정답 ②
해설 여가시간의 경우 모든 연령층에서 미디어 사용기간이 가장 많다.

02 우리나라 노인의 여가시간 중 가장 큰 비중을 차지하고 있는 내용은?

① TV시청
② 교제활동
③ 스포츠활동
④ 여행

정답 ①
해설 노인의 시간 사용에서 가장 큰 특징은 노동시간이 감소하고, 그 대신 여가시간이 많은 점이다. 그 내용을 보면 미디어 사용(TV시청)이 큰 비중을 차지하는 것이 다른 집단과 비슷하다.

03 다음 시간 사용을 최초로 국제적으로 비교하고 공동 조사를 주도한 사람은?

① 울프
② 살라이
③ 블리드
④ 커머먼

정답 ②
해설 대표적인 공동 조사는 시간 사용을 최초로 국제적으로 비교한 헝가리의 살라이에 의해 주도되었다. 살라이는 '사회과학연구의 자료조사를 위한 유럽협력센터'와 UN의 지원을 받아 1964~1966년에 걸쳐 12개국의 시간 사용을 조사하였다.

04 우리나라 학생의 시간사용 실태에 대한 설명으로 옳지 않은 것은?

① 대학생이 되면 학습시간이 고등학생의 2배가 된다.
② 여가시간에는 미디어 이용이 가장 크다.
③ 서구에 비해 상급학교 진학이 유일한 목표처럼 되면서 가사노동 시간이 매우 짧다.
④ 모든 학교 층에서 남학생들보다 여학생의 가사 조력시간이 더 길다.

정답 ①
해설 우리나라 학생의 학습시간은 하루 평균 고등학생 6시간, 중학생 5시간 57분, 초등학생 4시간 46분, 대학(원)생 3시간 29분이다.

05 우리나라의 모든 학생층에서 가장 비중이 큰 여가 활동은 무엇인가?

① 운동
② 미디어 활용
③ 문화 활동
④ 취미활동

정답 ②
해설 미디어 이용은 모든 학생층에게 가장 비중이 큰 여가 활동이다.

06 우리나라 노인의 여가 시간 중 가장 큰 비중을 차지하는 활동은?

① TV시청
② 교제활동
③ 스포츠 활동
④ 여행

정답 ①
해설 노인의 시간 사용에서 가장 큰 특징은 가사노동 시간이 감소하고, 그 대신 여가시간이 많은 점이다. 그 내용을 보면 미디어사용(TV시청)이 가장 큰 비중을 차지하는 것이 다른 집단과 비슷하다.

07 시간 사용을 최초로 국제적으로 비교하고 공동으로 조사를 주도한 학자는?

> **정답** 살라이
> **해설** 대표적인 공동 조사는 시간 사용을 최초로 국제적으로 비교한 헝가리의 살라이(A. Szalai)에 의해 주도되었다.

08 남편들이 자신의 장시간 노동으로 인해 가장 심각한 가정생활 문제로 지각하고 있는 사항을 두 가지 이상 쓰시오.

> **정답**
> - 가족 단란의 시간이 없다.
> - 생활전반에 시간적 여유가 없다.
> - 피로가 회복되지 않는다.
> - 자녀와 놀거나 이야기하거나 공부를 보아 줄 시간이 없다.

03 가족공유시간

제4장 시간 사용의 이해

1. 가족공유시간

1) 가족공유시간의 개념

① 각 개인이 가족 내에서 다른 가족원 또는 가족원 모두와 다양한 방식으로 맺고 있는 상호 관계의 양상은 가족의 공유시간을 통해 알 수 있다.

② 가족의 공유시간 정의: 이정미에 의하면 높은 수준의 상호 작용을 요구하는 제한된 의미의 공유시간 개념보다는 동일한 장소에서 가족원 두 사람 이상이 동일한 활동에 함께 참여하는 것을 가족의 공유시간이라 했다.

③ 활동은 몇 가지 기준에서 다양하게 분류할 수 있다. 오트너(Orthner)는 여가활동 유형과 결혼 만족도 사이의 관계를 분석하면서 여가활동을 가족원 간의 상호 작용 정도에 따라 세 가지로 분류

- 공유활동: 활동을 성공적으로 수행하기 위해 높은 수준의 상호 작용을 필요로 하고, 의사소통을 개발할 뿐만 아니라 이를 통해 역할의 상호 변화를 증진
- 병행활동: 집단 상황에 최소한의 상호 작용만 이루어지는 활동(가족과 함께 TV 시청, 음악 감상 등)
- 개별활동: 상호 작용이 전혀 없는 활동으로서, 혼자서 TV를 시청한다든지 운동, 독서를 하는 것이다.

2) 가족공유시간의 실태

① 가족공유 식사: 평일(35분)에 비해 일요일(1시간 2분)에 증가

② 성별에 따라: 남성은 가족 외 다른 사람들과 식사시간이 높으며, 여성은 가족과 함께 식사한 시간의 비율이 높고 식사시간도 길었다.

③ 가족공유 가사노동시간: 평일보다 일요일이 길며 평일에는 미취학 자녀와의 공유시간이 가장 길고, 다음으로 그 외 가족, 배우자 순으로 나타남

④ 여가시간: 부부의 공유 여가활동을 가장 많이 공유하는 것으로 나타났으며, 참여율 역시 다른 생활시간 영역에 비해 가장 많다. 그 뒤로 식사 공유가 많다.

⑤ 부모 자녀가 함께 가장 많은 시간을 공유하는 영역은 여가이다. 거의 모든 가족이

부모와 자녀가 함께 여가생활을 하고 있다. 우리나라 도시 가족의 경우 여가 중 텔레비전 시청이 많았다. 그 다음으로 공유시간 중 식사가 많은 시간을 차지한다.

2. 장시간 노동과 가정생활

1) 남편의 장시간 노동이 가정에 미치는 영향

남편의 장시간 노동은 남편 자신의 시간 사용 구조에 영향을 미친다. 장시간 노동을 하는 사람은 자신의 사회문화적 시간을 격감시키고, 가사노동시간을 감소시켜, 가정 밖에서의 노동을 제외하면 가정 안에서는 수면과 식사를 중심으로 한 생리적 활동만을 하게 된다. 즉 시간적으로나, 공간적으로나 가정이나 지역사회 등의 생활과는 거리가 먼 극도로 직장 및 일에 편중된 생활을 하게 된다.

① 부인이 지적한 남편의 장시간 노동이 가정생활에 미치는 영향
  ㉠ 부의 부재로 가족 단란의 시간이 없다.
  ㉡ 남편의 건강이 염려된다.
  ㉢ 가족이 함께 저녁식사를 할 수 없다.
  ㉣ 남편이 자녀와 놀거나 이야기하고, 공부를 보아 줄 시간이 없다.
  ㉤ 생활 전반에 시간적 여유가 없고 가정생활 전반에 부정적인 영향을 미친다.

② 남편들이 자신의 장시간 노동으로 인하여 심각한 가정생활 문제로 지각하고 있는 사항
  ㉠ 피로가 회복되지 않는다.
  ㉡ 생활 전반에 시간적 여유가 없다. 가정 안에서 수면과 식사 등의 생리적 행동만을 하게 된다.
  ㉢ 취미와 교양, 스포츠를 할 시간이 없다.
  ㉣ 자녀와 상호 작용을 하거나 학습을 돌볼 시간이 없다.
  ㉤ 가족이 함께 저녁식사를 할 수가 없다.

2) 취업 기혼 여성의 장시간 노동과 이중노동 부담

① 로빈슨(Robinson)의 시간 사용 분석 연구
  ㉠ 기혼 여성의 취업 증가는 수입노동시간의 증가를 가져오고, 수입노동시간의 증가는 가사노동시간의 감소를 가져오지만, 기혼 여성은 가사노동의 책임을 가지고 있기 때문에 가사노동시간의 감소는 그렇게 크지 않다.
  ㉡ 기혼 여성의 취업으로 인한 이중노동 부담은 이들의 여가시간을 크게 감소시키

게 된다.

② **기혼 여성의 취업 영향**

기혼 취업 여성은 장시간에 걸쳐 수입노동과 가정에서의 가사노동 부담으로 하루 시간 사용을 균형적으로 배분하지 못하는 실정이다.

㉠ 긍정적 영향: 여성의 정신 건강을 향상시키며, 특히 기혼 여성의 경우는 남편의 가사 분담이 많을수록 그리고 직업에 대해 좋아하는 태도를 가질수록 건강에 좋은 영향을 미친다.

㉡ 부정적 영향: 수입노동시간이 너무 길거나 직장과 가정에서 노동 부담을 심하게 느낄 때 이들의 건강이나 생활만족도에 부정적인 영향을 미친다.

04 가사노동 분담

1. 가족원의 가사노동 분담

1) 가족원 간의 가사노동 분담의 의의

① 기혼 취업 여성의 과중한 역할 감소, 남편과의 역할갈등 해소, 기혼 여성의 시장노동참여 증진 등의 측면에서 중시된다.
② 가족 공동체 문화와 관련하여 가족이 하나의 공동체로서 가사를 수행함으로써 가족 특유의 생활문화를 형성·전승해 갈 수 있다.
③ 남편이나 자녀의 가사 참여는 자립적인 생활기술의 습득의 면에서도 중요하다.
④ 가족원 간의 가사 분담은 생활의 조화라는 측면에서 중요하다.
⑤ 가족자원관리의 측면에서 가족이 사용할 수 있는 자원의 총량을 증대시킨다.
⑥ 집단 내 구성원 간의 평등을 구현하기 위해 중요하다.

2) 가사노동 분담의 측정

① 시간 사용 일지를 이용하여 하루 24시간 가운데 노동시간에 사용한 기간을 측정
② 가사노동의 각 과제에 대해 얼마나 시간을 사용했는가를 직접질문
③ 가사노동의 각 과제에 사용한 시간보다는 누가 그 일을 했는가에 관심을 가지고 측정

3) 부부간의 가사노동 분담 실태

① 성인 남녀의 가사노동시간

성인 여성의 경우 가사노동을 한 요일 평균 가사노동시간은 3시간 33분이고, 남성이 가사노동을 한 요일 평균 가사노동시간은 1시간 19분이다.

② 부부간의 가사노동 분담

㉠ 남편의 가사노동 참여: 시간적인 측면뿐 아니라 참여하는 활동에 있어서도 제한적이다. 평균 부인과 남편이 가장 시간을 많이 소비하는 가사노동은 가정관리(음식 준비, 의류 관리, 청소 및 정리, 상품 및 서비스 구입 등)이며, 다음이 자녀 및 가족 돌보기이다. 그러나 대부분 부인이 많은 시간을 차지했다.

ⓒ 남편의 가사노동 분담 비율
- 남편과 아내의 가사 분담은 여전히 큰 차이를 보이고 있다. 여성 가사노동시간이 남성보다 4배 이상 길었다. 남편의 가사노동시간은 늘고 아내의 가사노동시간은 줄었지만 아직도 간극이 크다. 남편의 평일 가사노동시간(2019)은 48분으로 예전에 비해 조금 늘었지만 여전히 차이가 크다.
- 농가 부부의 가사노동 분담 실태: 부부간의 가사 분담 비율은 농번기나 농한기 어느 시기이든 비슷하여 부인이 84~85%, 남편이 15~16%를 담당하고 있는 것으로 나타났다.

2. 부부간 가사노동 분담에 대한 이론적 가설

1) 상대적 자원 이론(권력 가설)
① 상대적 자원 이론은 블러드(Blood)와 울프(Wolf)가 전개한 가설로서, 기본 전제는 부부간의 의사 결정 시 물질적 자원의 비교에 의해서 의사 결정의 주도권이 결정된다는 것이다.
② 부부 중 사회경제적 또는 물질적 자원이 우위에 있는 사람이 가사노동시간의 소비량을 결정하는 과정에서 주도권이 있으므로 그 사람의 가사노동시간이 감소한다는 것이다.
③ 가사노동은 남성과 여성 모두 선호하지 않는 육체노동이자 감정 노동이며, 사회적으로 가치를 인정받지 못하는 무급노동이기 때문에 누구나 하고 싶어 하지 않는다. 따라서 더 많은 자원(높은 교육 수준, 높은 직업, 지위나 소득 등)을 가진 배우자가 가사노동을 피하기 위해 자신이 가진 협상력을 활용한다.

2) 시간 가용성 이론
① 가사노동 분담이 단지 시간 가용성에서의 차이를 반영한다는 관점으로, 사용 가능한 시간이 가장 많은 배우자가 더 많은 가사책임을 질 것으로 가정한다.
② 시장노동에 많은 시간을 배분해야 하는 남편에 비해 시간의 여유가 많은 부인이 가사노동을 수행하는 것의 당위성을 설명한다.
③ 가정 밖에서 장시간 일을 하는 남성이 그렇지 않은 남성보다 가사작업과 자녀 양육에 더 적은 시간을 기여한다고 본다.
④ 남편의 가사노동에 대한 시간의 기여를 설명하는 명백한 토대를 제공하지만 남편과 거의 동일한 시간을 밖에서 보내는 여성이 여전히 남편보다 많은 시간을 가사노동

에 배분하는지에 대해서는 설명하지 못하고 있다.

⑤ 부부가 본인과 배우자의 노동시장 참가 시간을 고려하여 가사노동에 들이는 시간을 합리적으로 조정하고 분담한다는 이론이다.

3) 성역할 관념 이론

① 성역할 관념 이론은 성에 따른 역할 규범은 부부의 가사노동 분담에서 여전히 중요한 요인이라고 주장한다.

② 성역할 규범과 성에 따른 행동은 생물학적인 요인에 의해 영향을 받는 것이 아니고 부모나 다른 사회·문화적 기관에 의한 사회화, 즉 학습을 통해 획득된다. 일단 학습된 성역할 규범은 사회적 통제 기제를 통하여 유지된다. 그리고 이러한 성역할 규범은 결혼생활 이전에 형성된다.

4) 가사 선호 이론

① 가사노동의 분담은 가사에 대한 남편이나 부인의 선호와 관계된다는 것이다.

② 남편 중에도 가사노동을 선호하는 경우가 있으나 대부분의 경우 부인이 더 가사노동을 선호한다고 본다.

③ 성역할태도란 남성과 여성의 일을 '직장에서의 일'과 '가정에서의 일'로 구분하는 성별 역할 분리에 대한 주관적인 지지 정도이다.

④ 평등한 성역할 태도를 가지고 있는 여성은 가사노동을 더 적게 하는 한편 평등한 성역할 태도를 가지고 있는 남성은 가사노동에 더 참여하는 경향이 보고된다.

5) 경제적 이론

① 경제적 이론은 하나의 단위로 고려된 가족의 경제적 효율과 관련되어 있다.

② 경제적 가설에서는 부부가 각자의 임금률을 비교하여 효율적으로 시간을 배분하고 그들의 활동을 조절한다고 보며, 이는 각 가족 구성원들이 전체(가족)의 이익을 위하여, 즉 효용을 최대로 하기 위하여 노동을 전문화하는 것을 의미한다.

③ 실증적인 연구 결과들을 보면 이 가설을 지지하는 연구가 있는가 하면, 부정하는 연구도 많다.

6) 수요 및 실행 가능 이론(커버먼, Coverman)

① 기본적 전제는 해야 할 가사노동이 많을수록, 또 이용 가능한 시간이 많을수록 가사노동시간은 증가한다는 것이다.

② 이 가설은 가사노동의 수요와 가사를 수행할 수 있는 시간을 동시에 고려한다. 보통 가사노동의 수요는 어린 자녀 수 또는 총자녀 수, 부인의 취업상태 등에 의해 크게 영향을 받는다.
③ 특히 어린 자녀가 있는 맞벌이 가정에서 남편의 근로시간이 적은 경우 남편의 가사노동시간은 증가한다고 설명한다.

7) 생활주기 이론

① 생활주기 이론은 가족발달적 관점이라고도 불리는데, 가사노동 분담이 가족생활주기에 따라 변화하는 것을 기본 전제로 한다. 이에 따르면 가사 분담은 결혼 초기와 후기에 보다 공평하게 이루어진다고 한다.
② 이 가설은 시간 이용을 생활주기 전체적인 면에서 살펴본다는 점에서 가치가 있으나 비전형적인 생활주기를 가지는 가정의 경우를 설명하기 어렵다.

8) 가사노동 분담을 설명하는 이론

① 협조적 적응모형

기혼 여성이 취업을 하면 남편들은 그 이전보다 가사노동을 더 분담하는 것으로 남편들이 부인의 취업이라는 새로운 조건에 협조적으로 적응해 가는 상황에 놓이게 된다.

② 노동 부담 모형

이중노동 부담 모형이라고도 하며, 이는 사회문화적인 규범이 여성의 노동력을 부차적으로 규정하고 있으며, 이러한 사회구조 속에서 여성이 취업을 하더라도 그들의 일차적인 노동으로 규정된 가사노동에 대한 책임이 줄어들지 않아 이중노동 부담의 상황에 놓이게 된다.

③ 지체된 적응모형

가구의 미시적 행위는 문화적·사회적 규범을 반영하는 것으로서 급격히 변하지 않지만 아주 장기적인 관점에서는 점진적으로 변하는 것으로 관찰할 수 있다는 것이다.

3. 가사노동시간의 특징과 분류상 특징

1) 근로자 가정의 가사노동시간의 특징

① 가사노동시간은 노동력 재생산을 위한 소비생활시간의 일부이면서 동시에 생리적 의미의 노동력 지출을 수반하는 노동시간이고, 사적 소비를 위한 사적 노동시간이다.

② 수입노동시간과 비교해 볼 때 시간을 소비하는 주체가 시간의 장단이나 시간대 또는 내용에 대해 자유재량이 가능하고 자율적으로 편성 가능하다. 이 측면은 일정한 조건하에서 '가사의 여가화'에 연관될 수 있으나 반면에 본질적으로는 타율적이며 수동적으로 편성된다는 양면성을 갖는다.

③ 가사노동시간은 필수활동시간, 여가시간과는 다르나 수입노동시간과는 동일한 특성으로 다른 사람이 대체할 수 있는 시간이다.

④ 소비생활의 장에서 다양한 생활 수단을 사용하는 기술적 노동(식사 준비, 청소, 세탁 등)에 종사하는 시간의 비율이 높다.

2) 가사노동시간의 분류상 특징

① 가사노동시간의 분류 방식
  ㉠ 전생활 행동을 분류하는 중에서의 나열적·병렬적 분류
  ㉡ 노동시간에 포함시키는 분류
  ㉢ 노동시간과 동격으로 위치 부여하는 분류
  ㉣ 노동시간 이외의 시간에 포함시켜 그 중의 하나로 위치 부여하는 분류

② 가사노동시간의 분류상 특징
  ㉠ 가사노동이 노동 일반과 동일하게 합목적적인 유용 노동의 측면과 생리학적 의미에서의 인간노동력의 지출이라는 성격을 갖는다.
  ㉡ 직접으로는 자본의 구속을 받지 않는 노동이다.
  ㉢ 소비생활시간 내에서도 생리적 시간이나 사회문화적 시간과 달리 본인이 그 담당자일 필요가 없고 대체가 가능하다.
  ㉣ 사회적 노동의 생산력 발전 결과 역사적으로 변형되는데, 경우에 따라서는 노동의 강화, 다양화, 사회화하거나 취미화, 사회문화적 생활시간화하는 등 분석하려는 측면에서 볼 때 그 모습이 다양하게 변하기 때문이다.

02 가족공유시간, 가사노동 분담: 예상 문제

01 활동을 성공적으로 수행하기 위해 높은 수준의 상호작용을 필요로 하고, 의사소통을 개발할 뿐만 아니라 이를 통해 역할의 상호변화를 증진시키는 활동을 무엇이라 하는가?

① 공유활동 ② 병행활동
③ 개별활동 ④ 공동활동

정답 ①
해설 활동을 성공적으로 수행하기 위해 높은 수준의 상호작용을 필요로 하고, 의사소통을 개발할 뿐 아니라 이를 통해 역할의 상호변화를 증진시키는 활동을 말한다. 예를 들면 가족과 함께 게임활동을 하거나 친구방문, 공원나들이, 캠핑 등.

02 다른 가족원 간의 여가 활동 중 병행 활동에 해당되는 것은?

① 독서 ② 캠핑
③ 공원 나들이 ④ 낚시

정답 ④
해설 집단상황에서 최소한의 상호작용만 이루어지는 활동으로서 개별활동 이상의 의미가 별로 없는 것을 말한다.
예 가족이 함께하는 텔레비전 시청, 낚시, 음악 감상 등

03 다음 중 오트너(Orthner)가 구분한 여가 활동이 아닌 것은?

① 공유활동 ② 병행활동
③ 영역활동 ④ 개별활동

정답 ③
해설 오트너(Orthner)는 여가활동 유형과 결혼 만족도 사이의 관계를 분석하면서 여가활동을 가족원 간의 상호작용 정도에 따라 공유활동, 병행활동, 개별활동 세 가지로 분류하였다.

04 기혼여성의 취업증가는 수입노동시간의 증가를 가져오고, 가사노동시간의 감소를 가져오지만 기혼여성은 가사노동의 책임을 지고 있기 때문에 가사노동시간의 감소는 그렇게 크지 않다고 본 사람은?

① 울프 ② 블러드
③ 로빈슨 ④ 요시노리 카모

정답 ③

해설 로빈슨에 의하면 기혼여성의 취업증가는 수입노동시간의 증가를 가져오고, 수입노동시간의 증가는 가사노동시간의 감소를 가져오지만, 기혼여성이 가사노동의 책임을 가지고 있기 때문에 가사노동시간의 감소는 그렇게 크지 않다고 보았다.

05 남편들이 자신의 장시간 노동으로 인해 가장 심각한 가정생활 문제로 지각하고 있는 사항이 아닌 것은?

① 취미와 교양, 스포츠를 할 시간이 없다.
② 가정 안에서 사회문화적 시간이 증가 한다.
③ 생활 전반에 시간적 여유가 없다.
④ 가족 단란의 시간이 없다.

정답 ②

해설 남편들이 자신의 장시간 노동으로 인해 가장 심각하게 지각하는 가정 생활의 문제는 피로의 회복이 되지 않는다. 생활전반에 시간적 여유가 없다. 취미와 교양, 스포츠를 할 시간이 없다. 자녀와 놀거나 이야기 또는 학습을 돌봐 줄 시간이 부족하다.

06 다음 중 부부간에 가사노동 분담을 설명하는 가설이 아닌 것은?

① 성역할 관념 가설
② 소비가설
③ 시간가용성 가설
④ 상대적 자원 가설

정답 ②

해설 부부간의 가사노동 분담을 설명하는 가설: 상대적 자원 가설, 시간 가용성 가설, 성역할 관념 가설, 경제적 가설, 생활주기 가설, 가사 선호 가설

07 오트너가 구분한 여가활동을 쓰세요.

> **정답** 공유활동, 병행활동, 개별활동
> **해설** 여가활동 유형과 결혼 만족도 사이의 관계를 분석하면서 여가활동을 가족원 간의 상호작용 정도에 따라 공유활동, 병행활동, 개별활동으로 분류하였다.

08 시간 가용 가설을 설명하세요.

> **정답** 가사노동 분담이 단지 시간 가용성에서의 차이를 반영한다는 관점으로, 사용 가능한 시간이 가장 많은 배우자가 더 많은 가사노동을 책임질 것으로 가정한다.

CHAPTER

05

시간관리

01 시간관리의 의의 및 기초 개념
02 시간관리 과정

01 시간관리의 의의 및 기초 개념

제5장 시간관리

1. 시간관리의 의의

1) 시간관리

① 시간관리가 필요한 근본적인 이유

인간의 욕구는 무한한 데 비하여 이 욕구를 충족시켜 줄 수 있는 시간 자원은 유한하다는 점에 있으며, 특히 시간은 인간의 모든 활동에 꼭 사용되는 자원이라는 점에서 시간관리의 중요성이 강조된다.

② 시간관리의 정의

자기관리이고 생활관리라고 할 수 있다. 따라서 시간관리는 자신이 원하는 생활목표를 달성하기 위하여 시간 자원을 합목적적으로 사용하는 방법을 개발하고 습관화하는 것이다.

2) 그로스(Gross)의 시간 자원을 관리하는 데 필요한 개념

① 시간에 대한 통합적 개념

시간은 기술·화폐·에너지 등 다른 자원이 사용되고 있을 때에도 함께 사용되는 중심적 자원으로서 실체적·자연적·사회적 리듬에 의한 변화를 통해서 강하게 우리 생활을 지배하고 있다는 것이다.

② 시간에 대한 결합적 개념

시간 자원은 에너지 자원이나 화폐 자원 등 다른 자원과 결합하여 밀접하게 상호 관련되어 있으며 상호교환될 수 있다는 것이다.

2. 시간관리를 위한 기초 개념

1) 효율과 효과

① 능률 또는 효율(efficiency): 특정 과제를 수행하는 데 있어서 투입과 산출의 관계에서 얼마나 기능적인가를 말하는 개념으로 능률이라고도 한다. 동일한 결과를 산출한다면 투입된 자원이 최소일 때, 동일한 자원이 투입되었다면 산출이 최대일 때

가장 효율적이다.

② 효율적으로 시간을 관리 한다는 것은 적은 시간을 투입시켜 최대한의 결과를 얻어내는 것을 말한다.

③ 효율적인 시간관리를 통해 시간 자원의 낭비를 최소화 할 수 있지만, 시간관리의 목표는 달성하지 못할 수 있다.

④ 효과 또는 유효성(effectiveness): 목표를 달성하거나 정해진 결과를 달성하는 가장 기능적인 방법과 관련된 더욱 포괄적인 용어이다. 유효성은 '옳은' 일을 잘하는 것을 나타내는 용어이다.

⑤ 효과 또는 유효성을 달성하기 위해서는 가장 적절한 일이 무엇인지 목표를 설정하고, 그 목표에 부합되도록 시간 자원을 관리해야 한다.

2) 중요성과 긴급성

스티븐 코비 외(1997)의 「소중한 것을 먼저 하라」에서는 중요성과 긴급성을 기준으로 시간소비를 4가지 유형으로 나누고 중요한 일을 먼저 해야 한다고 강조하고 있다.

	긴급성 낮음	긴급성 높음
중요성 높음	(Ⅰ) 중요하지만 긴급하지 않은 활동 (연기가능)	(Ⅱ) 중요하고 긴급한 활동 (본인이 즉시처리)
중요성 낮음	(Ⅲ) 중요하지도 긴급하지도 않은 활동(폐기가능)	(Ⅳ) 중요하지 않지만 긴급 활동(위임가능)

① 제1유형(중요O, 긴급O)

필수영역으로 불리며, 대부분의 경우 우선순위가 가장 높은 일로 간주된다.

② 제2유형(중요O, 긴급X)

리더십의 영역으로 불리며, 준비, 예방, 계획, 관계구축, 심신단련, 재창조의 여가 등 급하지는 않지만 중요한 일들이 해당된다.

③ 제3유형(중요X, 긴급O)

일명 "속임수의 영역"이라고 불린다. 중요하지는 않은데 긴급하게 해야 하는 일이 다 보니 마치 중요한 일인 것처럼 착각하게 된다는 것이다.

④ 제4유형(중요X, 긴급X)

중요하지도 급하지도 않은 일에 시간을 사용하는 것으로 '낭비의 영역' 또는 '도피의 영역'이라고 한다.

3) 파레토의 법칙과 파킨슨의 법칙

① 파레토의 법칙(Pareto's Law)
  ㉠ 이탈리아 경제학자 파레토가 발견한 법칙으로 어떤 요소들이 통제된다면 특정한 적은 요소가 항상 유효성의 많은 부분을 설명할 수 있다는 것이다. 파레토의 법칙은 20:80 법칙으로도 알려져 있는데, 이는 일반적으로 20%의 시간 사용이 80%의 결과를 생산하는 반면, 80%의 시간 사용은 단지 20%의 결과만 산출한다는 점을 나타낸다.
  ㉡ 조셉 유란(Joseph Juran)은 다양한 관리 상황에 파레토의 법칙을 적용하면서 '중요한 소수'와 '사소한 다수'라는 용어를 사용하였다. '중요한 소수'를 통제함으로써 소비된 노력에 대하여 많은 부분이 바람직한 결과를 나타내었다.
  ㉢ 파레토의 법칙은 시간 사용을 계획할 때 우선순위를 정한 뒤, 하루 중 최고성과를 낼 수 있는 20%의 시간대를 파악하여 그 시간에 가장 중요한 업무를 처리해야 한다.
  ㉣ 파레토법칙은 소수의 원인, 입력 또는 노력이 보통 다수의 결과, 출력 또는 보상으로 이어진다고 한다. 이를 달리 말하면 세상에 평등한 것은 없다는 뜻이다.

② 파킨슨의 법칙
  ㉠ 파킨슨(O.N. Parkinson)은 더 많은 사람이 고용되면 일은 더 많아지게 되지만 조직의 산출이 반드시 증가하지는 않는다는 것을 발견하고, 작업은 그 작업을 달성하기 위해 이용할 수 있는 시간을 채울 수 있도록 확장된다는 파킨슨의 법칙(Parkinson's Law)으로 공식화했다.
  ㉡ 자원(시간과 같은 고정적인 자원)의 탄력성을 나타내며, 시간이 제한되어 있고 바쁠 때 사람들은 시간 압박이 적을 때보다도 단기간 내에 많은 활동들을 효율적으로 수행하고 더 많은 성취를 하는 것으로 보인다.
  ㉢ 파킨슨의 법칙은 과제마다 마감 시간을 설정하고 그 마감 시간을 지키는 일이 중요함을 나타낸다.

ⓒ 어떠한 작업을 수행함에 있어 그 작업을 달성하기 위해 이용할 수 있는 시간을 가득 채우도록 최대한 일을 확장시키는 경향을 가지고 있다.
　　ⓓ 제한된 시간과 짧은 주기로 작업을 관리하고, 각 제한 시간마다 명확한 목표를 설정하여 성과를 높여야 한다.

4) 생리적 리듬과 생산성

　① 생리적 리듬
　　㉠ 하루를 기준으로 생산성은 항상 일정한 것이 아니라 시각에 따라 규칙적으로 변화하는 경향이 있다.
　　㉡ 사람 유형에 따른 생산성: 일반적으로 종달새형의 사회적 성취도가 높은 것으로 보고되고 있다.
　　　● 종달새형(주간형): 종달새족은 올빼미족보다 계획적이고, 실천적인 삶을 유지하는 경향이 있다. 집중력이 강하고, 자기제어를 잘하며 당장의 희열을 지연시켜 더 나은 성과를 얻으려는 노력을 한다. 학업성취도가 우수한 반면, 인지능력이 좀 더 부족하다.
　　　● 올빼미형(야간형): 좀 더 충동적이고, 위험을 감수하길 좋아한다. 또 창의적인 특징을 보이며 다른 사람을 재미있게 만들긷 좋아한다. 인지능력이 뛰어난 반면 학업성취도는 떨어진다.
　　　● 불분명형: 사람들 중 주간형 또는 야간형으로 구분되지 않는 경우이다.
　　㉢ 시간계획을 세울 경우: 자신의 생리적 리듬에 역행하기보다는 자기 고유의 생산성 곡선에 맞추어 생산성이 높은 시간에는 중요한 일을, 낮은 시간에는 일상적이거나 중요성이 낮은 활동을 하는 것이 효율적이다.
　　㉣ PSI 학설: 인간의 신체(Physical)·감정(Sensitivity)·지성(Intellectual)에 주기가 있다는 학설로서, 생체리듬으로서 태어나서 죽을 때까지 신체, 감성, 지성의 리듬이 일정한 주기를 가지고 컨디션이 좋고 나쁜 날이 반복되는 인간생명의 리듬법칙을 말한다. 바이오리듬(biorhythm)은 이 학설에서의 주기로서 인간주기율이라고도 한다. 자신의 생리적 리듬을 장단기적으로 분석하여 그 주기를 적절하게 활용할 필요가 있다.

　② 전성시간과 부진시간
　　㉠ 전성시간(prime time): 생산성과 관련되는 것으로 생산성이 높은 시간이다. 가장 생산적인 전성시간은 외부의 방해뿐만 아니라 스스로의 방해도 없는 시간이다.
　　　● 내적 전성시간: 하루 중 개인의 생산성이 높은 시간으로, 집중적인 노력을 필

요로 하는 활동에 배분하는 것이 효과적이다.
- 외적 전성시간: 타인과 함께 하는 데 가장 좋은 시간이다.
ⓒ 부진시간(down time): 생산성이 낮은 시간으로 기운이 없고 별로 성취적이지 못한 시간이다.
ⓒ 환경: 개인의 내적·외적 전성시간과 부진시간에 영향을 미칠 수 있다.

③ M-타임(Monochronic Time)과 P-타임(Polychronic Time)

M-타임(단일시간)	P-타임(복합시간)
일직선적 순서로 일을 시작하여 마치는 것을 좋아함 일을 시작하면 다른 일을 시작하기 전에 그 일을 완성하고, 순차적으로 시작하고 끝을 맺는다. 스케줄에 의해 통제되는 일 중심 시간 체계를 가진다.	한 번에 여러 가지 일을 하거나, 하던 일을 중단하고 다른 일을 하기도 하고 계속하기도 한다. 약속 자체보다는 사람과의 관계를 중요시한다.
성취지향적인 산업사회 - 북유럽, 미국문화권	제3세계 경제(생산력이 떨어짐) - 남유럽, 중동, 남미, 아시아 문화권

㉠ 두 유형의 시간 모두 장단점 소유
ⓒ 양자를 모두 이해하고 사용할 수 있는 능력을 개발하게 되면 상황에 맞게 시간 통제가 가능하다.
ⓒ 문화권에 따라 차이가 존재한다.

5) 기록

사람들은 살아가면서 생활을 향상시키기 위해, 또는 시간을 잘 사용하기 위해 나름대로 노력한다. 이러한 노력은 여러 가지 형태로 나타나는데 효율적인 방법으로 기록을 들 수 있다. 시간관리에서 기록은 목표의 기술에서부터 시간계획표, 시간 사용 평가표에 이르기까지 전 과정에서 필요한 핵심적인 활동이다. 기록은 시각화 효과를 가짐으로써 시간관리의 효율성을 높일 수 있다.

① 시간 일지

미래에 대한 계획이 아니고 과거에 사용된 시간의 기록으로 시간 사용에 필요한 변화를 관찰할 수 있도록 돕는다.
㉠ 습관을 변화시키는 고통스러운 일을 성취하기 위해서는 자신의 시간 일지가 매우 유용하다.
ⓒ 기록을 통해 어디에서 시간이 낭비되는지 알 수 있고, 그 이유를 분석할 수 있다.
ⓒ 기록은 하루 중의 전성시간을 밝힐 수 있을 때까지 계속해야 하는데, 보통 1~2주를 필요로 한다.

② 할 일 목록
　㉠ 매일 수행해야 할 일의 목록을 준비하는 기법은 성공적인 사람들의 공통점이다.
　㉡ 할 일 목록의 형태를 선택할 때는 어떤 형태를 선택하든 사용자의 욕구에 부합해야 한다.
　㉢ 할 일 목록은 다른 종이와 구별될 수 있도록 색종이를 이용할 수 있으면 좋고 하루에 여러 장이 아닌 한 장만 사용해야 하며, 각 면의 윗부분에 목표를 쓰면서 시작할 수 있어야 한다. 필기도구도 항상 가까이에 준비해 두어야 한다.
　㉣ 효율적인 할 일 목록은 중요성에 근거를 두고 조직되며, 장기 계획과 중요한 프로젝트의 일부분인 활동들을 포함한다.
　㉤ 할 일 목록 기입 방법: 하루의 주요 목표 설정 → 약속과 전화할 일 기입 → 하루 동안 해야 할 활동 기입 → 각각에 A(가장 중요), B, C, D로 우선순위 부여 → 마친 활동에 삭제 표시 → 하루 동안 필요했던 추가적인 활동 첨가

01 시간관리의 의의 및 기초 개념: 예상 문제

01 목표를 달성하거나 정해진 결과를 달성하는 가장 기능적인 방법과 관련된 용어로 '옳은' 일을 잘하는 것을 나타내는 용어는?

① 능률
② 효율
③ 유효성
④ 타당성

정답 ③

해설 유효성(효과)은 목표를 달성하거나 정해진 결과를 달성하는 가장 기능적인 방법과 관련된 더욱 포괄적인 용어이다. 유효성은 '옳은' 일을 잘하는 것을 필요로 한다. 유효성을 달성하기 위해서는 가장 적절한 일을 선택하거나 수행하는 것이 필수적이다.

02 다음 중 시간관리에 있어서 핵심적 소수의 관리가 중요한 점과 관계가 깊은 것은?

① 파킨슨의 법칙
② 파레토의 법칙
③ 라이스의 법칙
④ 유효성

정답 ②

해설 조셉 유란(Joseph Juran): 다양한 관리 상황에 파레토의 법칙을 적용하면서 '핵심적 소수'와 '변방적 다수'라는 용어를 사용하였다. 재고관리에 파레토의 법칙을 적용한 기술자들은 20%의 품목이 보통 약 80%의 재고가격을 이룬다는 것을 발견하였다. 핵심적 소수를 통제함으로써 소비된 노력에 대하여 많은 부분이 바람직한 결과를 나타내었다.

03 다음 중 자원의 탄력성을 나타내는 것으로, 과제마다 마감시간을 설정하고 그 마감시간을 지키는 일이 중요함을 나타내는 것은?

① 파레토의 법칙
② 전성시간의 원리
③ 생리적 리듬 개념
④ 파킨슨의 법칙

정답 ④

해설 파킨슨의 법칙은 과제마다 마감시간을 설정하고 그 마감시간을 지키는 일이 중요함을 나타낸다.

04 다음 중 인간의 신체·감성·지성에 주기가 있다고 하는 학설은?

① 유인설 ② 신체 지각설
③ 주기 이론설 ④ PSI 학설

정답 ④
해설 PSI 학설: 인간의 신체(Physical)·감정(Sensitivity)·지성(Intellectual)에 주기가 있다는 학설로서, 바이오리듬(Biorhythm)은 이 학설에서의 주기로서 인간주기율이라고도 한다.

05 다음 중 시간관리를 크게 제한하는 요소는 무엇인가?

① 가치의 다양성 ② 일주기 신체 리듬
③ 목표의 계층성 ④ 표준의 융통성

정답 ②
해설 시간관리의 제한 요소: 타자원 또는 타인과의 상호 관계, 시간수요의 비융통성 및 일주기 신체 리듬

06 전성시간과 부진시간에 대하여 간략히 설명하시오.

정답 전성시간은 생산성이 높은 시간이며, 부진시간은 생산성이 낮아 기운이 없고 성취적이지 못한 시간이다.

02 시간관리 과정

1. 투입

1) 시간관리의 목표

① 시간관리의 일반적인 목표

효과적인 시간관리는 자신의 가치와 목표에 부합하는 일을 선택하고 수행함으로써 목표달성이라는 결과를 얻어 낼 수 있도록 시간을 관리하는 것이다. 가치와 목표, 역할과 관계 사이에서 우선 순위를 정하고, 그에 따른 구체적인 목표와 역할수행을 설정하는 단계다. 투입단계에서 설정한 목표는 이후 산출 단계에서 시간관리의 효과성을 평가하는 기준이 된다.

② 시간관리의 구체적인 목표

㉠ 시간의 제한에 대한 수용
- 시간관리에서 필수적인 것으로 시간제한은 바로 통제이며, 이 통제는 가치를 지닌다. 그러나 엄격한 시간관리를 맹목적으로 따르거나 지나친 시간관리는 생활에서 자발성을 상실하게 할 우려가 있다.
- 시간 제한에 무관심한 것은 자기중심적 성향을 나타내는 것이고 타인과 자기의 시간을 서로 맞추어야 한다는 불가역성에 대하여 무감각한 것이다.
- 시간의 제한을 수용하면 어떤 활동을 할 것인지 그리고 무엇을 버려야 할지를 의식적으로 결정하게 된다.
- 보통 자기가 하고 싶은 일을 모두 할 만큼 시간이 많은 시간을 갖지 못하기 때문에 가장 원하는 것을 가려내고 나머지는 보류하는 작업을 해야 한다.

㉡ 시간 사용의 균형 성취: 전통적인 세 가지 시간 사용법인 노동·휴양·여가 사이의 균등한 시간배분을 의미한다. 인간은 삶의 여러 영역의 조합으로 이루어지기 때문에 다양한 생활영역 간에 조화를 이루는 것이 중요하다.

㉢ 노동시간의 최소화: 다른 활동을 할 수 있는 시간을 찾는다는 주목적을 가지고 노동시간을 가능한 적게 하려고 시간관리를 하게 되는 것이다.

㉣ 기억력에는 한계가 있기 때문에 밤까지 기다리지 말고 30분마다 이전 30분 간 한 일을 기록하고, 활동을 기록한 다음에는 각 활동을 성취하고자 하는 목표에

비추어 평가를 하는 과정이 필요하다.

2) 시간관리의 제한 요소

① 상호 관계

시간은 다른 자원 또는 타인과의 상호 관계에 의해서 부족해지고, 또 제한받는 자원에 의해서 영향을 받는다. 서로 시간이 맞지 않은 가족들과 시간을 맞추는 일이나 가정 밖에서 일어나는 업무, 모임, 회의, 오락 등에 참여하는 것은 개인이 시간을 자유롭게 배치하는 데 제한 요소가 된다.

② 시간 수요의 비융통성

이미 활동시간이 결정되어 있어서 고정적인 시간에 발생하여 융통성이 없는 활동들은 시간 사용 계획에 있어서 자유를 제한한다. 개인이나 가족이 미리 정해 놓은 표준 시간 계획에 영향을 주는 요인이 된다.

③ 일주기 신체리듬

주기적인 리듬으로서 시간을 효율적으로 사용하는 데 영향을 준다. 시간을 효과적으로 사용하기 위해서는 자신 또는 가족의 일주기 신체 리듬을 이해하고 중요한 일의 능률이 오르는 시간에 계획해야 할 것이다.

2. 과정

1) 계획

① 현재의 시간 사용 평가

현재의 시간 사용을 평가하고 분석하는 것은 개선을 위한 계획의 논리적 출발이다. 이런 평가는 시간관리의 하나의 표준을 제공해 주며, 이 표준에 대한 변화를 평가할 수 있게 해준다. 시간 사용을 평가 할 때에는 시간 사용에 대한 표준을 기초로 한다.

㉠ 시간 사용 조사: 시간 사용의 평가를 위한 것이다.
- 간단한 평가기술은 지난 24시간 동안의 시간 사용을 회상하여 활동목록을 적고 각 활동에 사용된 시간량을 적은 후 전체 시간을 합계하는 것이다.
- 조사의 목적에 따라 정확하고 상세한 정보가 필요할 경우에는 모든 활동을 세세히 관찰하여 기록하는 방법을 사용해야 한다.
- 일반적으로 중복행동에 대해서는 주된 쪽을 택하여 분석하지만 질적인 접근 방법에서는 모든 내용을 파악할 필요가 있다.

ⓒ 시간 사용의 평가: 시간 일지를 검토하여 질문을 통해 평가해 볼 수 있는데, 사람들이 일반적으로 자신이 원하는 방식으로 시간을 사용할 수 없는 이유로서는 외적인 시간 낭비 요인을 중요하게 생각하는 경향이 있는데, 실제 더 큰 문제는 내적 낭비요인이다. 시간 사용을 평가할 때는 내적·외적 시간 사용 낭비요인을 검토해 봐야 한다.

② **목표설정**

목표설정 단계에서는 가치를 명료화하고, 목표를 명확하게 기술하고, 목표들 사이에 우선순위를 정해야 한다.

㉠ 자신의 꿈과 가치에 근거하여 인생의 목표를 4~5개 기록한다. 눈에 보이도록 구체적으로 기록하고 목표는 추상적으로 적지 말고 활동과 연결되도록 표현한다.
㉡ 5년 내에 성취하기를 원하는 목표를 3~4개 기록한다.
㉢ 기간을 1년으로 줄여서 1년 내에 달성하기 원하는 목표를 3~4개 기록한다.
㉣ 목표들의 우선순위를 결정한다.

③ **시간 사용 계획**

㉠ 시간계획의 단계
- 목록: 가장 낮은 단계의 시간계획기법으로 단지 할 일에 대한 메모이다. 멕케이는 당일목록과 미래목록으로 구분하였다. 당일목록은 그날의 할일만 적는 것이고, 미래목록은 미래에 대한 일을 적는 것이다.
- 순서계획: 단순한 목록 다음 단계로, 얼마간 상세함을 갖는 것으로 시간 순서는 가지고 있지만 시간 한계는 없다. 어떤 활동을 언제 할지, 또는 어떤 순서로 할지에 대한 것이다.
- 스케줄: 시간관리법 중 가장 상세하지만, 일반인들이 자주 사용하지 않는 것으로 나타났다. 가장 상세한 단계가 활동의 순서뿐 아니라 활동의 소요시간까지 포함된 시간 스케줄이다. 이는 시간의 한계 속에서 할 일을 짜 맞추어야 한다.

㉡ 시간스케줄 작성 절차
- 포함될 활동들의 목록 작성: 당일 목록과 미래 목록 두 가지를 작성하고, 당일 목록의 길이를 제한한다.
- 두 가지 목록에서 활동들의 우선순위를 설정: 활동이 필요로 하는 시간의 양을 나타내는 시간/가치 비율을 고려한다.
- 한 가지 항목에 대한 시간량뿐만 아니라 언제 시작하고 끝날지를 모두 고려하여 필요한 시간을 산정한다.

- 요구되는 총시간과 가능한 총시간을 조화시킨다.
- 활동들의 순서를 결정한다.
- 필수적인 타인의 계획과 조화되는지 검토한다.

ⓒ PERT(Program Evaluation and Review Technique): 시간스케줄을 위한 특별한 기법의 하나로서, 복잡한 프로그램을 시간에 맞추어 완성하기 위해 수행되어야 할 일을 정의·통합하고, 상호 관련시키는 관리통제체제이다.
- 핵심경로(critical path): 만약 그 과정이 주의 깊게 이루어지지 못하면 전체 과정을 지연시키는 과제나 과정의 순서를 일컫는다. 전체수행시간을 결정지을 하나의 활동을 언제 시작하는가? 동시에 무엇이 수행되어야 하는가를 나타내는 것이다.
- 부동표(floater): 아무 때나 시간이 있을 때 하면 되는 활동이다.
- PERT에서 중요한 원칙: 뒤의 활동들을 위한 방법을 분명히 하고 때로는 타인에게 위임하기 위하여 미리 종결될 수 있는 활동들의 시작점을 조정하는 것이다.

ⓔ 활동의 시간적 조직을 위하여 고려할 사항
- 활동의 속도
  - 인적 자원: 동기, 건강, 지식, 기술, 훈련, 연령, 정력, 습관 등의 개인적 자원과 그 일을 하는 사람의 수 등이 속도에 영향을 준다. 즉 동기, 건강, 지식, 기술, 훈련, 연령, 정력, 습관 등의 개인적 자원과 그 일을 수행하는 사람의 수 등이 속도에 영향을 준다.
  - 비인적 자원: 경제적 자원도 수행속도에 영향을 준다. 편리하고 적절한 도구, 장비, 제품, 편의품, 수납장, 작업공간, 가구, 교통수단 등이 있을 때에 더욱 빠른 속도로 작업할 수 있다.
  - 환경적 자원: 온도, 조명, 소음, 위치 등
- 활동의 순서
  - 시간, 동작 및 에너지 소모를 적게 하는 방향으로 배열한다.
  - 생리적 리듬과 최대의 시간부담을 고려하여 능률적인 순서로 배열하는 것이다.
  - 신체적인 일과 정신적인 일을 교대로 하도록 계획하는 것도 주어진 시간 내에 노력을 적게 들이고 피로를 예방하는 방법이다.
- 동시화: 활동을 시간적으로 조직하는 데 고려해야 할 사항은 활동의 속도와

순서 외에 활동과 사람, 비인적 자원을 시간 속에 조화시키는 동시화이다.
- ⑩ 시간계획표의 작성
  - 제1단계: 매일, 매주 또는 계절적으로 행하는 모든 활동을 열거한다.
  - 제2단계: 매일 일상적인 일의 시간을 정한다. 보통 매일 하는 활동의 시간계획을 세울 때 가장 간단한 방법은 일을 몇 개의 그룹으로 나누고, 그룹마다 일정량의 시간을 배정하는 것이다.
  - 제3단계: 매일, 매주의 계획을 완성한다.
  - 제4단계: 누가 어떤 일을 할 것인지를 결정한다. 즉 언제, 누가, 무엇을, 어디서, 어떻게(어떤 설비를 이용하여) 등을 모두 확정하는 것이다.
    - 이상의 모든 계획은 간단명료하고 실천가능한 것이어야 한다.
- ⑪ 계획의 성문화 장점
  - 하루 활동의 지표로서 효과적이다.
  - 매일의 시간계획의 실천을 분석, 평가하는 데 도움을 준다.
  - 시간소비의 유형을 검토할 수 있다.

2) 수행

① 시간계획의 실행 및 조정

- ㉠ 실행에 필요한 자원: 시간계획을 효과적으로 실행하는 데 중요한 인적 자원 중에는 자기훈련, 감독 기술, 융통성 등이 있다.
  - 자기훈련: 그 활동을 완수하는 데 필요한 의지력으로 일에 대한 열성과 높은 성취 동기를 갖게 한다. 성취하려는 경험을 쌓는 것이 자기훈련을 증대시키는 한 방법이 된다. 그리고 작은 성공일지라도 목표 달성을 보상하는 것도 실행을 강화할 수 있는 방법이다. 또 성문화된 계획 및 타인의 칭찬과 같은 외부적 강화작용 등도 일하는 의욕을 높이고, 발전을 확인하거나 시간계획의 실행에 대한 자신의 능력을 신뢰하는 것도 동기를 증대시키고 자기훈련을 쌓는 방법이 된다.
  - 감독기술: 여러 사람이 한 가지 활동에 참여하는 경우에는 감독 기술이 시간계획을 실행하는 데 중요한 역할을 하며, 감독자와 실행자들 사이의 의사소통이 중요하며, 명확하고 직접적인 의사소통이 필요하다. 참여한 모든 사람이 관리자가 자기의 도움이나 참여를 인정하고 감사한다는 것을 알고 기쁘게 일을 할 수 있게 하는 것도 중요하다.
  - 융통성: 현실생활에서는 계획에 없던 요구들이 발생할 수 있는 개연성이 높

기 때문에 계획수립 단계부터 융통성을 고려하여 시간적 여유를 둘 필요가 있다. 또 편리한 장소에 계획판을 걸어두는 것도 계획을 머릿속에 기억하는 데 도움이 된다.
  ⓒ 실행을 방해하는 요소: 최후까지 미루는 습관, 지연, 중단, 실망, 죄의식 등이 성공적인 실천을 방해하는 요소이다. 이런 문제는 의식적인 시간관리로 피할 수 있다.
    - 늦장을 부리는 개인적 동기를 완전히 이해할 때 문제를 해결할 수 있게 된다.
    - 어떤 과제에 대하여 꾸물거리며 피하고 있을 때는 한 번에 한 활동씩 하거나 타이머를 장치한 후 일정시간 동안만 그 과제를 수행하는 방법이 있다. 또 지연되는 이유를 찾아서 잘 조절함으로써 일을 누적시키지 않고 시간계획을 실천할 수 있게 된다.
    - 시간관리에서의 실망은 종종 자기 가족에게 적합하지 않은 계획을 세웠기 때문에 야기될 수 있다. 따라서 개인적·가족적 가치나 목표의 우선순위를 인식하는 것이 중단이나 실망, 죄의식 등을 불러일으킬 수 있는 문제를 해결하는 데 지침이 된다.
    - 자기발전과 가족의 발전을 위해 건전하고 적합한 여가활동을 신중하게, 충분한 의사소통을 통해 계획했을 때 죄의식은 감소할 것이다.
    - 실행단계에서는 완벽주의자가 되지 않도록 조심해야 한다. 따라서 중요도에 따라 각 활동의 수행 표준을 구별하고 성취 수준을 거기에 맞출 필요가 있다.
② 시간계획의 평가
  ⓒ 시간계획의 평가는 시간관리의 최종 결과를 검토할 때는 물론이고, 계획의 수립과 실행과정에서도 이루어진다.
  ⓒ 시간계획을 실천해 갈 때에도 계속적인 평가와 성취 정도에 대한 검토를 행하여 계획이 제대로 진행되고 있는지를 확인할 필요가 있다.
  ⓒ 평가는 기존계획을 수정하거나 장래의 시간계획을 수립하는 데 도움이 되는 정보를 제공하게 된다.

3. 산출 및 피드백

1) 산출

사전적 의미로는 생산되어 나오거나, (물건을) 생산하여 내는 것이라고 한다. 시간관리의 산출은 목표를 얼마나 달성했는지에 따라 평가될 수 있다.

2) 피드백

① 피드백의 정의

피드백은 계속되는 미래 행동을 조정하거나 통제하기 위해서 투입으로서 되돌아가는 한 체계의 산출 부분을 말한다. 시간 사용에 대한 기록은 시간관리의 산출에 대한 평가를 하기 위해서 필요한 기초적 자료가 된다.

② 피드백의 형태

㉠ 행동형 피드백: 즉시 되돌아가서 행동을 유도하는 것으로, 이 행동 형태는 계획을 수행하는 과정에서 강조되는 것이다.
- 수행 과정 동안 계속되고, 수행 중에 공존한다. 여러 시점에서 검토하기 위하여 시계나 종, 달력 등과 같은 객관적인 기구들이 필요하다.
- 이전의 관점을 신속하게 수정하고, 이는 곧 차례로 다음 관점을 수정하게 된다.
- 행동형 피드백은 즉각적이며, 이것은 긍정적 피드백일 수도 있고 부정적 피드백일 수도 있다.
  - 긍정적 피드백: 변화를 인정하기 때문에 원계획을 변경시키는 효과를 준다.
  - 부정적 피드백: 원계획을 고수하기 위해 다른 변화를 요구한다.

㉡ 학습형 피드백: 평가를 통해 학습하게 하는 형태로서, 이 학습 형태는 최종적으로 나타나서 그 계획의 미래나 미래의 다른 새로운 계획에 사용되는 것이다. 행동형 피드백보다 뒤에 작용하며, 긍정적이라면 수행된 결과에 대하여 만족감을 제공할 것이고, 부정적이라면 설정된 규범과 표준에 의문을 제기할 것이다.
- 학습형 피드백의 방법: 시간관리를 평가하는 주관적 질문이 주된 방법이지만, 객관적 접근법도 있다. 객관적 기법으로는 간트 차트가 있다.
- 간트 차트(Gantt chart): 시간계획의 학습형 피드백에 사용되는 객관적인 기법이다. 기본적으로 계획된 시간 사용을 기록하기 위한 것으로 전체 일정을 한눈에 볼 수 있도록 구성되어 있다.
- 간트 차트(Gantt chart)구성: 처음 두 칸에는 계획의 내용과 그것이 수행될 시간을 적고, 셋째 칸은 배분된 시간에서의 수행정도를 평가하는 자료가 있고, 넷째 칸에는 어떤 기대하지 않은 일이 일어났는지, 그것들이 정말 얼마나 기대하지 않았던 일인지 기록한다. 이 차트는 하루 중 어느 시점이나 하루 종일 또는 더 긴 기간에 사용할 수 있다. 순서계획에도 사용할 수 있다.

02 시간관리 과정: 예상 문제

01 활동을 시간적으로 조직하기 위해 고려해야 할 사항에 해당되지 않는 것은?

① 활동의 내용 ② 활동의 속도
③ 활동의 순서 ④ 동시화

정답 ①
해설 현실적으로 활동을 시간적으로 조직하기 위해서 고려해야 할 것은 활동의 순서, 속도, 동시화 세 가지 요인이다.

02 다음 중 활동의 속도에 영향을 미치는 인적 자원은 무엇인가?

① 장비 ② 온도
③ 습관 ④ 제품

정답 ③
해설 활동의 속도에 영향을 주는 인적 자원에는 동기, 건강, 지식, 기술, 훈련, 연령, 습관 등

03 다음 중 활동의 순서를 정할 때 고려해야 할 사항으로 옳은 것은?

① 능률적 순서로 배열한다.
② 힘든 일은 한 번에 모아서 한다.
③ 생리적 리듬과 상관없이 활동의 특성을 고려한다.
④ 에너지 소모를 강화하는 방향으로 배열한다.

정답 ①
해설 활동의 순서를 고려해야 할 내용
– 활동의 순서, 시간, 동작 및 에너지 소모를 적게 하는 방향으로 배열한다.
– 생리적 리듬과 최대의 시간 부담을 고려하여 능률적인 순서로 배열한다.

04 다음 중 시간 계획을 성문화하여 갖게 되는 이점에 속하지 않는 것은?

① 하루활동 지표로서 효과적이다.
② 시간소비의 유형을 검토 할 수 있다.
③ 매일의 시간계획 실천을 분석·평가하는데 유리하다.
④ 시간 사용 계획의 수정이 용이하다.

정답 ④
해설 시간 사용 계획을 성문화 할 경우의 이점
- 하루의 활동 지표로서 효과적이다.
- 시간소비 유형을 검토할 수 있다.
- 매일의 시간계획 실천을 분석·평가하는 데 용이하다.

05 다음 중 인간의 신체·감성·지성에 주기가 있다고 하는 학설은?

① 유인설   ② 신체 지각설
③ 주기 이론설   ④ PSI 학설

정답 ④
해설 PSI 학설: 인간의 신체(Physical)·감정(Sensitivity)·지성(Intellectual)에 주기가 있다는 학설로서, 바이오리듬(Biorhythm)은 이 학설에서의 주기로서 인간주기율이라고도 한다.

06 다음 중 시간 계획 실행을 방해하는 요소가 아닌 것은?

① 최후까지 미루는 습관   ② 융통성
③ 중단   ④ 죄의식

정답 ②
해설 시간 계획의 실행을 방해하는 요소는 최후까지 미루는 습관, 중단, 죄의식, 실망 등이 있다.

07 PERT란 무엇인지 간략히 쓰시오.

> **정답** 복잡한 프로그램을 시간에 맞추어 완성하기 위해 수행되어야 할 일을 정의·통합하고 상호 관련시키는 관리 통제 체제이다.

08 시간관리의 제한 요소를 쓰시오.

> **정답** 상호관계: 시간은 다른 자원 또는 타인과의 상호관계에 의해서 또 부족하고 제한 받은 자원에 의해서 영향을 받는다.
>
> 시간 수요의 비융통성: 이미 활동 시간이 결정되어 있어서 고정적인 시간에 발생하여 융통성이 없는 활동들은 시간사용 계획에 있어 자유를 제한한다.
>
> 일주기 신체리듬: 주기적인 리듬으로서 시간을 효율적으로 사용하기 위해서는 자신 또는 가족의 일주기 신체리듬을 이해하고 중요한 일을 능률이 오르는 시간에 계획해야 할 것이다.

CHAPTER

06

가정경제

01 가정경제학의 기초 이론
02 가계경제의 구조
03 가계 재무설계
04 가계의 경제적 복지와 경제 문제

01 가정경제학의 기초 이론

제6장 가정경제

1. 가정경제학의 이해

1) 가정경제학의 학문적 성격

(1) 가정경제학의 발달

① 가정경제학의 이해

가계 구성원 공동의 욕구를 충족하기 위하여 생애주기 동안 계속적으로 자원을 획득, 사용, 처분해 가는 동태적인 가계행동을 이해하기 위해 경제학을 응용한 독자적인 응용 학문이라고 할 수 있다. 가정의 복지와 행복을 목적으로 하는 가정학의 한 영역으로서, 가정이 직면하는 경제 문제를 집중적으로 다루었던 가정학자들에 의해 발전된 응용학문이다.

② 가정경제학의 발달

가정생활의 향상을 도모하며 가정의 복지 증진에 관심을 두었던 초기의 학자들에 의해 그 필요성이 인식되어 시작된 분야이다.

(2) 경제학의 구분

① 미시경제학

개별 경제주체인 가계, 기업의 경제 행위를 분석함으로써 시장에서 각각의 재화와 용역 또는 생산요소의 시장 가격과 수요량·공급량이 어떻게 결정되는가, 그리고 시장의 가격기능이 자원의 소득을 어떻게 배분 또는 분배하는가를 연구하는 학문이다. 국민경제를 형성하고 있는 개별경제 주체의 행동분석을 통해 국민경제를 이해하려는 입장을 가지고 있다. 개별 의사 결정 주체의 경제행동을 연구하는 분야이다.

② 거시경제학

국민경제를 직접적으로 분석하여 사회전체의 생산, 소비, 저축, 투자, 화폐량, 물가수준 등을 통계적으로 분석하여 상관관계를 밝힌다. 미시경제 요소들이 모여서 국가 전체에 대한 거시경제를 형성한다. 즉, 미시경제학은 거시경제학을 이해하기 위한 기초 지식이다.

(3) 가계경제학의 위치

가계경제학의 연구 대상은 가계의 경제생활이며, 가계의 경제 생활이란 가계 구성원의 욕구 충족을 위해 가계 구성원들이 자원을 획득하고 사용, 처분하는 생활을 의미한다. 그러므로 가계경제학은 가계가 지니고 있는 한정된 자원으로 가계 구성원의 다양한 욕망을 최대한 충족시키기 위하여 자원을 어떻게 배분, 사용, 처분할 것인가 그리고 현재의 가용자원을 이용하여 어떻게 추가적인 자원을 획득할 것인가 등의 문제를 해결하기 위해 가계의 경제활동을 관찰 기술한다. 범위가 좁은 가계의 활동에 관심을 가지므로 미시경제학의 입장이지만, 그 연구 대상이 고유하고도 분명하며, 연구 방법에서도 인접 학문과의 학제적 연구를 필요로 하는 독립과학이다.

2) 가정경제학의 의의

(1) 가정경제학의 이해

① 자원

자원이란 인간의 욕구를 충족시켜 주거나 욕구를 충족시켜 줄 수 있는 잠재력을 가지고 있는 유용한 수단이다.

㉠ 인적 자원
- 개인적 자원: 가족 구성원 각자의 기술, 시간, 에너지 등이 포함된다. 생리적인 것으로 활동수행의 강도, 민첩성, 능력 등이 있고, 정신적인 것으로는 기억력, 논리성, 통제력, 대인관계, 에너지, 시간 등이 있다.
- 대인적 자원: 두 사람 이상의 긍정적 상호 작용을 통해 생기는 협동, 충성, 사랑

㉡ 물적 자원: 인간 외부에 존재하면서 인간이 소유, 사용, 통제하는 자원으로 유용기간인 내구성을 지닌다. 특히 화폐의 내구성은 인플레의 영향을 받는다고 할 수 있다. 예 자산, 화폐, 재화, 공간, 사회시설, 시간 등

구분	인적 자원	물적 자원
유형	기술 -생리적인 것: 활동수행의 강도, 민첩성, 능력 -정신적인 것: 기억력, 논리성, 통제력, 대인관계	자산 내구 소비재 화폐
특성	개발 및 재생 가능하나 기시간은 소멸성을 지님	소유, 사용, 통제가능, 내구성을 지님

출처: Bryant(1990), The Economic Organization of Household, Cambridge University Press.

② 욕구
- ㉠ 욕구의 정의: 생리적 기관이나 심리적 상태에 긴장이 생긴 것을 말하며 이 긴장의 해소가 곧 욕구 충족이다.
- ㉡ 희소성 문제: 자원의 희소성으로 인해 인간이 직면하게 되는 경제적 선택의 문제로 희소한 자원의 효율적인 활용으로 욕구를 최대한 만족시키려는 의사 결정의 문제이다. 희소성의 문제는 결국 한정된 자원을 가지고, 어떤 종류의 욕구를 우선적으로 충족시켜야 하고 어느 정도 충족시킬 것인가 하는 선택의 문제를 야기시킨다.

③ 가정경제 문제가 발생하게 되는 기본적인 원인으로 인간의 욕구는 다양한 데 비해, 욕구를 충족시켜 줄 자원은 희소하기 때문이다. 이로 인해 선택적 배분의 문제가 발생하는데 여러 자원은 같은 용도를 위해 서로 대체될 수 있고, 인간 욕구에는 우선순위가 있다는 사실이 이러한 선택적 배분을 가능하게 한다.

(2) 가정경제학의 의의
① 가정경제학은 가계경제 현상에 관한 사실을 과학적으로 분석하는 학문으로 이런 현상을 기술하고 설명하고 예측하며 나아가서 통제하려는 학문이다.
② 가정경제학은 원하는 생활표준에 도달하기 위하여 가계 및 소비자가 희소한 자원을 배분하고 사용하는 데 관련된 일반법칙, 원리 및 개념 체계를 연구하는 학문으로 생활의 질적 향상 및 인간의 복지 향상을 추구하는 응용학문이다.

2. 가계와 국민경제

1) 가계의 의의와 유형

(1) 가계의 의의

① 가계의 정의

가계는 구성원 상호간의 복지 추구를 목적으로 서로 자원을 공유하며, 사용하는 다양한 대안들을 지니고 있는 1인 이상의 경제생활 단위이다. 가계는 자원, 목표 및 가치관을 공유하고 있는 가족원들이 자원을 획득, 배분, 소비하는 과정의 생활공동체로, 하나의 체계로서 소비자 단위가 된다.

② 가계의 경제활동의 주요 내용은 가계는 소득을 획득하고, 그 소득을 소비지출로 배분하며 재화와 서비스를 구매하고 사용하는 것이다.

③ 가계의 경제 단위로서의 특성
　㉠ 가계는 구성원 상호간의 복지를 증진할 목적으로 형성된 최소의 경제 단위이다.
　㉡ 가계는 구성원 간에 자원을 공유하면서 만족을 추구하는 목표지향적 조직체이다.
　㉢ 가계는 구성원들의 만족을 극대화하기 위하여 여러가지 대안을 갖게 되므로 항상 선택의 문제를 직면하는 공동체이다.
　㉣ 가계는 그 구성원들에게 제공되는 재화와 용역 및 사회적·물리적 환경을 획득하고 사용함에 있어 구성원 간에 비시장 거래가 이루어진다.
④ 브라이언트(Bryant)의 견해를 보면 가계는 가계 구성원 상호간의 복지를 추구할 목적으로 가계 구성원 사이에 자원을 공유하고 선택가능한 다양한 대안을 가진 1인 이상의 소집단이다.
⑤ 가계의 주요 활동은 소득을 획득하고, 그 소득을 소비지출로 배분하며, 재화와 서비스를 구매하고 사용하는 것이다. 가계는 가족 구성원의 인적·물적 자원을 사회에 제공함으로써 생산활동에 참여하고 그 대가로서 소득을 획득하는 한편, 저축과 소비활동을 통하여 그 소득을 처분하게 된다.
⑥ 가계의 성격
　㉠ 가계는 주로 소비활동의 주체이면서 다른 한편 가계생산활동의 주체가 되는 경제 체계이다.
　㉡ 가계는 국민경제에 영향을 미치고 또 영향을 받으면서 국민경제와 상호 작용하는 체계이다.

(2) 가계의 기능
① 배분은 가계 자원들보다 높은 생산성을 얻기 위하여 여러 가지 용도로 나누는 것을 의미한다. 이 자원은 직접생산활동으로 배분되기도 하고 가계생산 및 소비에 직접 또는 간접으로 배분되기도 한다.
② 생산이란 가계의 자원이 생산활동으로 직접 배분되면 생산에 있어서 효용 창출의 대가로 가계에 화폐소득이 발생한다.
③ 가계생산이란 생산과 소비의 중재 기능이며, 보수가 지급되지 않는 활동으로서 가족원을 위해 효용을 창출하는 활동이다. 실질소득이 발생한다.
④ 분배란 생산된 재화와 서비스 및 가계에서 생산된 최종 생산물을 용도에 따라 할당하는 것이다. 실질소득을 할당하는 것도 포함한다.
⑤ 소비란 가족원의 욕구 충족을 위해서 재화와 서비스를 직접 사용하는 것이다. 심리적 소득인 만족감을 발생시킨다.

(3) 가계의 유형

① 소득의 원천에 따른 유형
　㉠ 사업소득자 가계: 개인 업주 또는 자영업자 가계로서 기업가, 농가, 상인의 가계가 포함된다.
　㉡ 근로소득: 봉급생활자, 임금 노동자의 가계로서 근로소득이 주된 가계소득을 이루는 가계이다.
　㉢ 이전소득자: 연금이나 생활보험금이 주소득이 되는 가계로서 정부지출 중에서 이전지출에 의해서 가계에 들어온다.
　㉣ 재산소득자 : 이자, 배당금, 부동산 매매 차액 등의 소득이 주소득이 되는 가계이다.

② 소득의 안정성 및 규칙성에 따른 유형
　㉠ 변동소득자: 가계에 들어오는 소득의 액수가 일정하지 않으며 또 그 시기도 불규칙적인 가계이다.
　㉡ 고정소득자: 정액소득이 규칙적으로 가계로 들어옴으로써 소득이 안정되어 있는 가계이다.

③ 지역에 따른 유형
　㉠ 농촌가계: 생산활동 및 가계생산활동이 많은 비중을 차지하고 있으며 도시가계에 비해 소비생활 면에서 제한점을 가지고 있다.
　㉡ 도시가계: 가계의 경제활동에 있어서 소비활동이 주가 되는 가계이다.

④ 가족생애주기에 따른 유형
　유형주에 따르면 한국의 가족생애주기를 형성기(결혼으로부터 첫 자녀 출산 전까지 약 1년간의 가계)→자녀 출산 및 양육기(첫 자녀 출산으로부터 첫 자녀 초등학교 입학 전까지의 가계)→자녀 교육기(첫 자녀의 초·중·고등학교 교육시기)→자녀 성년기→자녀 결혼기→노년기로 구분하였다.

⑤ 취업자의 수에 따른 유형
　㉠ 1인 취업가계: 부부 중 1인이 취업하여 소득을 창출하는 가계이다.
　㉡ 2인 취업가계: 가족 중 1인 이상이 소득을 창출하는 가계로서 가장 보편적인 유형이 부부가 함께 취업한 가계이다.

2) 가계와 다른 경제시스템과의 관계

(1) 국민경제의 구성과 순환

① 경제 체계

인간생활에 필요한 재화를 조달하기 위한 사회적인 조직

② 국민경제의 주체

가계	- 소비주체로서 생산요소시장에서 생산요소인 노동과 자본을 공급한다. - 생산요소시장에서 생산요소의 공급대가로 소득을 획득한다. - 생산물 시장에서 생산자가 생산한 재화를 구매해서 소비를 충족시킨다.
기업	- 공급의 주체로서 생산요소시장에서 생산요소인 노동과 자본을 구매하여 소비를 충족시킨다. - 생산된 재화와 서비스를 생산물 시장을 통하여 소비자에게 공급한다. - 생산요소시장과 생산물시장에서 소비와 공급의 주체가 되기도 한다.
정부	- 생산요소시장과 생산물시장의 조정자의 역할을 수행한다. - 생산요소시장과 생산물 시장에서 소비와 공급의 주체가 되기도 한다.
금융기관	- 자본시장을 통하여 기업이 필요로 하는 자본을 가계로부터 조달하여 공급한다.

③ 경제순환

가계, 기업, 정부 등 경제주체들이 재화나 서비스를 생산하고 그 대가로 소득을 얻으며, 다시 그 소득으로 재화나 서비스를 구입하기 위하여 지출하는 과정이 끊임없이 반복되고 있다. 이러한 과정을 국민소득의 순환 또는 국민경제의 순환이라고 한다.

④ 소득의 순환

정부와 가계, 정부와 기업 사이에서 이루어지는 소득의 순환은 기업과 가계 사이와 같은 민간경제에서 시장을 통한 교환활동으로 이루어지는 원칙적인 것은 아니며, 국가의 여러 가지 정책에 따라 결정된다.

(2) 가계와 기업의 관계

① 가계는 소유하고 있는 자원을 기업에 제공한다. 그리고 기업에서는 가계가 기업에게 제공하는 자원이 생산요소가 된다. 생산요소는 노동력, 자본, 토지이다.

② 재화의 수요·공급 관계이다. 즉, 기업은 가계에 재화를 공급하고, 가계는 자원을 제공하여 획득한 소득으로 재화에 대한 대가를 기업에 지불한다. 이 대가가 가계에서는 지출이 되며 기업에서는 이윤을 형성하게 된다.

(3) 가계와 정부의 관계

① 가계는 가족원이 정부에 대하여 인적 자원을 제공하고 그 대가로 근로소득을 획득하며, 토지·자본을 제공하고 재산소득을 획득하기도 한다.

② 각종 조세를 정부에 제공하여 재정수입을 가능하게 한다.

③ 가계는 정부와 밀접한 관계 속에서 국민경제를 형성한다.

④ 의무교육, 사회보장, 공공사업 등의 서비스를 직·간접적으로 제공한다.

3) 한국의 경제현실과 가계

(1) 서구사회의 근대화와 발전 요인

① 근대화의 정의

사회적 생산력의 발전을 저해하는 전근대적 규제로부터 생산력을 해방하는 사회적 변혁 과정이다.

② 서구의 근대화 과정

획일적인 질서에 의하여 지배되던 중세사회가 해체되고 르네상스, 종교개혁, 지리상의 발견을 계기로 한 중상주의와 산업혁명을 통한 새로운 국가의 형성과 부의 축적 등을 통하여 오랜 기간에 걸쳐 이루어졌다.

③ 서구 자본주의 경제 체제의 확립

공업화, 국민화, 능률화, 합리화 등을 본질적 내용으로 하며, 그 핵심적인 추진력은 자기완성적인 자본축적에 의한 공업화와 합리주의 정신에 입각한 기업화에 있었다.

(2) 한국경제의 발전 과정

① 일제 강점기하의 한국경제

㉠ 식민지 경제구조의 기초 작업: 토지조사사업을 통해 토지를 수탈, 산미증식계획을 통해 쌀을 비롯한 농산물을 수탈하여 농민들의 식생활을 위협, 조세제도와 교통통신기관을 정비하여 일본의 상품시장과 원료 공급지로 만들 수 있는 장치를 마련했다.

㉡ 1930년대의 세계대공황의 영향: 식민지 정책을 더욱 강화하여 한국경제는 전쟁경제기지로서의 경제 체계가 되었다. 일본의 쌀값 폭등으로 우리나라 농산물을 수탈했으며, 우리나라 농민의 생활이 저하되어 농민의 일부분은 농토를 버리고 광산이나 공사장의 저렴한 임금 노동자로 전락했고, 만주나 일본 등의 해외로 유랑하거나 화전민 등으로 전락하는 농민 분해 현상이 일어나는 계기가 되었다.

㉢ 1937년 중·일전쟁 이후부터 1945년 2차대전 종전 시까지: 일본자본은 군수자원의 약탈적 개발을 위하여 한국에 대량으로 진출했으며 노동자를 강제로 동원하는 등 우리나라 경제사회에 커다란 변화를 일으켰다. 한국경제의 대일 종속관계는 한층 더 강화되었고 산업구조의 기형적 불균형 상태가 심화되었다.

② 과도기(1945~61년)의 한국경제
- ㉠ 혼란기(1945~49년)의 한국경제
  - 일본경제와의 단절로 인하여 생산이 위축되었으며, 남한과 북한으로 국토가 양단됨으로써 경제적 충격과 사회적 혼란이 있었다.
  - 군정 및 과도정부의 재정적자의 팽창은 우리나라 경제를 걷잡을 수 없는 인플레이션으로 몰아넣었다.
  - 생산위축과 인플레이션 구조하에서도 우리나라 국민생활을 도탄에 빠뜨리지 않고 구출한 것은 미국의 막대한 원조였다.
- ㉡ 전쟁기(1950~53년)의 한국경제
  - 정부수립 후 국토의 황폐와 산업시설 및 사회적 간접자본이 거의 파괴되었고 산업기술자와 농촌 노동력의 고갈로 생산이 위축되었다.
  - 동란기간 동안 인플레의 원인: 전쟁으로 인한 물자부족과 피난민의 급증으로 민간소비가 크게 증가하였고, 군사비 지출과 유엔군 대여금에 기인한 통화 공급 등으로 통화량이 급격하게 증가하였기 때문이다.
  - 전쟁기 인플레이션의 영향: 민간자본의 축적과 정상적인 투자 저하, 국민대중의 소득 수준을 불균형적으로 저하시킴, 불로소득자의 속출과 자본의 퇴장을 더욱 조장시킴.
- ㉢ 재건기(1954~61년)의 한국경제
  - 한국경제의 취약한 산업구조 상황에서 외국의 원조는 전쟁 피해를 복구하고 인플레이션을 다스리는 데 어느 정도 디딤돌이 되었다.
  - 외국 원조는 상업 부문을 비대하게 만들었을 뿐 경제 성장의 기반이 되는 생산력 증가에는 기여하지 못했으며, 원조와 관련한 통화관리마저 허술해서 인플레의 억제에는 커다란 기여를 못했다.
  - 미국의 원조 물자를 이용하여 삼백(제분-밀가루, 제당-설탕, 면방직-섬유) 산업과 같은 먹고 입는 산업이 주로 발전하였다.
  - 외국 원조는 공업구조의 파행성과 대외의존성을 심화시켰다.
  - 외국의 원조나 대출자금의 융자가 공정한 기준하에서 중소기업을 포함한 모든 기업에 고루 이루어지지 않고 소수의 특정 기업에 집중됨으로써 기업의 집중, 산업의 과점화 현상이 나타났다.(독점자본 현상, 경제적 비효율 확대)
  - 1957년을 고비로 원조 규모가 축소되면서 경제 성장이 둔화되었고, 국제수지 불균형도 확대되었다.

③ 1960년대의 한국경제
  ㉠ 경제개발계획의 착수
    • 1960년대에는 박정희 정부가 실시한 1, 2차 경제개발 5개년 계획에 의거하여 경제 성장의 발판이 마련되었다.
    • 민족주의에 대한 주장이 일반화되었으며, 원조액의 감소로 인한 대내외적 조건이 복합적으로 작용하여 4개년 계획이 착수되었다.
    • 경제성장에 필요한 재원을 마련하기 위해 한일 협정의 체결, 베트남 전쟁 파병 등 국민의 희생도 있었지만 경공업 중심의 산업이 발달하게 되었다. 그리고 서울과 부산을 잇는 경부고속국도가 만들어지면서 물자 유통이 활발해졌다.
  ㉡ 1960년대의 경제개발계획과 경제성과
    • 1960년대에는 본격적인 정부주도의 성장전략을 추구하고 추진된 제1·2차 경제개발계획의 이데올로기는 탈빈곤을 통한 조국근대화라고 할 수 있다.
    • 1960년대의 개발 성과는 한마디로 수출지향적 공업화 정책의 결과였다. 1960년대는 정부주도하에 국가기간산업과 사회간접자본을 건설하고 급진적인 공업화와 급격한 수출 증대를 이룩하여 공업국과 수출입국의 기틀을 마련한 기간이었다.
  ㉢ 1960년대 경제개발의 한계와 문제점
    • 정부의 공업중심의 불균형 개발전략으로 인하여 급격한 공업화는 이루었지만 농업부문의 저성장으로 만성적인 식량부족상태를 유발하였고, 농업의 역할이 제대로 수행되지 못하였다.
    • 수출산업 및 중화학공업 같은 특정 부문을 집중 지원하기 위해 금융억압, 높은 수입장벽, 독과점 보장 등의 수단을 동원하였다.
    • 지속적인 고도성장의 추구와 규모의 경제는 대기업을 지나치게 육성하고 상대적으로 중소기업을 낙후시켜 우리 경제의 이중구조를 더욱 심화시켰다.
    • 급격한 외형적인 성장은 이룩했으나 외자의존형 성장구조였기 때문에 국제수지상의 어려움을 초래하였고, 외자도입을 둘러싼 각종 비리도 초래하였다.
    • 이로써 중화학공업의 과잉투자, 재벌의 경제력 집중, 노동 운동의 탄압이라는 부작용을 낳게 되었다.
    • 산업구조가 고도화되었지만 대외의존형 산업구조였다.
④ 1970년대 한국경제
  ㉠ 1970년대의 사회경제적 환경
    • 1970년대의 국내외적인 여건변화는 대외적으로 '닉슨 독트린'에 의해 주한미

군의 일부 철수가 있었으며, 대내적으로는 유신체제가 선포되어 반민주적인 권위주의체제가 형성되었다.
- 중화학공업의 무리한 진행은 그 후 장기적으로는 여러 면에서 긍정적인 효과를 나타냈으나 계획 기간 중에는 재정적자, 통화증발, 총수요의 확대, 각 산업의 생산성 정체로 인한 인플레이션과 임금의 급속한 상승 등으로 기업의 수출경쟁력을 약화시키고 국제수지도 악화시키는 등 많은 문제점을 발생시킨 원인으로 작용하였다.
- 1960년대의 사업성과: 산업단지, 고속도로 건설, 베트남 파병, 발전소 건설 등이 있다.

ⓒ 1970년대의 경제개발계획과 경제성과
- 1970년대에 들어오면서 국제 금융질서의 불안정, 석유파동 및 보호무역주의의 대두 등 국제 경제 질서가 한국에 불리하게 전개되었다.
- 경제개발계획이 성장 위주로 치우침에 따라 소득분배가 악화되는 경향을 보였고, 국민의 기본 수요 충족과 생활편의시설도 미흡하였기 때문에 형평의 증진을 위한 사회개발도 추진하였다.

ⓒ 1970년대 경제개발계획의 내용
- 제3차 계획(1972~1976년)
  - 계획의 목표는 성장·안정·균형의 조화, 자립적 경제구조 실현, 지역개발의 균형
  - 기본 방향은 주곡의 자급화, 농어촌 생활환경 개선, 중화학공업 건설로 공업의 고도화, 과학기술 향상과 인력개발, 사회간접자본의 균형적 확대, 국토자원의 효율적 개발사업 및 인구적정분산
  - 공업화 기조: 수출주도형 중화학공업 건설, 석유파동의 극복(1973)
- 제4차 계획(1977~1981년): 성장·형평·능률, 자력 성장 구조 실현, 사회개발 촉진, 기술혁신과 능률향상이 목표이다.
  - 투자재원의 자력 조달, 국제수지 균형의 달성, 산업구조의 개편과 고도화, 새마을사업 확대, 과학기술투자의 확대, 경제운영과 제도개선이 기본방향이다.
  - 기술·고용 집약 공업 개발이 공업화 기조이다.
  - 100억달러 수출달성(1977), 2차 석유파동 극복(1978)

ⓔ 1970년대 경제개발의 한계와 문제점
- 자본과 기술 축적이 부족한 가운데 급속한 중화학 공업화의 추진과 무리한 성장 위주 정책으로 말미암아 한국경제는 자원배분상에서 여러 부작용을 발생시키게 되었다.
- 정부의 높은 투융자로 인한 재정인플레이션과 석유파동으로 인한 국제원자재 가격의 상승 등의 이유로 불황 속의 높은 인플레 현상을 유발하였다.
- 대기업에의 경제력 집중의 심화 현상이 계속되었다.
- 국제수지가 악화되고 외채가 누증되었다.
- 국제경쟁력이 악화되었다.
- 한국경제는 개발 초기부터 '선성장·후분배 정책'으로 일관하여 온 나머지 1970년대 후반에 이르러서는 여러 분야에서 불균형 현상이 일어났다.
- 정부는 지속적 경제 성장과 수출 촉진을 위해 기업이 생산 단가를 낮추도록 해야 했고 이는 임금 상승의 억제로 이어졌다. 결과적으로 노동자들은 낮은 임금의 장시간 노동에 시달려야 했고 공장 노동자들의 근로조건이 특히 열악했고 이에 따라 재정적으로 불리한 위치에 놓일 수밖에 없었다.

⑤ 1980년대의 한국경제
㉠ 1980년대의 사회경제적 환경
- 1980년대 경제개발계획에서는 복지국가, 정의사회의 구현을 목표로, 개발계획의 명칭도 '경제사회발전 5개년 계획'으로 변경하는 등 개발목표와 개발전략을 수정하였다.
- 성장 위주의 경제 정책을 안정 위주의 정책으로 전환하였고, 1970년대에 심화된 경제위기를 해결하기 위해 중화학공업의 구조조정을 시작하고 산업합리화를 실시하였다.
- 1980년대 중반 3저 현상(저유가, 저금리, 저환율)으로 한국경제는 내재적 모순을 정리하기도 전에 외생적 여건에 의해 새로운 호황기를 누릴 수 있었다.

㉡ 1980년대의 경제사회발전계획과 성과: 국제적으로 3저 현상을 비롯한 대외여건의 호전과 국내에서도 재정·금융 면에 있어서의 긴축이 주효하여 인플레도 수습되어 안정적 적정 성장을 이룩하였다.

㉢ 1980년대 경제사회발전의 한계와 문제점
- 공업화의 추진에만 집중한 나머지 도·농간의 연계성 강화 내지 산업간 연관성의 제고를 제대로 실현하지 못하였다.
- 외환위기로 인한 외국 금융 자본의 한국 금융 투자의 감소는 한국의 경상수

지 적자와 기업들의 경상이익 악화로 인해 극도로 취약해진 한국 경제에 외환수요와 기업 대출 수요를 폭증시켰고, 이는 다시 외국 금융 자본의 투자감소를 불러왔다.
- 질이 아닌 양적 체제의 확립을 통한 수출 증대의 추진은 경제력 집중 내지 독과점화, 바꾸어 말하면 중소기업의 상대적 위축을 촉진시켰다.
- 농업과 중소기업의 상대적 위축은 농·공간, 규모간, 계층간의 소득격차를 확대시켰고, 농촌으로부터의 인구유출은 도시 지역에서는 노동 조건과 취업구조상의 문제를, 농촌지역에서는 인력부족 현상과 그에 따른 많은 사회적인 문제들을 발생시켰다.
- 근로자의 임금격차는 다소 완화되었지만 분배의 형평성이나 각 영역에 있어서 불평등을 축소시키기 위한 대책은 여전히 미흡한 통제하에 금융 자율화는 국내 외국 자본 의존도를 지나치게 증가시켜 1990년대 말 외환위기의 원인으로 작용하였다. 경제 정의의 실천이라는 문제는 계속 남게 되었다.

⑥ 1990년대의 한국경제

㉠ 1990년대 경제사회 여건과 발전계획: 1993년 새정부가 들어서면서 신경제 5개년 계획(1993~1997)을 발표했다. 신경제는 지난 30년 동안 권위주의 체제 아래서 정부의 지시와 통제에 의해 이루어진 경제운용 형태를 벗어나 정부와 민간이 모두 참여하여 함께 만들어 가는 경제를 뜻한다.

㉡ 1990년대 신경제 5개년 계획의 기본골격
- 국민들의 참여와 창의를 유발시키기 위한 것으로, 정부 규제의 완화와 공정한 경제질서의 구축을 목표로 삼고 있으며 재정, 금융, 행정규제, 의식개혁 등을 개혁 대상으로 삼고 있다.
- 경제시책: 성장잠재력의 강화, 국제시장 기반의 확충, 국민생활여건의 개선 등

㉢ 장기 경제발전 구상의 제시와 IMF 위기
- 정부는 경제사회발전 5개년 계획 대신에 장기발전계획을 담은 '신경제 장기구상'을 마련하기로 하였는데, 이는 복지, 형평, 환경 등 장기적 안목에서 접근해야 할 주요사업으로 등장했다.
- 전격적인 금융실명제 실시를 시작으로 금융 정책이 변화하였고 개방화의 영향으로 외국기업의 진출이 크게 늘면서 국내기업들은 무한경쟁 시대를 맞이하게 되었다. 이런 상황에서 대기업들의 연쇄부도로 국내 금융기관들의 부실채권이 급증하면서 금융기관들이 부실화되고 이에 따라 대외신임도가 추락하면서 해외차입이 불가능해지자 외환수요가 급증하여 달러에 대한 원화가치가

폭락하면서 1997년 결국 IMF 구제금융을 받게 된다.
- 구조 조정(부실 기업의 퇴출 및 인력 감축), 외국 자본 유치(국제통화기금 등 외자 유치), 국민들의 금 모으기 운동 등을 통해 위기를 극복하게 되었다.

⑦ 2000년대 이후의 한국경제
　㉠ 외환위기 극복 과정에서 기업 부문의 구조조정이 정부 주도로 강도 높게 진행되었으며, 경제회복·기업구조조정 등에 따라 기업의 재무구조와 경영성과가 개선되었다. 기업부문의 구조조정은 기업퇴출, 재무구조 개선작업(워크아웃), 대규모 사업교환(빅딜) 등의 다양한 형태로 진행되었다. 구조조정 과정에서 기업의 투명성을 높이고 기업지배구조를 개선하는 조치도 이루어졌다.
　㉡ 1980년에만 해도 우리나라의 1인당 소득 수준은 세계 50위권에 불과했다. 그러나 우리나라는 고도성장에 힘입어 1990년에 40위권으로 진입한 데 이어 2000년 이후에는 세계 30위권으로 올라설 정도로 1인당 소득 수준이 높아졌다. 이에 따라 우리나라는 경제협력개발기구(OECD) 산하 개발 원조 위원회에 가입함으로써 50여년간 원조를 받아온 국가에서 원조하는 국가로 전환하였으며, 선진국 대열에 합류하였다. 이후 한국경제는 2019년 기준 전세계 국내총생산(GDP) 순위가 12위였다. 1인당 국민소득은 2만 달러가 넘는다.

(3) 경제 현실과 가계의 역할

① 1962년부터 시작된 경제개발 계획은 당초에 과욕적이라고 평가되었던 경제 성장, 수출 등에 있어서 계획목표를 훨씬 초과 달성하여 눈부신 고도성장과 수출신장을 이룩하였다.
② 가계는 소비와 저축의 양면에서 생산활동을 좌우하는 힘을 가지고 있다. 경제발전은 생산확대가 얼마나 크고 빠르냐에 따라 영향을 받으며, 생산확대에 결정적인 영향을 주는 것이 소비 시장인데, 소비 시장을 지배하는 것이 가계이므로 가계는 소비를 통해서 생산확대에 직접적인 영향을 준다.
③ 생산확대에는 자본이 필요하다. 이 자본은 저축으로 마련되며, 이 저축을 좌우하는 것이 가계이다. 즉, 가계에서의 저축이 자본 동원의 근본이 된다. 저축은 은행 예금이든 다른 형태의 것이든 간에 기업이 돈을 빌려 갈 수 있는 곳에 맡겨질 때 자본 동원이 되며, 이때 생산활동은 확대될 수 있다.

제6장 가정경제

01 가정경제학의 기초 이론: 예상 문제

01 한국경제의 재건기에 외국 원조가 우리경제에 미친 영향으로 거리가 먼 것은?

① 경제 성장의 기반이 되는 생산력 증가에 커다란 기여를 했다.
② 미국의 잉여 농산물을 과잉 도입해 한국의 농업을 침체시켰다.
③ 공업구조의 파행성과 대외 의존성을 심화시켰다.
④ 특정 소속기업에 자금이 집중되어 산업의 과점화 현상이 나타났다.

정답 ①
해설 외국의 원조는 상업부문을 비대하게 만들었을 뿐 경제성장의 기반이 되는 생산력을 증가시키지는 못했다.

02 다음 중 한국경제의 근대화 과정에 대한 설명으로 옳은 것은?

① 1945~1961년의 근대화 과정은 혼란기, 동란기, 복구 안정기로 나눌 수 있다.
② 1945~1949년의 기간에는 일본경제와의 단절로 인하여 생산이 위축되었으며, 남한과 북한의 양단으로 경제적 충격과 사회적 혼란이 있었다.
③ 해방이후 5·16 이전의 기간에 재정·금융을 비롯하여 교통·통신 등의 분야에 있어서 서구의 근대 문명이 완전히 이식되었다.
④ 외국의 원조는 전쟁피해를 복구하지 못했고, 인플레이션을 더 조장하였다.

정답 ②
해설 1945~1949년 한국경제: 해방 직후 일본의 식민지 경제로부터 벗어난 시기로서 경제구조는 후진국을 면치 못하였다. 일본경제와의 단절로 인하여 생산이 위축되었으며, 남한과 북한의 양단으로 경제적 충격과 사회적 혼란이 있었다.

03 제2차 경제개발 5개년 계획 기간으로 알맞은 것은?

① 1957~1961년 ② 1962~1966년
③ 1967~1971년 ④ 1977~1981년

정답 ③
해설 경제개발 5개년 계획
- 1차 1962~1966년
- 2차 1967~1971년
- 3차 1972~1976년
- 4차 1977~1981년
- 5차 1982~1986년
- 6차 1987~1991년

제6장. 가정경제 **183**

04 다음 중 경제개발 제3차 계획의 목표는 무엇인가?

① 성장·형평·능률화의 조화   ② 기술혁신과 능률 향상
③ 지역개발의 균형   ④ 사회개발 촉진

정답 ②
해설 경제발전 3차 계획의 목표: 성장·안정·능률의 조화, 자립적 경제구조 실현, 지역개발 균형

05 다음 중 1980년대의 3저 현상에 포함 될 수 없는 것은?

① 저유가   ② 저금리
③ 저물가   ④ 저환율

정답 ③
해설 1980년 3저 현상은 저유가, 저금리, 저환율이다.

06 다음 중 근대화의 개념에 대해 쓰시오.

정답 일반적으로 근대화는 단순한 공업화나 경제개발을 의미하는 것은 아니고 정치, 경제, 사회, 문화적인 영역에 있어 총체적인 변화로서의 내용을 지닌다. 이는 전근대적인 규제로부터 생산력을 해방하는 사회변혁의 과정이다.

07 생산요소시장과 생산물시장의 조정자의 역할을 수행과 생산요소시장과 생산물 시장에서 소비와 공급의 주체가 되는 것을 무엇이라 하는가?

정답 가계
해설 소비주체로서 생산요소시장에서 생산요소인 노동과 자본을 공급한다. 생산요소시장에서 생산요소의 공급 대가로 소득을 획득한다. 생산물 시장에서 생산자가 생산한 재화를 구매해서 소비를 충족시킨다.

02 가계경제의 구조

제6장 가정경제

1. 가계의 소득과 소비

1) 가계소득

(1) 가계소득의 개념

① 가계소득의 의미로는 일정 기간에 가계에 들어오는 화폐, 재화, 서비스와 이를 통해 얻어지는 만족감까지를 포함하는 가계의 순자산(순가치)을 증가시키는 화폐가치를 포함하는 개념이다.

② 가계소득과 가계수입의 구별
　㉠ 가계수입은 소득보다 광범위한 개념으로 일정한 기간 내에 가계경제에 들어오는 모든 화폐가치의 총체를 의미한다. 여기에는 소득 이외에도 저금인출금, 부채, 재산, 매각대금 등이 포함된다.
　㉡ 가계소득은 가계의 목표를 달성하는 데 필요한 가장 기본적인 투입 요소 중의 하나로서 가계가 소유하고 있는 노동력과 재산의 종류 및 양, 질적 수준의 영향을 받으며, 가족의 욕망충족도와 노동력의 재생산에 영향을 미친다.

(2) 가계소득 유형

① 화폐소득, 실소득, 심리적소득
　㉠ 화폐소득: 일정 기간 내 가계에 취득한 화폐의 총가치를 말하는 것으로, 근로소득, 저축이자배당금, 투자수익, 임대료, 지대, 보험금, 사회보장 수혜, 기타 화폐보조금 등으로 받는다.
　㉡ 실소득
　　● 가계가 일정 기간에 획득하여 가족의 만족을 충족시키는 데 사용할 수 있는 재화와 용역의 유량(flow)을 말한다.
　　● 실소득은 일정한 시기에 여러 가계들의 경제적 복지를 비교하거나 한 가계의 연도에 따른 비교를 할 때 화폐소득보다 더 정확한 기준이 된다.
　　● 개인의 의사에 따라 마음대로 쓸 수 있는 소득. 한 해의 개인 소득에서 세금을 빼고 그 전해의 이전(移轉) 소득을 합한 것으로, 소비와 구매력의 원천이 된다.

ⓒ 심리적소득: 일정 기간 동안 가족원이 얻는 만족감으로 가계의 궁극적 목적은 심리적 소득을 극대화하는 것이다. 생활에서 가족원이 얻는 만족의 유량이다. 예 보수나 특별급여 등이 적은데도 어떤 직업을 좋아하는지, 아파트에 비해 관리유지에 비용이 많이 드는데도 단독주택을 선호하는 것. 만족감은 주관적이기 때문에 심리적 소득도 객관적으로 측정하는 데 어려움이 많아 소득의 개념으로는 다루지 않는다.

② 근로소득, 재산소득, 사업소득, 이전소득: 소득 원천에 따른 분류
  ㉠ 근로소득
    가족이 정신적 육체적 노동력을 제공하고 그 대가로 얻는 소득이다. 근로소득은 노동을 제공한 사람이 노동을 구입한 사람으로부터 받는 보수이다. 근로소득은 노동에 대한 필요가 계속되고, 노동력이 계속 되는 한 지속적으로 얻을 수 있다. 근로자의 질병, 사고 등으로 감소될 수 있으며, 노동력이 상실되거나 해고되면 소득이 없어지는 불안정한 면이 있다.
  ㉡ 재산소득
    가계가 소유하고 있는 화폐, 토지, 건물 등의 재화를 생산자본으로 제공하고 그 대가로 받는 것을 말하며 이는 이자, 지대, 집세, 배당금 등의 형태로 가계에 들어온다.
  ㉢ 사업소득
    • 가계가 자본과 노동력을 결합하여 생산활동을 유지하고 얻은 이윤으로 노동력의 대가라는 점에서 근로소득과 비슷하며, 자기자본이나 토지를 이용한 대가라는 점에서는 재산소득과 비슷한 점을 가지고 있다. 노동의 생산요소를 결합하여 기업가가 생산활동을 통해서 얻는 소득을 사업소득 또는 이윤이라고 한다.
    • 기업가의 역량, 생산요소의 성질, 경제변동 등에 따라 이윤을 막대하게 얻을 수도 있지만 반대로 실패하였을 때는 이윤이 적을 뿐 아니라 자본금까지 상실하는 손해를 볼 수도 있다.
  ㉣ 이자소득
    아무런 대가 없이 일방적으로 주어지는 소득으로, 빈곤층이나 원호대상자에 대한 정부의 보조, 연금 등의 공적 이전소득과 상속이나 증여 등의 사적 이전 소득이 있다.

③ 개인소득, 가처분소득
  ㉠ 국민총생산액(Gross National Products: GNP): 한 국가의 국민이 일정한 기간(1년) 동안 국민들에 의해 생산된 최종 생산물의 시장가치의 총합을 의미한다.

ⓒ 국민순생산액(Net national Products: NNP): 국민총생산액에서 시설 등 자본재(생산기계, 시설)에 대한 감가상각비(총고정자본 감소분)를 제외한 것으로, 국민경제의 모든 생산 과정에서 창출되는 순부가가치의 합계와 일치한다.
- 감가상각비란 경제적 활동을 할 때 드는 비용 중, 생산량과는 관련이 없이 매 시점마다 고정적으로 소요되는 비용을 말한다. 예 제품을 생산할 때 사용되는 기계비용이나 사택, 가계, 공장 등으로 활용할 공간의 월세 혹은 인건비 등
- 국민 순생산 지표는 국민 총생산지표보다 경제적 성과를 더 정확히 보여 주지만 감가상각비의 일치가 어렵기 때문에 GNP와 GDP가 더 자주 사용된다.

> NNP = GNP – 감가상각비

ⓒ 국민소득(National Income: NI): 국민소득은 국민이 벌어들인 총소득으로서 한 국가 국민이 소비와 후생에 절대적인 영향을 미친다. 국민순생산액에서 간접세를 빼고 보조비를 더한 것이다.

> NI = NNP – 간접세 + 보조금

ⓔ 개인소득(Personal Income: PI): 생산요소를 제공한 사람들에게 그들이 제공한 생산요소의 질과 양에 따라 각각 그에 상응하는 대가로 지불되는 소득이다.

> PI = NI – 법인세 – 사내유보이윤 + 정부 및 기업으로부터의 이전지출

ⓜ 가처분소득(Disposable Income: DI): 국민소득 중 가계가 임의로 처분이 가능한 소득을 말한다. 가계가 일정 기간 획득한 소득 중 각종 세금과 개인의 이자지급 등 세외 부담을 제외하고 사회보장금이나 연금과 같은 이전소득을 더한 것으로, 언제든지 자유롭게 소비나 저축에 사용할 수 있는 소득을 의미한다. 개인소득에서 직접세를 제외하고 비교적 자유롭게 사용할 수 있는 소득이다.

> DI = PI – 개인소득세

④ **경상소득, 임시소득**

㉠ 경상소득은 가계 구성원이 근로제공의 대가로 받은 근로소득, 자영사업으로부터의 사업소득, 자산으로부터 이자·배당금 등의 재산소득, 정부나 다른 가구, 비영리단체 등으로부터 이전되는 이전소득 등 정기적으로 가계가 벌어들이는 소득이다. 가계경제의 운영은 이 경상소득을 기초로 이루어져야 한다. 비 경상소득은 일시적인 요인에 의해 발생되는데 퇴직금이나 손해보험금, 경조사로 인한 경조

금, 일시적인 정부의 보상금에 해당된다.

ⓒ 임시소득은 정기적으로 예견되지 않은 일시적인 소득을 말한다. 소득 중에서 각종 상금, 수증금품 또는 재산매매 가격차, 상여금 등과 같이 특별한 사정으로 임시적으로 들어오는 소득으로 전혀 예상할 수 없거나 어느 정도 예상이나 기대가 가능하다.

⑤ 명목소득, 실질소득

ⓐ 명목소득은 화폐금액으로 표시한 소득으로 물가 수준에 따른 실질구매력을 고려하지 않고 소득을 화폐의 액면가치 그대로 나타낸 것으로, 물가변동에 따라 그 구매력이 달라지므로 연도에 따른 소득 비교 시 명목소득은 의미가 없게 된다. 명목소득은 그 해의 가격으로 나타낸 것으로 생산물의 수량이 늘어날 때뿐만 아니라 물가가 오를 경우도 커지게 된다.

ⓒ 실질소득은 명목소득을 소비자 물가지수(CPI: Consumer Price Index)로 나누어 100을 곱한 값이다. 물가상승에 따른 화폐가치의 하락을 조정한 것이 실질소득으로, 재화나 서비스의 구매력으로 평가한 소득이다. 이것은 물가상승률을 감안한 소득이다. 실질소득은 가격이 일정하다고 전제하고 생산물의 수량의 변동만을 보기 위한 것으로서 어떤 한 해의 가격을 매년 똑같이 적용하므로 물가가 올라도 생산량이 늘어나지 않는다. 실질소득 감소요인으로는 인플레이션, 유가급등, 환율변화, 물가상승 등이 있다.

⑥ 직접소득, 간접소득

ⓐ 직접소득(후생소득)은 사회의 생산활동 또는 영리사업에 직접 참여하여 그 이익을 분배받는 것이다.

ⓒ 간접소득(파생소득)은 생산활동과 영리사업에 직접 참여하지 않고 생산과 영리의 간접적 분배를 받는 것이다.

⑦ 계약소득, 강제소득

ⓐ 계약소득은 법률상으로는 계약자 상호간의 의사에 의하여 조건을 결정하는 것으로, 대부분의 경우 실제로는 노동자가 불리한 입장이다.

ⓒ 강제소득은 소득액이 법률로 규정된 것으로서 개인의 능력이나 경제상황에 따라 일시적으로 변경할 수 없는 소득이다. 예 공무원의 월급, 연금

(3) 가계소득에 영향을 주는 요인

① **직업**: 소득을 극대화하기 위해 높은 소득이 보장되는 직업을 갖고 싶어하나, 실제적으로 여러가지 제약(예를 들어 낮은 교육 수준, 경험부족 등)으로 직업을 바꾸기가 어렵다. 직업으로 인해 소비행동에 비슷한 기대감을 가지고 있는 특정 준거집단과

접촉하게 되면 가계생산을 할 수 있는 시간에 영향을 받으므로 직업은 소비선호, 소비자 선택, 소비지출 패턴에 영향을 준다.

② **교육 수준**: 소비선호나 소비지출형태 등에 많은 영향을 준다. 교육 수준이 높을수록 인적 자본의 질도 높아져 근로소득도 증가한다. 인적 자본은 교육이나 훈련을 받지 못한 사람은 수행할 수 없는 용역을 제공할 수 있게 하는 교육이나 훈련을 말한다.

③ **연령과 경험**: 자신의 직업을 성인 초기에 결정하며, 직업을 바꾼다고 하더라도 이제까지의 직업경험을 고려해서 비슷한 직업이나 관련된 직업을 선택하게 된다. 따라서 소득은 연령만이 아니라 근무경험 또한 근로소득을 결정하는 요인 중의 하나이다.

④ **자산**: 개인이 가지고 있는 여러 형태의 자산, 예를 들면 부동산, 주식, 현금 등이 많으면 많을수록 소득도 많아진다. 소득과 자산은 밀접한 관련을 가지고 있다.

⑤ **지역**: 가계가 거주하는 지역에 따라 경험하는 자연적 또는 인위적 환경 요인이 다르며 이러한 환경적 요인은 소비에 영향을 준다. 대체로 대도시 거주자들은 소도시나 농촌거주자보다 소득 수준이 높다. 거주지가 소득에 미치는 영향은 도시화의 정도, 경제발전 및 생활비의 차이 등이다.

⑥ **기타**: 성별이나 인종, 종교 등에 의한 차별도 소득 수준에 영향을 준다.

(4) 가계소득의 합리화

① 가계소득의 바람직한 상태는 안정과 여유이다. 안정을 위해서는 고정소득이 중요한 의미를 가진다. 그러나 일반적으로 재산소득에 비해서는 불안정하다.

② 근로소득으로 생활하는 가정에서는 소득취득자의 학식, 기술, 숙련도, 건강, 외부의 고용사정 등에 따라서 가계의 소득이 영향을 받게 된다.

③ 경제생활을 불안정하게 만드는 요인도 주위에 항상 존재한다. 그러므로 소득의 안정도를 높이기 위해서는 위험분산주의 원리를 소득의 원천에 응용하는 것이 바람직하다.

2. 가계소비

1) 소비의 정의

(1) 일반적으로 재화나 서비스를 사용하는 것으로 정의하고 있다. 가계경제에서도 소비는 가족의 욕구를 충족시키기 위한 직접적인 재화나 서비스를 이용하는 것을 뜻한다. 한 가구를 형성하는 가족이 경제활동을 하는데 지출하는 금액의 총합이다. 가계의 생산행동이 경제적 복지를 위한 자원인 소득을 획득해 가는 행동 영역이라면, 가

계의 소비 행동은 획득한 소득을 주 근거로 그 가계가 추구하는 욕구를 충족함으로써 궁극적 목표인 경제적 복지를 실현해 가는 영역이다.

(2) 가계소비는 가계경제뿐 아니라 국민경제에도 큰 영향을 미치게 되어, 가계소비가 건전하고 합리적인 소비가 되지 못하고 사치스러우며 불합리한 방향으로 나아간다면 국민경제의 발전을 저해하게 된다.

(3) 광의의 가계소비: 생산된 재화 용역 획득, 사용, 처분을 통해 인간의 욕구, 욕망을 충족시켜 만족감을 얻는 경제 행위이다. 개별 가계에서 이루어진 소비는 해당 가구 구성원에만 영향을 주는 것이 아니라 국민경제 전체에도 영향을 준다.

2) 가계소비의 측정

(1) 구매(혹은 지출)와 획득, 사용

① 구매(혹은 지출): 구매는 화폐를 주고 재화나 용역을 취득하는 것이며, 지출이란 재화와 용역을 취득하기 위해 화폐를 사용하는 것으로 초점은 다르나 같은 소비행동을 지칭하는 개념이며, 쉽게 측정할 수 있다.

② 획득: 시장거래 + 가계나 지역사회 등 비시장에서 얻은 재화나 용역을 포함한다. 가장 광범위한 개념으로 시장에서 구매한 것 이외에도 가계생산이나 특별급여, 사회에서 제공하는 공공재의 사용 등을 통해서 얻어진다. 사회에서 제공되는 공공재의 사용과 복리후생비와 같이 고용된 사람에게 제공되는 혜택, 가계생산에 의한 최종 생산물도 포함하는 개념으로 실질소득이다.

(2) 사용

사용이란 가계에서 재화나 서비스를 목적에 맞게 활용하는 것으로서, 일정 기간 동안 사용된 재화나 서비스의 양과 구매 또는 획득된 양이 반드시 일치하지 않을 수 있다.

① 시기의 문제: 재화와 용역을 구매, 획득하는 시기와 가계가 그것을 사용하는 시기가 다를 수 있으며, 내구재일 경우에 더 심각한데, 이는 내구재의 사용상의 특성 때문이다.

② 획득한 재화와 용역의 사용자 문제: 가계가 획득한 재화와 용역 모두를 그 가계 구성원을 위해 사용하지 않을 수 있기 때문에 발생한다.

3) 가계지출의 종류

(1) 경상지출과 임시지출

① 경상지출: 매 회계기에 의무적이고, 정기적으로 소비되는 지출이다. 예 건물 임차

료, 식료품비, 주거비, 광열비 등

② 임시지출: 뜻하지 않은 일로 갑자기 지출되거나 어느 정도 예상할 수 있는 일로서, 규칙적으로 지출되지 않는 것을 임시지출이라고 한다. 예 재산세, 회비, 수업료, 의료비, 관혼상제비, 방문·위문 또는 손님접대비, 의류구입 및 가구구입비 등

(2) **실지출 및 실지출 외의 지출**

① 실지출: 재화나 서비스의 구입을 위해서 화폐를 지불하여 가계의 순재산액을 감소시키는 것이다. 예 가계 경제 대부분 지출

② 실지출 외의 지출: 화폐가 지출되었거나 재산의 형태가 변화하는 것(예 토지구입, 가옥구입, 투자, 저축)이거나 순 재산액의 감소 (예 대여금, 차입금 상환 등)가 없는 것을 말한다.

(3) **소비지출과 비소비지출**

① 소비지출(고정지출): 매달 같은 수준의 금액이 지출되는 부분을 의미한다. 가족의 생계를 위한 재화와 서비스를 구입하는 데 직접 소비되는 것이다. 예 피복비, 주거비, 광열비, 잡비 등

② 비소비지출: 간접적으로 투자되어 다시 사용하는 것으로 가족의 생계 및 활동을 위해서 직접 소비되지 않는 지출을 뜻한다. 예 벌금, 과태료, 소득세, 도난, 분실, 도박, 적십자회비 등

(4) **정액지출과 부정액지출**

① 정액지출(고정지출): 최초의 계약 또는 규정에 따라 미리 그 지출 금액이 정해져 가계관리자가 임의로 그 금액을 변경할 수 없는 것이다. 예 집세, 지대, 세금, 회비, 수업료 등

② 부정액지출(임의지출): 지출 금액이 고정되어 있지 않고 가계관리자의 의도에 따라 소비량을 가감함으로써 지출 금액에 변동이 생길 수 있는 것이다. 가계관리에서 문제가 생기며, 관리에 따라 가계지출의 합리화가 이루어진다. 예 식료품비, 피복비, 교제비, 교양오락비 등

4) 가계지출비목

(1) **소비지출비목 분류**

① 품목별 분류 방법: 품목별 분류(지출 목적과는 관계없이 동일한 상품은 동일한 비목으로 분류하는 방법으로 거시적인 소비량추계 사용, 통계청 전국도시가계조사)를 추계할 때 사용된다.

② 용도별 분류: 구입한 상품을 그 사용하는 목적에 따라 분류하는 방법으로 보통 가계를 분석하는 데 사용된다(미시적 가계분석에 유용).

(2) 가계지출비목

① 식료품비: 주식비, 부식비, 조미료비, 기호품비, 외식비 등이다.
- 식료품비는 가족의 건강 및 노동력의 재생산과 직결되어 있으므로 인간생활에 기본적이고 긴요한 비목이다.
- 가족수가 증가할수록 음식물비는 증가하는데, 이때 1인당 비용은 감소한다.

지수	생활 수준(경제상태)	지수	생활 수준(경제상태)
20%	상류생활	40%	다소 위안할 수 있는 생활
25%	여유있는 생활	45%	다소 건강을 유지할 수 있는 생활
30%	다소 여유있는 생활	50%	겨우 생존 가능한 생활
35%	위안할 수 있는 생활	55%	한계 이하의 생활

② 주거비: 주거비는 집세, 지대, 주택수리 및 설비비, 수도 및 전기 시설비, 광열기구, 세탁용구, 기타 주택 유지에 사용하는 비용을 의미한다.

③ 광열·수도비: 생계비 지출 중에서 차지하는 비율이 가장 낮으나 그 필요성에 있어서는 식료품비 다음 가는 비목이다. 우리나라의 경우 이 비용은 계절적으로 영향을 받는 것이 특징이다.

④ 가구집기·가사용품비: 가구집기나 가사용품, 가전제품 등의 내구재 구입 및 수선·유지에 사용하는 비목이다. 이들은 가정의 생활방식에 큰 영향을 받으며, 소득에 따라 그 지출 비율이 점차 증가하는 경향이 있다.

⑤ 피복·신발비: 의류, 침구류, 신발을 포함한 장신구 및 세탁, 수선에 사용되는 일체의 비용이다.

⑥ 보건의료비: 의약품, 보건의료용품기구 및 보건의료서비스로 나눌 수 있다. 노동력을 소득의 원천으로 하는 근로자 가계에서 예비비의 성질로 준비해 둔다.

⑦ 교육비: 공납금, 기성회비, 교과서 대금, 교복비, 참고서 대금, 수학여행비, 학교 기부금, 졸업비, 학용품비, 과외수업비 등 교육을 위해 사용되는 일체의 비용이다.

⑧ 교양·오락비
- 신문, 잡지, 각종 교양서적, TV시청, 영화·연극 관람, 관광, 음악회의 입장료, 소풍, 해수욕, 등산, 낚시 등과 각종 오락기구·운동기구의 구입 등에 사용되는 비용이다.

- 가족의 단란을 도모하게 할 뿐 아니라 가족 구성원의 교양을 높이고 정신적·육체적 피로를 회복시켜 노동의 질을 높이는 데 효과가 있다.
⑨ 교통·통신비: 각종 교통비, 전화요금, 우편요금, 운송비 등
⑩ 기타 소비지출: 교제비, 축의금, 가사운영을 위한 지출 잡비(예 파출부 월급 등) 등이다.

5) 가계소비에 영향을 주는 요인

(1) 가계특성

① 소득을 포함한 경제적 요인
- 가계소비의 선택은 구매에 사용할 수 있는 소득액과 소득 특성의 영향을 받는다. 소비는 소득에 따라 결정되는 소득의 함수이지만 그 소득이 현재소득인지 과거소득인지, 아니면 미래소득인지에 대해서는 논란이 많다.
- 절대소득이란 일정 기간에 가계가 얻는 현재의 소득을 말하고, 상대소득은 과거의 소득이나 준거집단의 평균소득에 대한 상대적 소득을 의미한다. 반면, 가계가 미래에 일정 기간에 받게 될 것이라고 기대하는 평균소득이 항상소득이다. 평생소득은 한 가계가 평생동안 벌어들일 것으로 전망하는 소득의 총합이다.

② 가계선호요인
  가계선호란 가계의 소비 요구에 영향을 주는 가계 특성과 시간에 대한 선호를 나타내주는 특성으로, 일반적으로 사회인구학적 요인을 포함한다. 예 가족수가 증가하면 소비지출을 더 많이 해야 하며, 연령이 변화하면 소비지출 요구도 변화한다. 그 밖에 직업유형과 거주지역도 영향을 준다.

(2) 외적 환경요인

① 가격
- 일반적으로 재화의 가격이 상승하면 소비량은 감소하고 가격이 내리면 소비량이 증가하는데, 이를 수요의 법칙이라 한다. 그러나 가격이 소비에 미치는 영향은 재화와 용역에 따라 차이가 있다.
- 가격탄력성은 어떤 상품의 가격이 1% 변했을 때 소비량(수요량)이 몇 퍼센트 변하는가를 수치로 나타낸 것이다. 가격탄력성이 1이라면 그 상품의 가격이 1% 오르거나 내리면 소비량이 1% 감소하거나 증가하는 것을 의미한다.
- 가격탄력성이 1보다 큰 재화의 수요는 탄력적이라 하고, 1보다 작은 재화의 수요는 비탄력적이라고 한다. 가격탄력성이 높으면 높을수록 수요가 가격에 민감함

을 뜻한다. 농산물과 같은 생활필수품은 가격탄력성이 일반적으로 작고, 자동차와 같은 고가품은 그 탄력성이 크다.

② 이자율

이자율은 현재소비와 미래소비의 선택에 중요한 영향을 미친다. 이자율이 증가하면 저축을 유인하여 미래의 소비는 증가하고 현재의 소비는 감소한다. 이자율의 감소는 신용이용을 유인하고 현재의 소비를 증가시킨다.

6) 가계소비의 합리화

(1) 합리적인 소비를 위해서는 현재 각 가계의 소비형태를 분석하여 소비구조를 바꾸고 소비 수준을 조절하여야 한다. 가장 기본이 되는 문제는 자신의 경제적 한계 내에서 소비하는 것이 중요하다. 소비성향이 높아지면 내려가기 어려운 경향이 있으므로 적정한 소비 수준을 유지하려는 노력이 필요하다.

(2) 소비품목에 대한 긴요도

가계에서 합리적 소비를 위해 고려해야 할 사항이다.

① 소득이 한정된 경우 긴요도가 높은 것에 우선적으로 소비배분을 하고 긴요도가 낮은 비목을 조절함으로써 소비의 균형을 이루도록 해야 한다.

② 긴요도는 소득탄력성을 측정함으로써 알 수 있으며, 탄력성 계수가 적을수록 긴요도가 높고 탄력성이 클수록 긴요도가 낮다.

③ 소득탄력성은 소득과 상호의존관계에 있는 경제변수의 의존성을 말한다. 일반적으로 수요의 소득탄력성을 뜻한다. 생필품의 경우는 수요의 탄력성이 1보다 적고 사치품의 경우는 그것이 1보다 크다.

④ 긴요도에 따라 지출비목을 조절한다.

- 가계의 지출비목은 정액지출과 부정액지출로 구분되는데, 정액지출(고정지출)은 절약의 여지가 없는 것이므로 부정액지출(변동지출) 중에서 긴요도에 따라 긴요도가 낮은 항목의 비율을 조절하도록 해야 한다.
- 식료품비의 경우 상대적으로 긴요도가 낮은 기호품비와 외식비를 줄이는 것이 합리적이며, 부식비에 있어서도 값싸고 영양 있는 대체식품을 선택하거나 가계생산을 증대함으로써 비용을 절약할 수 있다.

3. 가계조사와 생계비 연구

1) 가계조사의 연혁

(1) 외국의 가계조사(엥겔의 연구)

① 엥겔의 소비법칙

엥겔에 의해 가계연구의 분석방법이 완성되었다. 가계의 전체 소비지출 중 식료품·비주류 음료품이 차지하는 비율을 말한다.

㉠ 가계소득이 커지면 생존의 욕구를 충족하는 데 필요한 수단을 더욱 충분히 제공할 수 있으며, 가계소득이 감소하면 생존의 욕구를 위한 지출 비율이 커지고 종교, 도덕, 지적 욕구 및 사치를 위한 지출은 줄어들게 된다.

㉡ 신체적·물질적 욕구 충족에 필요한 금액이 감소할수록 식료품에 대한 지출 비율이 크다.

㉢ 음식물에 사용할 수 있는 금액이 불충분할수록 식료품의 질이 낮아지게 된다. 엥겔은 생산과 소비관계에서 식료품비에 관한 법칙을 언급했다. 즉 경제적 복지가 감소함에 따라 식료품비는 기하급수적으로 증가한다는 것이다.

② 미국의 라이트(Carroll D. Wright)의 가계지출에 대한 일반법칙

라이트는 식료품비에 관한 엥겔의 견해에 덧붙여 가계지출에 대한 일반법칙을 제시했다. 그런데 이 법칙을 라이트가 '엥겔의 법칙'이라고 불렀기 때문에 엥겔의 법칙으로 알려져 있으나, 사실 엥겔 자신이 연구한 법칙에는 언급되지 않았던 것이다.

㉠ 소득이 증가할수록 생존유지(식료품비)를 위한 상대 지출 비율은 감소한다.

㉡ 피복비 지출 비율은 소득에 관계없이 일정하다.

㉢ 주거비와 광열비의 지출 비율은 소득에 관계없이 일정하다.

㉣ 소득액이 증가할수록 잡비의 지출 비율이 커진다.

(2) 우리나라의 가계조사

① 가계동향지수

통계청에서 매월 실시하는 조사로서 가구에 대한 가계수지 실태를 파악하여 국민의 소득과 소비 수준 변화의 측정 및 분석 등에 필요한 자료를 제공한다.

② 농가경제조사

경제·사회 변천에 따른 농가경제의 동향과 농업경영실태를 파악하여 농업정책 수립과 농업경영 개선을 위한 자료를 제공하고, 농가의 소비지출, 노동투하량 등 각종

농가경제지표를 생산하여 농업문제 연구를 위한 실증적인 자료를 제공할 목적으로 통계청에서 매월 실시한다.

③ 어가경제조사

통계청에서 실시하는 어가경제조사는 어가의 어업경영 실태 파악이 주목적이지만 어가소득, 지출, 자산, 부채 등에 관한 내용을 매월 조사하여 어가의 가정경제의 자료를 제공하여 준다.

④ 한국노동패널조사

한국노동연구원에서 실시, 노동관련 패널조사로 한국노동연구원에서 실시하였다.

2) 생계비 연구

(1) 생계비의 의의

① 생계비의 정의

가족원이 가정생활 및 사회생활을 영위하기 위해서 필요한 지출의 총계를 의미한다.

② 생계비 지출의 내용

가계의 상황과 사회적·경제적 요인에 따라 변화하며, 생계비 지출 중에는 직접 가정생활의 유지에 사용되는 것과 사회적 관계로 소비되는 것, 그리고 장래의 생계비를 풍부하게 하기 위한 준비로 지출되는 것도 있다.

(2) 생계비 계산법

① 이론 생계비

이상적이며 합리적인 방법이지만 보편 타당성, 객관성에 있어서 문제가 있을 수 있으며 현실성이 결여된다.

㉠ 전물량 방식(마켓 바스켓 방식, 라운트리 방식)

- 가족원에게 필요한 생활필수품을 리스트로 작성한 후, 세부항목별로 필요한 물량을 계산한다. 그리고 난 후 필수품의 세부항목별로 물량을 구입하기 위한 가격을 조사하여 그 모두를 구입하기 위한 비용을 총 한달 생활비로 집계하는 방법이다.
- 이 방법은 구입가격을 포함하고 있어 물가변동을 반영한다는 데 의의가 있다. 그러나 필요한 생활필수품을 모두 리스트로 작성하고 또 필요물량 및 각각의 가격을 조사한다는 데 많은 시간과 비용이 발생한다는 단점이 있다. 다른 계산 방식보다 구체적인 동시에 물가변동에 따라 명목액을 조절시켜서 실질적인 생계비를 산출할 수 있다.

ⓒ 부분물량 방식(엥겔 방식)
- 전체 생활필수품 중 음식물비만을 물량 계산하고 다른 세부 필수품 항목은 음식물 계산을 통해 유도하는 방식이다. 식료품비, 피복비, 주거비, 광열비, 잡비로 나누어서 식료품비만을 물량계산하고 다른 비목은 식료품비 계산에 의해서 유도하는 방법이다.
- 식료품비만으로 산출하기 때문에 방법이 간단하기는 하나 물가변동에 의해서 영향을 받게 되고, 가족 구성 및 그 밖의 상황의 차이를 적용시키기가 어렵다.

② 실태 생계비

가계조사를 하여 실제로 소비한 생활자료의 양과 가격을 기초로 하여 계산하는 방법이다. 현실적인 수입에 따라 규제되므로 현실성은 있으나 바람직한 생활상의 제시가 곤란한 점이 있다.

(3) 생계비에 영향을 주는 요인

① 가계 구성원 수 및 가족 구성
ⓐ 소비구조나 그 규모가 가계 인원 수의 변동에 의해서만이 아니고 가족의 구성, 즉 유아, 성인, 노인 등의 구성 비율에 의해서도 영향을 받게 된다.
ⓑ 소비지출의 증가는 가족원 수의 증가에 미치지 못하는데, 따라서 가족원 수가 늘어감에 따라 1인당 가계지출비용은 체감한다.

② 계절

우리나라와 같이 4계절이 뚜렷한 곳에서는 계절별로 나오는 자연산물이 한정되어 생활 내용이 변화하고, 기후의 차이가 크기 때문에 생계비 지출이 달라진다. 예를 들어 광열비는 겨울에 지출액이 커지고 자녀교육비는 학기초에 지출액이 크며, 식료품비는 김장철에 지출액이 커진다.

③ 물가

물가는 대체로 해마다 상승하므로 자연히 생계비지출도 증가하게 된다.

(4) 생활 수준과 최저생계비

① 최저생계비의 의의
ⓐ 최저생계비는 사회의 빈곤을 규정하는 데 유용한 자료이며 노사간의 임금협상에도 매우 중요한 자료가 된다.
ⓑ 최저생계비는 그 사회의 경제발전 단계에 따라서, 역사문화적 조건에 따라서 달라질 수밖에 없으며 생활에 최소한으로 필요하다고 사회적 동의에 의해 인정되

는 생활 수준을 의미한다.

② 최저생계비의 산정 방법

㉠ 전물량방식과 일부물량방식: 최저생계비 산정의 일반적인 방법이다.

㉡ 알렌-볼리 방식: 생계비 중 아무리 저급한 생활을 하더라도 이에 필요한 소비품목과 그렇지 않은 사치스런 품목으로 나누고, 사치스런 품목에 대한 소비지출 '0'이 되는 소득 수준을 일차적으로 구한 다음 각 품목별 소비지출과 소득 수준 간의 직선적 관계를 설정하고 가계조사통계를 이용하여 직선적 관계를 추정한 후, 상기 소득 수준에 상응하는 품목별 소비지출 수준을 추정, 이를 합산함으로써 최저생계비를 계산하는 방식이다.

3) 한국가계의 소득구조와 소비구조 분석

(1) 가계동향 조사 개요(2020년 기준)

① 모집단 및 표본 설계

㉠ 목표 모집단: 전국의 모든 일반가구(농림어가 포함)이다.

㉡ 조사 모집단: 전국의 모든 일반가구 중 가계수지 파악이 가능한 가구이다.

㉢ 목표 정도: 상대표준오차 전국 소득 2.5%, 소비지출 1.5% 이내이다.

㉣ 표본 규모: 매월 약 7,200가구이다.

② 조사 대상 기간 및 조사 주기

조사 대상 월 한 달간의 소득 및 지출에 대해서 매월 조사한다.

③ 조사 방법

㉠ 소득 및 지출 관련 항목: 표본 가구의 응답자가 직접 가계부에 기입(입력)하는 방식이다.

㉡ 가구 및 가구원 관련 항목: 조사담당자가 면접을 통해 자료를 수집한다.

(2) 가계동향 조사의 내용(2023년 기준)

① 가구당 월평균 소비지출

㉠ 전국가구의 가구당 월평균 소비지출은 365만 2천원으로 나타났다. 소비지출 항목별로는 오락문화(14.0%), 주거·수도·광열(7.4%), 음식·숙박(6.0%), 식료품·비주류 음료(2.1%), 교통(1.9%)순이다.

㉡ 도시 근로자 가구의 가구당 월평균 소비지출은 269만 1천원으로 나타났다. 소비지출 항목별로는 음식·숙박(16.0%), 오락·문화(14%), 식료품비(13.8%), 교통

(12.5%), 주거·수도·광열(7.4%)순이다.

② 가구특성별 가구당 월평균 소비지출(2022년)

　㉠ 가구원수별 가구당 월평균 소비지출: 1인 가구 월평균 소비지출은 155만 1천원, 4인 가구는 466만 7천원으로 나타났다.

　㉡ 가구주 연령별 가구당 월평균 소비지출: 가구주 연령 40~49세 가구의 월평균 소비지출은 319만 8천원, 60세 이상 가구 165만 9천원으로 나타났다.

③ 비목별 가구당 월평균 소비지출

　㉠ 식료품·비주류 음료 지출: 식료품·비주류음료 중 육류(14.6%), 과일 및 과일가공품(11.4%), 채소 및 채소가공품(10.1%)순으로 지출했다.

　㉡ 주거·수도·광열: 실제주거비(35.9%), 연료비(28.7%)순으로 지출했다.

　㉢ 가정용품·가사서비스: 가전 및 가정용 기기(32.5%), 가구 및 조명(15.2%), 가사서비스(12.9%)순으로 지출했다.

02 가계경제의 구조: 예상 문제

01 아무런 대가를 치르지 않고 일방적으로 주어지는 소득을 무엇이라고 하는가?

① 근로소득 ② 재산소득
③ 이전소득 ④ 사업소득

정답 ③
해설 이전소득은 아무런 대가를 치르지 않고 일방적으로 주어지는 소득이다.

02 다음 중 사업소득이란 무엇인가?

① 토지·건물 등 재화를 생산자본으로 제공하고 그 대가로 받은 것
② 자연·자본·노동의 생산요소를 결합하여 기업가가 생산활동을 통해서 얻는 소득
③ 연금·생활보험금을 받는 피보험 가정의 소득
④ 생산적·육체적 노동력을 제공하고 그 대가로 받은 소득

정답 ②
해설 사업소득은 자연, 자본, 노동의 생산요소를 결합하여 기업가가 생산활동을 통해서 얻은 소득으로 이윤이라고도 한다.

03 다음 중 경상소득에 해당하지 않는 것은?

① 사업소득 ② 근로소득
③ 이전소득 ④ 퇴직수당

정답 ④
해설 경상소득은 가계 구성원이 근로제공의 대가로 받은 근로소득, 자영사업으로부터의 사업소득, 자산으로부터 이자·배당금 등의 재산소득, 정부나 다른 가구, 비영리단체 등으로부터 이전되는 이전소득 등 정기적으로 가계가 벌어들이는 소득이다. 가계경제의 운영은 이 경상소득을 기초로 이루어져야 한다.

04 최저생계비의 신청 방법이 아닌 것은?

① 알렌-볼리 방식　　　　　② 전물량 방식
③ 반물량 방식　　　　　　　④ 대이비스의 방식

정답 ④
해설 최저생계비의 산정방법으로는 전물량 방식(라운트리 방식), 반물량 방식(엥겔 방식), 그리고 생계비를 토대로 한 알렌-볼리 방식이 있다.

05 다음 중 소득의 원천에 따라 분류된 항목끼리 서로 연결한 것은?

① 실소득 - 실소득 외의 소득
② 명목소득 - 실질소득
③ 근로소득 - 재산소득 - 사업소득 - 이전소득
④ 계약소득

정답 ③
해설 소득원천에 따른 분류
- 근로소득: 정신적 육체적 노동력을 제공하고 그 대가로 얻은 소득
- 재산소득: 화폐, 토지, 건물 등 재화를 생산적으로 제공하고 그 대가로 받은 것
- 사업소득: 기업가가 생산활동을 통해 얻은 소득
- 이전소득: 일방적으로 주어지는 소득

06 개인이 자유로이 처분이 가능한 소득으로 가계의 소비와 저축에 관한 의사결정에 중요한 역할을 하는 것을 쓰시오.

정답 가처분소득
해설 개인소득에서 개인소득세를 뺀 금액을 가처분 소득이라고 한다. 개인이 소비지출이나 저축을 할 수 있다.

07 가계소득에 영향을 주는 요인을 쓰시오.

- 직업: 소득을 극대화하기 위해 높은 소득이 보장되는 직업을 갖고 싶어 하나, 실제적으로 여러 가지 제약(예를 들어 낮은 교육 수준, 경험부족 등)으로 직업을 바꾸기가 어렵다.
- 교육 수준: 소비선호나 소비지출형태 등에 많은 영향을 준다.
- 연령과 경험: 자신의 직업을 성인 초기에 결정하며, 직업을 바꾼다고 하더라도 이제까지의 직업경험을 고려해서 비슷한 직업이나 관련된 직업을 선택하게 된다.
- 자산: 개인이 가지고 있는 여러 형태의 자산, 예를 들면 부동산, 주식, 현금 등이 많으면 많을수록 소득도 많아진다. 소득과 자산은 밀접한 관련을 가지고 있다.
- 지역: 가계가 거주하는 지역에 따라 경험한다.
- 자연적 또는 인위적 환경 요인이 다르며 이러한 환경적 요인은 소비에 영향을 준다.
- 기타: 성별이나 인종, 종교 등에 의한 차별도 소득 수준에 영향을 준다.

03 가계 재무설계

제6장 가정경제

1. 가계 재무설계의 기초

1) 가계 재무설계의 의의

(1) 가계 재무설계의 필요성

가계재무관리는 가족이 소유하고 있는 경제적 자원을 보다 효율적으로 사용할 수 있도록 사전에 준비·계획하여 실행하는 과정을 말한다. 현재의 소득이 많다고 해서 가계의 안정이 지속적으로 보장된다고는 볼 수 없다. 따라서 재무관리는 어려움이 있을 때만 하는 것이 아니라, 가계의 전반적인 재무 문제를 해결하기 위해 일생동안 지속해야 하는 과정이다.

① 생애소비만족의 극대화

가계의 소득은 전 생애주기에 걸쳐 소비지출을 감당할 만큼 항상 충분하지는 않으므로 생애소비만족을 극대화시키는 소득 이전을 고안하는 재무설계가 필요하다. 경제적 여유가 있는 시기에 지출을 줄이고 미리 저축함으로써 일생동안 소비만족을 극대화 할 수 있다.

② 예기치 못한 사고

교통사고나 질병, 산업재해 등으로 인해 소득이 감소되거나 중단될 수 있고, 실직, 자연재해도 우리 주위에서 많이 일어남으로 경제적 안정을 위해서는 미리 계획하고 준비하는 것이 필요하다.

③ 평균수명의 연장과 가족제도의 변화

평균수명의 연장으로 퇴직 후의 생애기간이 늘어남에 따라 퇴직 후에는 퇴직 전보다 적은 소득으로 생활하여야 하므로 안정된 노후생활을 위해서는 장기적인 계획과 준비가 이루어져야 한다.

④ 경제환경의 변화

경기변동은 사업소득에 크게 영향을 주며, 근로소득에도 영향을 미친다. 가계도 급변하는 경제환경 속에서 경제적 안정을 위해서는 적절한 계획과 전략이 필요하다.

㉠ 실질구매력 하락에 대한 대비
- 물가상승: 물가가 오르면 실질구매력은 감소한다. 물가가 지속적으로 상승하여 화폐가치가 하락하는 인플레이션 시기에는 나중에 구매하면 더 많은 돈을 지불해야 한다.
- 이자율 변동: 이자율 계산 방식은 복리식일 경우가 단리식일 경우보다 수익률이 훨씬 더 높다.

㉡ 재무자원의 손실 또는 필요 증대에 대한 대비
- 실업과 질병: 직장을 잃거나, 산업재해나 질병으로 건강을 잃게 되어 가장으로서 부양가족의 생계를 책임질 수 없게 될 수 있다.
- 화재와 도난: 화재가 나거나 문단속을 철저하게 하지 않아 집안의 귀중품을 도난당하는 경우도 있을 수 있다.
- 교통사고: 피해자에게 경제적 보상을 해주어야 할 경우도 있다.

⑤ 사회경제적 환경의 변화
㉠ 금융자산의 증대: 현재의 가계는 재무자산을 더 많이 소유하게 되었다.
㉡ 금융상품의 다양화: 은행마다 새로운 금융상품을 계속 개발하여 판매하고 있다.
㉢ 고령사회로 진입: 65세 이상 노인 인구의 비율이 높아지고 있다.
㉣ 여성과 재무설계: 여성의 평균수명이 높고 경제활동 참가율이 높아지고 있으므로 재무설계에 대한 노력도 중요하다.

(2) 가계 재무설계의 목표

① 소득과 부의 극대화
부의 극대화 목표를 달성하려면 소득을 극대화시켜야 한다. 자산소득을 극대화시키려면 투자의 선택이 중요하다. 이것은 개인의 기호, 관심, 생활양식 등에 따라 달라진다.

② 효율적인 소비의 실천
소비지출은 소득의 가장 큰 부분을 차지하기 때문에 효율적인 소비를 하는 것이 중요하다. 효율적인 소비를 하게 되면 지출, 저축, 투자를 위한 돈이 더 많아지게 된다.

③ 삶의 질 향상
삶의 질은 사랑, 자아존중감, 건강, 안정감 등과 관련이 있다. 생활의 만족을 달성하려면 직업의 선택, 상품의 구매, 저축, 투자방법, 주거의 선정 등 재무와 관련된 의사 결정을 해야 한다. 성공적인 재무관리는 삶의 질을 높이게 된다.

④ 재무적 안전감의 도달

재무적 안전감이란 모든 요구와 대부분의 욕망을 충족시킬 만큼 재무자원이 충분하다고 느끼는 편안한 상태를 의미한다. 이를 달성하려면 장·단기 목표를 세우고 우선순위를 설정해야 한다.

⑤ 은퇴와 상속을 위한 부의 축적

사람들이 저축을 하는 이유는 은퇴 후에도 안락한 생활을 할 수 있을 정도의 충분한 소득을 원하기 때문이다. 사람들은 노후생활비를 조달하고, 본인이 죽은 후 남은 가족에게 물려 줄 수 있는 부동산을 마련하기 위해서 부를 축적한다.

(3) 가계 재무설계 목표 달성을 위한 주요 단계

① 구체적 재무계획

어떠한 계획이 적절하게 수행되기 위해서는 가능한 완벽한 재무계획 방법을 세워야 한다. 재무 설계는 전 생애에 걸쳐서 가능한 한 완벽하게 하고, 그 계획이 적절히 수행될 수 있도록 한다.

② 효과적인 금전관리의 실행

돈과 신용카드를 효과적으로 사용하는 방법을 배우는 것이다.

③ 소득과 자산의 보호

경제적 손실로부터 자산을 보호하고 위험을 관리하려던, 보험을 통한 보호를 구매하는 데 필요한 기술을 개발해야 한다.

④ 투자의 계획

소득과 부를 극대화시키려는 목표를 달성하기 위해서는 미래를 예측해야 한다.

⑤ 은퇴와 상속

노후설계는 생애 전체에 걸쳐서 개발되는 과정이다.

2) 전 생애에 걸친 가계 재무설계

(1) 생애주기단계별 재무활동의 이해

① 미혼 성인기: 결혼자금과 신혼주거자금을 마련한다.

② 신혼기: 주택자금을 마련하기 위한 저축을 한다.

③ 자녀출산·양육기: 출산·양육비와 유아원·유치원 교육자금의 준비가 필요하고 내 집 마련을 위한 주택자금저축이 계속된다.

④ 자녀 초·중고등 교육기: 교육이 본격적으로 진행되고 특히 현재의 교육여건에서는 사교육비의 지출요구가 높아 자녀교육자금이 우선적으로 확보되어야 한다. 그리고 주택규모 확대자금을 목표로 한다.

⑤ 자녀 대학교육기: 자녀 교육비의 지출 요구가 커지고 자녀결혼자금의 준비를 시작하는 것이 좋으며, 노후자금도 마련하는 것을 목표로 한다.

⑥ 자녀 독립·결혼기: 자녀결혼자금을 마련해야 하고, 곧 다가올 은퇴를 대비한 노후자금도 마련한다.

⑦ 노후생활기(60대 이후): 노후자금을 저축하고 노후자금관리를 하도록 한다.

(2) 가계 재무설계의 개념과 유형

① 가계 재무설계의 개념

가계 재무설계란 재무목표를 설정하고 재무목표를 달성하기 위하여 행동계획을 개발하고 실행하는 것이다.

② 가계 재무설계의 유형

㉠ 단기 가계 재무설계: 가족원의 목표를 달성하기 위하여 1년 단위로 과거와 현재의 지출상태를 파악하고 다음 해의 평균소득을 예측하며, 단기적 목표의 우선순위에 따라 가계 재무상태표에 기초하여 예산을 수립하고 실행하여 가계의 재무상태를 향상시키는 것이다.

㉡ 장기 가계 재무설계: 가계의 재무상태를 다각적으로 평가하고 가계의 장기적인 재무목표를 파악하며 그 재무목표에 기초하여 종합적으로 가계 재무계획을 설계하고 수행하며 감시하는 것이다. 구체적 방안으로 보험, 투자, 절세, 융자와 소비자 신용 등이 있다.

3) 예산수립

(1) 예산수립의 개념

① 예산 및 예산수립의 정의

예산이란 일정 기간 동안의 추정 수입과 지출 그리고 실제 수입과 지출을 체계적으로 총괄한 계획서이다. 예산수립은 미래의 수입과 지출을 추정, 조직, 모니터, 통제하는 과정이다.

② 예산수립 과정

재무계획이 수행되고 목표가 달성될 수 있도록 하는 주요 메커니즘을 제공한다.

- 소득상태를 점검해 본다.
- 현재의 지출상태를 파악 후 지출금액을 결정한다.
- 지출비목 간의 균형을 고려하여 금액을 결정한다.

> 목표수립 → 조직 → 의사 결정 → 수행 → 통제 → 평가 → **재무목표 달성 성공**

(2) 예산수립의 과정

① 재무목표 수립단계

㉠ 장기목표 설정: 장기목표는 재무자원을 사용하여 일반적으로 1년 이상의 장래에 걸쳐 달성하고자 하는 것이다. 전반적인 재무설계와 단기예산수립의 방향을 제시해 준다.

㉡ 장기목표로부터 단기목표 개발: 단기목표는 1년 이내에 충족될 수 있도록 가계자원을 요구하는 요구와 욕구이다. 이는 장기목표와 목적의 일반적 방향과 부합되어야 한다.

㉢ 목표의 우선순위 정하기: 모든 목표를 동시에 달성할 수 없기 때문에 가장 중요한 목표를 제1순위에 두는 것이 타당하다. 어떤 재무목표가 더 중요하고 시기적으로 더 빨리 달성해야 하는지는 결정해 한정된 자원으로 원하는 목표를 달성할 수 있고, 체계적인 재무설계가 가능해진다.

② 조직단계

개별적인 예산에 적절한 구조적 측면과 기계적 측면에 대해 의사결정을 하는 개발단계이다.

㉠ 조직과 예산수립에 대한 태도: 긍정적인 태도의 개발이 중요하다. 자신이 관리하고 있는 것이 자신의 재무인생이고, 오직 자신만이, 구엇이 자신을 만족시켜 줄 것인지를 안다는 사실을 명심해야 한다.

㉡ 재무 융통성 유지의 중요성: 변하는 요구, 욕구, 목표를 충족시킬 수 있는 예산을 세우고 사용해야 한다.

㉢ 가계부 기록 서식의 선택: 자기가 작성한 예산기록, 상업적으로 준비한 예산기록, 컴퓨터 예산기록 중에서 자신의 필요에 잘 맞는 가계부 기록 서식을 선택한다.

㉣ 현금기준 또는 발생기준 예산 수립: 현금기준 예산수립은 실제로 돈을 받거나 지출할 때의 수입과 지출을 인식한다. 발생기준 예산수립은 돈을 벌거나 지출이 발생했을 때의 수입과 지출을 인식한다.

㉤ 예산비목의 분류: 가장 간단한 예산 분류는 수입과 지출이다.

ⓑ 기간의 선택: 예산을 세우는 사람들은 대체로 12개월 동안의 수입과 지출을 포괄하는 예산을 계획한다. 한편으로 월간 예산틀은 연간예산과 재무상태표와 잘 융합된다.

③ 의사 결정 단계

예산수립의 재무적 측면과 자금이 어디로부터 와서 어디로 가야 할 것인지에 대한 의사 결정에 초점을 두고 있다.

④ 수행 단계

예산을 유효하게 진행시키는 단계이다.

㉠ 실제 수입과 지출의 기록: 정확한 최근의 지출 기록을 유지하는 것이 중요하다.
㉡ 현금 흐름 달력의 관리: 현금흐름 달력을 만들어 현금흐름을 효율적으로 관리하도록 한다.
㉢ 회전 저축 기금의 활용: 회전 저축 기금은 다음 회계기의 가계자금이 고갈되는 것을 막아 예산의 균형을 갖기 위한 저축액을 만들기 위해, 예산수립 시 기금이 할당되는 변동지출 비목이다.
㉣ 기말총액의 계산: 예산수립 기간이 끝난 후, 그 기간 동안의 실제 수입과 지출을 전체와 예산비목별로 합산한다.
㉤ 재무상태표의 요약: 예산수립기간 동안 예산비목별로 합산한 다음, 수입총액과 지출총액을 계산하여 가계수지표를 작성한다. 그리고 수입총액과 지출총액의 차이인 잔액을 구한다.

⑤ 통제단계

가계는 계획된 예산총액안에서 수입과 지출을 맞추도록 도와주는 다양한 방법과 기술을 사용한다. 예산통제는 목표를 향하여 어느 정도 잘 나아가고 있는가를 알도록 해 준다.

⑥ 평가단계

단기목표의 달성을 재검토하고 장기목표를 재명료화하기 위한 피드백을 제공한다. 평가는 예산수립과정에서 이전 단계들이 잘 운영되었는가를 결정하는 것이다.

㉠ 추정금액과 실제금액의 비교: 비교, 즉 분산분석은 지출액이 추정액보다 많거나 작은 이유를 알고자 한다면 중요하다.
㉡ 잔액처리 결정: 순흑자액을 저축계정에 입금한다. 그리고 다음기로 전기의 잔액을 이전시키기도 한다.

2. 가계 재무설계의 단계

1) 수입과 지출의 관리

(1) 수입의 관리

① 자금관리

㉠ 자금관리의 의의

- 정의: 행정활동에 필요한 자금을 확보하고 이를 예산에 기초하여 지출하는 활동으로서 현금 공급과 현금수요를 분석하고 이에 기초하여 현금수지를 파악함으로써 적정한 현금흐름을 유지하는 것이 중요하다. 자금관리란 수입과 자산을 효율적으로 관리하는 것을 말한다.
- 자금관리의 목적
    - 미래의 자금흐름 예측, 자금의 수입과 지출이라는 관점에서 금액으로 수치화해서 관리하는 것을 의미한다.
    - 적정 유동성 확보: 기업이 자금부족 상태로 인해 지급 능력을 상실하지 않도록 적정 유동성을 확보한다.
    - 합리적인 자금조달계획과 여유자금 운용계획을 수립한다.
    - 효율적인 자금관리: 장단기에 필요한 소비 욕구를 충족시키기 위하여, 갖고 있는 모든 자금을 이용하여 최대의 이윤을 남기고 인플레이션에 대비하여 구매력을 유지하는 작업이다.

㉡ 자금관리의 구분

- 단기자금관리: 단기적으로 가계에 필요한 생활비와 실업, 질병 등의 비상사태에 대비하여 비상자금의 확보에 관련된 자금을 관리하는 것이다.
- 장기자금관리: 장기적으로 필요한 자금을 관리하기 위한 결정 등이다.

② 차용관리

㉠ 차용의 의의: 차용이란 앞으로 갚을 것을 약속하고 현금을 빌려 쓰거나 외상으로 재화와 용역을 구입하는 것을 말한다. 차용의 대가로 빌려 쓰는 측에서는 이자, 서비스, 수수료, 보험료 등을 포함하는 비용을 지불해야 한다.

㉡ 차용관리

- 차용관리의 단계: 요구와 욕구의 파악→부채상한선의 결정→대출가능한 원천 및 특성 알기→상환일정에 따른 차용비용 계산하기→신용 쌓기, 담보 확보→대출신청하기

- 신용카드의 관리: 신용카드는 일반가계에서 가장 많이 사용하고 있는 차용수단이다.
- 과잉부채의 신호: 차용으로 생기게 되는 부채는 이후의 가계의 고정 지출항목이 되어 다른 소비자지출 항목에 영향을 미친다.

(2) 지출의 관리

① 세금관리
세금에 대한 지식을 갖고 잘 활용함으로써 불필요한 세금 지출을 줄일 수 있다.

② 지출관리
㉠ 구매전 단계: 합리적인 지출은 어떤 물건을 구입하기 앞서 미리 그 요구를 확인하여 계획적인 지출을 하도록 계획을 세운다.
㉡ 구매 단계: 구입 물건에 대한 보다 실질적인 비교 검토를 한다.
㉢ 구매후 단계: 물건을 구입한 후 적절히 유지 및 관리하며, 애프터서비스 등을 활용하기도 한다.

2) 소득과 자산의 보호

(1) 보험의 원리

① 보험의 목적
다수의 사람들이 소액의 보험료를 갹출하여 공동의 준비자산을 만들어 두었다가 실제적으로 불행한 사례를 당했을 때 보상해 주는 제도이다. 미래의 재무자원의 손실 또는 필요의 증대를 가져오는 경제적 재난을 겪은 후 경제적 복지를 회복하는 것이다.

② 보험위험
보험위험이란 보험 대상이 되는 위험을 말한다. 보험위험의 요건은 다음과 같다.
㉠ 우연히 발생한 위험: 피보험자의 고의적 행동이 아닌 우연히 발생하여야 한다.
㉡ 경제적 손실을 수반하는 위험: 화폐가치의 손실을 초래해야 한다.
㉢ 개인적 위험: 한꺼번에 수많은 사람들을 위태롭게 하는 위험이 아니어야 한다.

(2) 보험의 종류

① 공적 보험
㉠ 사회의 모든 구성원을 대상으로 하며 사회 전체의 안정을 유지하기 위한 목적으로 국가 등의 공공기관에서 시행하는 것이다.
㉡ 보험재원에 각자가 기여한 정도에 관계없이 필요한 사람들에게 최소한의 생활보

장에 필요한 액수를 지원한다.
ⓒ 가입에 강제성을 띠게 된다. 보험의 일부를 국가가 부담한다. 예 국민건강보험이나 국민연금보험, 실업보험, 산업재해보상보험, 노인장기요양보험 등

② 사적 보험

가입 여부를 개인의 의사에 따라 결정하고 기여한 정도에 비례하여 혜택을 받는다. 보험료도 계약자가 완전 부담한다.

㉠ 생명보험과 손해보험
- 생명보험(人보험): 위험을 보유한 피보험자가 사람인 경우
- 손해보험(物보험): 위험을 보유한 피보험자가 사람이 아닌 경우

㉡ 본인보험과 제3자 보험
- 본인보험: 위험의 대상이 되는 손해가 본인에게 발생하는 경우
- 제3자 보험: 위험의 대상이 되는 손해가 제3자에게 발생하는 경우

㉢ 보장성보험과 저축성보험: 보험가입의 주목적이 보장을 위한 것인가 또는 저축을 위한 것인가에 따라서는 보장성보험과 저축성보험으로 나뉜다. 보험의 정의상 순수 보장성보험은 있지만 순수 저축성보험은 존재하지 않는다.

㉣ 손해보험과 정액보험: 보험금 산정방식을 기준으로 손해보험과 정액보험으로 나뉜다.

3) 자산의 증대

(1) 투자위험

① 투자위험의 정의

투자위험이란 어떤 투자대안에 대한 실제수익이 기대수익과 다를 수 있는 가능성의 정도이다.

② 투자위험과 투자수익률의 관계

어떤 투자에 대한 투자수익률이 높을수록, 투자자가 부담해야 할 위험도 커진다.

③ 투자위험의 구성요소

㉠ 투자대안 관련 위험: 인플레이션위험, 디플레이션위험, 영업위험, 이자율위험, 시장위험, 유동성위험이 있다.

㉡ 투자자 관련 위험
- 개인주의형: 신중한 사고와 분석에 기초하여 의사 결정을 한 후에는 다른 사람들이 다른 방식으로 행동한다고 하더라도 자기결정을 고수한다. 투자의 포

트폴리오는 중간 정도의 잘 균형잡힌 위험에 분산되어 있는 편이다.
- 모험형: 보통 투자 의사 결정을 하는 자신의 능력에 대해 매우 자신있어 하는 편이다. 고위험·고수익의 투자대안을 선호하며, 스스로 선택한 두 세 가지의 투자대안에 집중하는 것을 선호한다.
- 신중형: 투자를 할 때, 신중하고 사려 깊은 유형이다. 자신의 선택을 뒷받침 해 줄 수 있는 충분한 정보가 없으면 의사 결정을 연기하는 경향이 있다.
- 소심형: 투자한다는 생각만으로도 불안해하는 유형이다. 대안평가를 신중히 하지 않고, 친구나 전문가의 조언에 너무 의존적인 경향이 있다.

(2) 투자소득

① 파생수익

참은 만큼의 희생, 즉 원금으로부터의 수익이다. 예 이자, 배당금, 임대료의 형태로 나타난다.

② 자본이득

자본이득은 원금의 증가, 즉 가격상승으로 발생한다. 즉, 취득원가 이상으로 팔려 얻는 매매차익을 의미한다.

(3) 투자대안

① 대여: 일반적으로 돈을 빌려주고 이자를 받는 것을 말한다.
  ㉠ 은행이나 다른 금융기관의 저축 구좌에 돈을 예치시키는 것이다.
  ㉡ 국채나 회사채를 산다.
  ㉢ 생명보험회사의 저축성보험에 가입함으로써 보험회사에 돈을 빌려주는 방법이 있다.
  ㉣ 주택저당채권을 사는 것이다.

② 소유: 투자자들이 투자원금의 수익을 기대하면서 어떤 자산을 소유하는 것이다.
예 보통주 매입, 우선주 매입, 부동산·우표·주화·예술품 등의 소유

(4) 투자의 원리

① 잠재수익이 클수록 대개 투자위험도 높다.

② 투자기간이 길수록 투자수익이 높아진다.

③ 단리식보다 복리식으로 이자가 지급되는 투자대안의 투자수익이 더 높다.

4) 노후설계

(1) 노후설계의 필요성

① 은퇴기를 충분히 대비하기 위해서는 미리 계획하는 것이 필요하다.

② 은퇴하기 20년 전에는 계획과 투자가 시작되어야 한다. 이 정도의 준비기간이 있어야 경제적 목표를 달성하고 인플레이션에도 대처할 수 있다.

(2) 노후투자의 기본 전략

직장에 다니고 있을 때에는 장기간의 재산 증식이나 세금이 절약되는 여러 가지 투자전략에 관심을 기울였지만 은퇴기에는 소득창출전략이 더 중요하다.

① 퇴직 전

소득공제가 되는 개인연금 또는 국민연금에 가입하여 퇴직 전부터 노후준비를 시작한다. 소득공제가 되지 않는 투자전략일지라도 자본가치증식률 등을 비교하여 평가해야 한다.

② 퇴직 후

소득창출로 초점이 바뀌어야 한다. 자산투자비율에서 현금을 올리고 채권과 주식은 줄이며, 부동산의 비율도 줄인다. 이렇게 하여 소득과 유동성을 높인다.

(3) 상속

① 상속

상속이란 사람이 사망하여 이 세상을 떠나는 것이 원인이 되어, 사망자가 가지고 있던 재산이 다른 사람에게 넘어가는 것을 말한다. 상속은 미리 말하지 않아도 저절로 이루어진다. 받을 사람이 안 받겠다면 안 받을 수는 있다.

② 유언

유언이란 본인의 의사에 따라 재산을 분배할 수 있게 하고, 상속에 따른 분쟁을 미연에 방지할 수 있는 제도를 말한다. 유언자가 유언의 내용 전체 및 연월일·주소·성명을 직접 쓰고 날인하여야 한다.

03 가계 재무설계: 예상 문제

01 다음 재무재표 설계의 목표로 볼 수 없는 것은?

① 소비의 극대화
② 효율적인 소비의 실천
③ 재무생활만족의 발견
④ 노후대비를 위한 부의 축적

정답 ①
해설 가계 재무설계의 목표: 소득과 부의 극대화, 효율적 소비의 실천, 재무측면에서 생활만족의 발견, 재무안전감 달성, 노후대비를 위한 부의 축적

02 다음 재무적 안정감을 나타내는 지표로 볼 수 없는 것은?

① 승진할 가능성이 있는 직업
② 최대한 생활양식을 누릴 수 있는 지속적인 소득
③ 실직해도 석 달 가량의 생활비를 조달 할 수 있는 정도의 은행 예금
④ 갚을 수 있는 부채가 있는 주택

정답 ②
해설 재무적인 안정감의 지표: 승진할 가능성이 있는 직업, 실직해도 석 달 가량의 생활비를 조달 할 수 있는 정도의 은행 예금, 갚을 수 있는 부채가 있는 주택, 적절한 보험의 가입, 살고 있는 집 외의 부동산 투자, 노후 설계, 부동산 설계와 같은 장기 투자

03 다음 중 재무설계의 필요성이 아닌 것은?

① 효율적 소비의 실천
② 미래의 불확실성에 대한 대비
③ 과거의 가정생활에 대한 평가
④ 기대하는 생활양식의 달성

정답 ③
해설 재무설계의 필요성: 기대하는 생활양식의 달성, 생애 소비만족의 극대화, 미래의 불확실성에 대한 대비, 사회경제적 환경의 변화의 필요성

04 가족원 수가 늘어나고 자녀가 성장하게 되므로 현재의 집을 좀 더 늘리고 싶어 하는 시기는?

① 자녀 초·중고등 교육기
② 신혼기
③ 자녀 대학교육기
④ 미혼 성인기

정답 ①
해설 자녀 초·중고등 교육기에는 주택규모 확대자금이 필요하다.

05 투자와 관련 위험 중 현재의 수익률이 투자대안을 평가하는 중요한 척도가 되며, 투자를 할 때 신중하고 사려 깊은 유형은?

① 모험형
② 소심형
③ 신중형
④ 임대형

정답 ③
해설 이 유형의 투자자는 투자를 할 때 신중하고 사려 깊은 유형이며, 자신이 선택을 뒷받침해 줄 수 있는 충분한 정보가 없으면 의사 결정을 연기하는 경향이 있고, 현재의 수익률이 투자대안을 평가하는 중요한 척도이다.

06 예산수립과정을 순서대로 쓰시오.

정답 목표수립 → 조직 → 의사결정 → 수행 → 통제 → 평가

07 가계재무의 필요성을 3가지 이상 쓰시오.

정답 기대하는 생활양식의 달성, 생애 소비만족의 극대화, 미래의 불확실성에 대한 대비, 사회경제적 환경의 변화의 필요성

04 가계의 경제적 복지와 경제 문제

제6장 가정경제

1. 빈곤가계의 경제 문제

1) 경제적 복지와 빈곤의 개념

(1) 경제적 복지의 개념

① 경제적 복지의 정의

가계의 경제적 복지는 가계 구성원이 공유하고 있는 소득, 자산, 인적 자본 등의 자원을 소비한 결과로서 누리는 경제적 만족을 말한다.

② 경제적 복지의 구분

㉠ 객관적 측면: 가계 구성원이 실제로 경험하고 있는 경제생활의 수준이다.
㉡ 주관적 측면: 가계 구성원이 느끼고 있는 경제적 행복감의 정도이다.

(2) 빈곤의 개념

① 빈곤의 정의

각 국가의 경제발전 수준, 사회문화적 환경 등의 요인에 따라 달라질 수 있다. 빈곤이란 인간의 생활에서 최소한으로 필요한 자원이 결여된 상태를 말하며, 단순한 물질적 자원의 결핍만을 의미하는 것이 아니라 심리적·사회적·문화적 박탈까지를 포괄하는 개념이다.

② 빈곤의 측정 방법

㉠ 절대적 빈곤: 국가나 지역사회가 가계의 최저생활을 보장하기 위해 설정해 놓은 최소한의 소득 수준에 따라 빈곤을 개념화한 것이다. 빈곤은 최소한의 생존 수준에도 미치지 못하는 상태, 즉 먹을 것과 안전 물과 주거, 신체적 건강과 같은 기본적인 욕구를 충족하지 못하는 상태로 개념화 하고 있다. 세계에서 가장 널리 쓰이는 빈곤의 측정 방법이다.

㉡ 상대적 빈곤: 어떤 사회의 평균적인 소득 수준, 생활 수준과 밀접한 관련이 있다. 소득분배에 있어서 하위에 있는 가계와 비교적 윤택한 위치를 차지하고 있는 가계의 소득을 비교함으로써 빈곤을 개념화시키는 것이다. 그 사회가 원하는 소득분배가 균등화 될수록 이 개념에서 설정되는 빈곤선은 높아지게 된다. 상대적 빈

곤은 사회의 불평등 수준에 큰 영향을 받는다. 상대적 빈곤개념을 측정하는 것은 매우 어려운 문제인데, 보통은 사회의 평균소득, 중위소득의 일정 비율로 정하기도 한다.

ⓒ 주관적 빈곤: 적절한 생활 수준을 유지하기 위해서 필요한 소득 수준에 대한 개인적 평가에 근거해서 빈곤을 정의하는 것이다. 객관적 빈곤선과 달리, "빈곤(인식)의 주관성"에 주목한다. 이 분석 방법은 객관적으로 부여된 빈곤 지위가 아니라 각 개인이 스스로 느끼는 상태에 주목한다. 각종 설문 조사에서 자신이 속한 가구의 객관적인 소득 지위는 중산층이지만, 자신을 빈곤층으로 인식하는 경우를 쉽게 발견할 수 있다. 동일한 소득 수준이라도 해당 가구의 욕구와 선택에 따라 소비에 크게 부족함을 느낄 수도 그렇지 않을 수도 있기 때문이다.

ⓒ 사회적 배제: 기존의 빈곤 개념과 비교 했을 때 빈곤의 역동성과 동태적인 과정에 초점을 맞추며, 소득의 문제에 국한되지 않는 다차원적인 불리함을 의미하며, 사회적 관계에서의 배제에도 관심을 기울이고 있다. 복지권리, 고용에 대한 접근성, 교육, 차별문제, 사회적 관계망, 사회참여 능력, 정치생활 통합 정도에 초점을 맞춘다.

2) 빈곤의 원인과 빈곤가계의 일반적 특성

(1) 빈곤의 일반적 원인

① **개인적 원인**

ⓒ 자발적 원인(개인적 결함에 기초한 것): 빈곤은 낮은 지능과 제반 능력의 결여, 상대적으로 낮은 경력과 기술 및 학력 수준, 그리고 일에 대한 낮은 성취욕과 부적절한 판단력 등의 개인적 특성들에서 비롯된 것으로 평가한다. 또한 빈곤층은 태도와 동기 및 가치관이 부실하며, 스스로를 파멸시키는 행위(약물중독, 가족해체 등)를 선택하는 경향이 높고, 주어진 기회를 적극 활용하고자 하는 의지나 능력이 미흡한 특징을 보이기도 한다.

ⓒ 비자발적 원인: 가구주의 사망·질병·불구·노령, 가구원의 질병·낮은 교육 수준 등

② **사회적 원인**

생계를 지속할 수 있는 생산 자원부족, 물/보건/교육 등 기본서비스에 대한 접근의 부재 또는 제한적인 접근, 기아와 영양실조, 사망률과 사망자 수의 증가, 불안한 주거공간의 부재, 영세농 출신 도시이입자의 취업기회 제한과 불안정고용, 농촌의 경작규모의 영세성, 경기변동, 사회구조의 변화, 사회보장제도의 발달 미흡, 저소득층 자녀의 교육기회 제한으로 인한 빈곤의 세습화, 사회적 차별과 소외 등을 제시할 수 있다.

③ 역사적 원인

조선사회의 양반관료층에 의한 농민 착취, 일제강점기하에서 일제에 의한 식민지 착취경제 정책, 해방 후 해외 귀환동포와 북한으로부터의 월남난민 발생, 한국전쟁 중의 난민발생, 1960년대 이후의 급속한 도시화과정에서 도시로 이주해 온 영세 이농민에 의한 도시빈곤층 형성 등

④ 우리나라 빈곤층 스스로 생각하는 빈곤의 원인

가족질병, 가구주의 사망, 가구주의 실직, 기술 없음, 노름, 술, 나태, 무능력, 노동복지정책의 미흡이 높은 비중을 차지하고 있다.

(2) 빈곤가계의 일반적 특성

① 가계원수

일반적으로 빈곤층이 중산층보다 가계원수가 많은 것으로 알려져 있다. 그러나 우리나라 빈곤가계의 평균가계원수가 도시가구의 평균가계원수보다 적은 것으로 나타나고 있다. 이는 빈곤과 가족해체 간에 밀접한 관계가 있음을 부분적으로 시사하는 것이다.

② 가구주의 성별

빈곤가계는 일반가계에 비해 여성가구주 가계의 비율이 높다.

③ 가구주의 연령

남성가구주의 경우 60세 이후 빈곤율이 증가하는 반면, 여성가구주는 30대 초반부터 말까지 빈곤율이 증가하다가 하락한 뒤 55세 이후 다시 증가하는 양극점 형태의 빈곤율을 보이고 있다. 이러한 30대의 높은 빈곤율은 외환위기 이후 신용불량, 이혼 등 가족해체로 인해 급속히 증가한 여성가구주들이 빈곤의 위험에 처하면서 신빈곤층의 한 축을 형성하고 있음을 추측할 수 있다. 또한 전통적 의미의 저학력·고령의 빈곤층에서는 남·녀 가구주를 불문하고 빈곤의 상황이 더욱 악화되고 있는데, 여성가구주의 경우 빈곤 상황이 남성보다 더욱 심각함을 알 수 있다. 빈곤가계 가구주의 연령은 일반가계에 비하여 높다. 그에 따라 실업 가능성이 높아진다.

④ 가구주의 교육 수준

남·녀 공통적으로 저학력계층에 빈곤 가구주의 다수가 포진되어 학력이 낮을수록 빈곤위험에 더 많이 노출되어 있음을 알 수 있다.

⑤ 가구주의 취업상태

빈곤가계의 가구주가 실직 상태이거나 취업하고 있더라도 임시 일용직 근로자로 불

안정취업자이다.

⑥ 가계 구성원의 장애인 비율

빈곤가계에서 장애인 비율이 높다.

3) 빈곤가계의 경제 문제와 개선방안

(1) 빈곤가계의 경제 문제

① 소득과 소비

가구주의 고용상태가 항상 불안정하고 실직의 위험이 상존하고 있으므로 가계 구성원이 총동원되어 소득증대를 꾀하지만 빈곤선을 넘어서기는 늘 힘든 상태이다.

② 부채

질병, 전월세보증금인상, 자녀교육비 마련을 위한 여유자금이 없기 때문에 긴급히 목돈이 필요할 때 부채를 질 수밖에 없다. 도시보다는 농촌이 더 크게 나타난다.(영농자금, 보건의료비, 학자금마련)

③ 주거

교육비 다음으로 과중, 월세 집에 거주하는 경우가 많고, 주변시설이 열악하기 때문에 안정성이 떨어진다. 주거비의 부담이 과중하다.

④ 보건의료

교육비, 주거비 다음으로 크다. 전 도시가계 지출비율의 2배이고, 경제적으로 치료를 받지 못하거나 중단하기도 한다. 빈곤가계의 보건의료비 부담이 크며, 경제적 어려움으로 인해 병원보다는 약국 등을 많이 이용하고 있다.

⑤ 교육

빈곤가계의 교육비 부담이 가장 크다.

(2) 빈곤가계 경제 문제의 개선방안

① 조세제도 및 시장정책의 개선을 통한 소득 재분배

빈곤의 원인은 개인적요인도 있지만 사회구조적인 원인이 더 크다. 최근 근로빈곤층의 문제가 대두되고 있는 시점에서 효과적인 노동시장정책이 필요하다. 공공부조(빈곤가계를 지원하기 위해 가장 중요한 것) 생활보호 투입 예산이 너무 작아 혜택 수준이 낮다. 저소득층의 근로를 지원하는 세액공제제도 도입이 필요하다. 국민연금제도 확대실시 및 고용보험제도 확대 요구된다.

② 안정적인 주거생활 보장

　　공공임대주택 위주의 정책 실시, 빈곤가계 세입자를 위한 법적 지위 강화, 저소득층을 위한 불량주거지 재개발 실시, 종합주택금융제도 개선

③ 빈곤가계의 건강한 삶을 보장하기 위한 의료보장제도의 정비

　　현행 의료보호제도와 의료보험제도 개선, 노인건강대책 강력 추진

④ 의무교육기간의 연장과 공공교육 서비스의 확충

　　기술 훈련 시설, 고액투자가 필요한 유아교육서비스 공급 확충

2. 여성의 경제활동과 가계의 경제적 복지

1) 여성의 경제활동 참가의 의의

① 여성들의 교육기회의 확장으로 여성은 사회적 인식을 각성하게 되었고 적극적인 경제활동 참여를 열망하게 되었다.

② 여성에게 경제활동 기회를 확대시키는 것은 사회구성원으로서의 삶의 질 향상과 자아실현 기회를 제공함으로써 개인의 행복과 사회복지를 함께 증대시키는 것이다. 또한 경제활동 참가를 위한 전제 조건인 여성 지위의 향상은 양성평등이라는 인간화의 차원에서는 물론 사회발전의 면에서 필수 불가결한 요소이다.

2) 여성의 경제활동 참가요인(기혼 여성의 경우)

① **농가·비농가 여부**: 비농가의 기혼 여성이 농가의 기혼 여성보다 경제활동에 참가할 가능성이 낮았다.

② **6세 미만 자녀의 유무**: 6세 미만의 자녀가 있는 기혼 여성이 6세 미만의 자녀가 없는 기혼 여성보다 경제활동에 참가할 가능성이 더 낮다.

③ **연령**: 기혼 여성의 연령이 높을수록 경제활동 참가율은 높아지는 것으로 나타났다.

④ **노동시장 참여 경력**: 참여 경력이 많을수록 취업할 확률이 높아지는 것으로 나타났다.

⑤ **타가구원 소득**: 타가구원의 소득이 많을수록 기혼 여성의 시장노동 공급이 줄어드는 것으로 나타났다.

⑥ **기타**: 배우자 유무, 교육년수, 학력변수 등이 있다.

3) 여성의 경제활동 현황 및 결정적인 요인 효과

(1) 여성의 경제활동 현황

① 여성 취업자 및 고용률이 지속적으로 증가하고 있으나, 선진국과의 격차는 여전하고 출산·육아기 경력단절 현상(M자형 곡선)이 지속되고 있다. 최근 사회서비스 일자리에 여성 고용이 크게 증가하였으며, 여성의 임금 근로자화 현상이 뚜렷하게 나타나고 있다.

- 여성 취업자가 1천만 명을 초과하고, 임금 근로자 중 상용직 비율이 높아지는 등 여성 고용이 양적, 질적으로 개선되는 추세이다.
- 임신, 출산 등으로 인한 경력단절로 인해 30대 남·여의 고용률 격차가 크고, 경력 단절에 따른 사회적 손실이 발생한다.

② 보육서비스 등의 확충에 따라 사회복지서비스업 중심으로 여성 취업이 증가해 왔으며, 농업, 음식점업 등의 취업자는 감소 추세이다.

③ 가사·육아 등으로 인한 비경제활동 여성 인구는 감소추세이나, 경력단절 여성 규모 및 30대 여성의 경력단절 현상은 여전하다. 경력단절 이유는 결혼, 임신·출산, 미취학 자녀 양육 순이나, 임신·출산 사유는 30대 초반, 자녀 양육·교육 사유는 30대 후반에서 비중이 높은 편이다. 재취업한 여성들의 경우, 경력단절 당시보다 사무직 취업 비율은 줄고, 영세사업장 취업 비율이 늘어나는 등 일자리의 변화가 발생했다.

④ 다른 요인을 통제할 경우 교육 수준이 높을수록, 비혼일수록, 영유아가 없을수록 경제활동 확률이 높게 나타났다. 여성 경제활동 활성화를 위해서는 특히 수요와 공급 간의 불일치를 조정하고, 취업 주부를 위한 보육정책 재편이 필요하다.

(2) 여성의 생애노동시장 참가 현황

① 우리나라 여성의 생애노동 공급곡선

여성의 노동시장 참가는 결혼, 출산, 자녀 양육 등과 같은 생애사건에 상당한 영향을 받는다. 우리나라 여성의 생애노동 공급곡선은 M자형 곡선을 보인다.

② 기혼 여성의 취업유형

- 관습형(일반적인 여성취업 패턴): 취업 시작 시기가 결혼 전인가 또는 후인가에 관계없이 노동시장을 떠난 시기가 결혼 또는 출산 때를 말한다.
- 복귀형(일과 가사 및 자녀 양육을 인생 단계별로 나눠 분담한 형태): 일단 결혼 또는 첫 자녀 출산 때 노동시장을 떠났으나 막내 자녀 출산 후 다시 노동시장에 돌아온 경우를 말한다.

- 이중역할형(일과 가사 및 자녀 양육의 이중역할 수행이 불가피한 형태): 전 인생 단계에 걸쳐 일했거나 일시적으로 노동시장을 떠났더라도 막내 자녀 출산 전에 돌아온 경우 또는 첫 자녀 출산 후까지 계속 일했으나 막내 자녀 출산 전에 떠난 경우들을 말한다.
- 안전역할형: 막내 자녀 출산 이후에 노동시장에 들어온 경우를 말한다.

(3) 가부장제 원리에 의한 노동시장에서의 성차별

① 가부장제에서의 성역할
이것은 생물학적 성의 차이가 사회적인 역할차별로 나타나는 것을 말한다. 성역할을 통해 생성되는 여성성과 남성성은 가부장사회에서 개인의 인성 형성에 기초가 된다. 이 경우 여성성을 토대로 한 인성의 형성이란 여성에 대한 사회적 억압에 순응하는 태도를 배우게 되는 것을 의미한다.

② 산업화와 성역할
- 산업화 이후 생산기능을 가정 밖에서 행하므로 도시가정에서의 여성의 위치는 남성에 대한 경제적 의존성이 높아짐으로써 더욱 불리하게 되었다. 즉, 가부장제의 성별 분업은 자본주의 상품사회에 와서 여성의 지위를 더욱 저하시키는 요인이 되었다.
- 산업화는 여성들에게 가정 밖의 경제활동에 참여하는 기회를 증대시켰으나 산업사회에서 가부장적 성역할이 여성에게 불리하게 작용하게 되었다. 즉, 가부장제의 여성차별로 하층의 노동계층을 형성하게 되었으며, 가사와 노동이라는 이중역할 수행의 어려움으로 노동시장에서 차별대우를 받게 되었다.

4) 여성의 경제활동의 문제점과 개선방안

(1) 문제점
① 산업별로 여성은 음식·숙박업, 도·소매업, 개인 서비스업에 많이 종사하고 있고, 직업별로 상위직보다는 사무직, 판매 서비스직 등 하위직에 종사하고 있다. 이는 우리나라 고용시장에서 성별 직종분리에 의한 성차별적 지위차별이 고착화되어 있음을 나타낸다.
② 결혼·출산에 따른 여성의 고용단절은 여성취업자의 상위직 승진을 어렵게 할 뿐만 아니라 남녀 간 수직적 직종격리 현상과 함께 저임금의 원인이 된다.
③ 기혼 여성의 취업을 억제하는 가장 결정적인 요인이 6세 미만 자녀의 양육부담이었다.
④ 다수의 고학력 여성인력이 실업과 광범위한 실망 실업의 형태로 사장되고 있다.

(2) 개선방안

① 고임금 직종 중심으로의 취업구조 변화가 중요하다.

② 영유아 보육서비스의 확충과 결혼 후에도 취업을 보장할 수 있는 제도적 방안이 강구되어야 한다.

③ 고학력 여성인력의 인적 자본 낭비를 최소화하는 방향의 정책 방안이 강구되어야 한다.

④ 시간제 취업자를 위한 대책이 필요하다.

04 가계의 경제적 복지와 경제 문제: 예상 문제

01 국가나 지역사회가 가계의 최저생활을 보장하기 위해서 설정해 놓은 최소한의 소득수준에 따라 빈곤을 개념화 한 것을 무엇이라 하는가?

① 절대 빈곤 ② 상대빈곤
③ 사회정책상 빈곤 ④ 평균빈곤

정답 ①
해설 절대빈곤이란 국가나 지역사회가 가계의 최저생활을 보장하기 위해서 설정해 놓은 최소한의 소득 수준에 따라 빈곤을 개념화한 것이다.

02 다음 중 일정한 사회의 소득 분배에 있어서 하위에 있는 가계와 비교적 윤택한 위치를 차지하고 있는 가계의 소득을 비교함으로써 빈곤을 개념화시킨 것이라고 보는 것은?

① 절대빈곤 ② 상대빈곤
③ 사회정책상의 빈곤 ④ 평균빈곤

정답 ②
해설 상대적 빈곤은 일정한 사회의 소득 분배에 있어서 하위에 있는 가계와 비교적 윤택한 위치를 차지하고 있는 가계의 소득을 비교함으로써 빈곤을 개념화시킨 것이라고 보는 것이다.

03 빈곤의 원인 중 개인적 원인에 속하지 않는 것은?

① 무절제 ② 과다출산
③ 낮은 열망수준 ④ 사회보장제도 발달 미흡

정답 ④
해설 사회보장제도의 발달 미흡은 사회적 원인에 속한다.

04 우리나라 빈곤가계의 특성이 아닌 것은?

① 낮은 교육수준
② 높은 여성가구주의 비율
③ 불안정한 취업
④ 많은 가계 구성원 수

정답 ④
해설 일반적으로 빈곤층이 중산층보다 가계원수가 많은 것으로 알려져 있다. 그러나 우리나라의 경우 빈곤가계의 평균가계원수가 도시가구의 평균가계원수보다 적은 것으로 나타나고 있다.

05 기혼여성의 취업유형 중 기혼 여성이 자녀를 출산하더라도 노동시장을 떠나지 않고 계속 일을 하는 취업유형을 무엇이라 하는가?

정답 이중역할형
해설 일과 가사 및 자녀양육의 이중역할 수행이 불가피한 형태이다.

06 빈곤가계 경제문제의 개선방안을 3가지 이상 쓰시오.

정답
- 공공부조 확대와 고용안정
- 안정적인 주거생활 보장
- 빈곤가계의 건강한 삶을 보장하기 위한 의료보장제도 정비
- 의무교육기간의 연장과 공공교육 서비스의 확충

CHAPTER

07

가정자원관리 실전모의고사 문제 및 해설

01 실전모의고사 문제 제 1 회
02 실전모의고사 문제 제 2 회
03 실전모의고사 문제 제 3 회
04 실전모의고사 문제 제 4 회
05 실전모의고사 정답 및 해설

01 가정자원관리 실전모의고사 제1회

01 리드(M.Reid)가 가족원에 의해 그리고 가족원을 위해 수행되는 무보수의 활동이라 정의한 것은?

① 가계생산
② 가정생산
③ 관리노동
④ 지역생산

02 다음 중 가사노동의 일반적인 개념 정의로 거리가 먼 것은?

① 가사노동은 사회적 노동의 특성을 지닌다.
② 가사노동은 여성에게만 부과된다는 점에서 특정 성과 관련된 노동으로 규정된다.
③ 가사노동은 노동의 한 형태로서 역사적인 산물로 이해되어야 한다.
④ 가사노동은 소비과정에서 이루어지는 생산적 노동이다.

03 보이틀러와 오웬의 생산활동 유형 중 가사노동에 해당하는 것은?

① 가계 내 생산
② 시장생산
③ 가계 간 생산
④ 지역사회봉사

04 다음 중 이토가 세 가지로 분류한 가사노동의 내용이 아닌 것은?

① 신체적 노동
② 가정관리 노동
③ 생활 수단 정비 노동
④ 서비스 노동

05 다음 중 가사노동의 특성에 대한 설명으로 옳지 않은 것은?

① 가사노동은 개별성의 특성으로 인해 고독감을 느끼게 한다.
② 가사노동은 가정생활 유지를 위해 반복성과 보수성의 특성을 갖는다.
③ 가사노동은 사회적 노동에 종속되는 수동성과 타율성의 특성을 갖는다.
④ 가사노동은 수가 잡다한 단순한 노동으로 규정된다.

06 다음 중 베블렌의 가사노동에 대한 견해로 옳지 않은 것은?

① 각 계급은 위에 있는 계급과 경쟁하고자 하는데 이는 금전상의 형태를 취하게 되어 과시를 위한 소비가 여가보다 중시되었다.
② 성별분업이 예전부터 존재했지만 여자에게 항상 억압적인 것은 아니었다.
③ 각 계급은 위에 있는 계급과 경쟁하고자 하는데 이는 금전상의 형태를 취하게 되어 과시를 위한 소비가 여가보다 중시되었다.
④ 여성이 하는 일은 노력의 낭비라고 보았다.

07 여성에 대한 착취로서의 가사분업에 대한 분석 방식 중 취업 주부에만 초점을 두고 있는 방식은?

① 역할 과중과 관련된 분석
② 마르크스 개념틀 내에서의 분석
③ 전업주부와 관련된 분석
④ 변화적응 방식과 관련된 분석

08 라이스와 터커(Rice & Tucker)의 가사노동 관리체계모형에서 투입요소가 아닌 것은?

① 가사노동에 대한 요구
② 만족감
③ 예기치 않은 사건
④ 가계가 사용할 수 있는 자원

09 관리적 행동을 요하는 예기치 못한 상황을 말하는 것으로 가족원들의 가치에 의해 그 중요성이 달라지는 것과 관련있는 가사노동의 투입요소는?

① 자원
② 가계생산
③ 요구
④ 사건

10 다음 중 가사노동의 과정에서 계획 행동에 포함되는 것은?

① 표준 설정, 통제
② 표준 설정, 순서
③ 순서 정함, 통제
④ 실행, 통제

11 시간계획의 한 방법 중 주어진 시간 내에 복잡한 계획을 완료하기 위해 일을 규정하고 통합하고 상호관련시키는 관리통제 체제를 무엇이라 하는가?

① MVC
② PAT
③ STP
④ PERT

12 페레(Ferree)가 제시한 사회계층에 따른 가사노동 만족도 차이 모형과 관련이 없는 것은?

① 성취 이론
② 사회화 이론
③ 생산성 이론
④ 상황 이론

13 다음 중 근육의 효과적 사용에 대한 설명으로 옳은 것은?

① 가사작업 시 정적 수축작용을 많이 하도록 한다.
② 근육은 수축할 때 가장 큰 힘을 발휘하므로 짐을 들 때 짧게 수축하도록 한다.
③ 근육을 리듬 있게 사용하도록 한다.
④ 작은 근육이 큰 근육보다 에너지 소모와 피로감이 적으므로 가능한 한 작은 근육을 사용한다.

14 다음 중 자루걸레로 바닥을 닦을 때 동작을 둥글게 하여 되돌아오도록 하는 것과 관련이 깊은 신체역학 원리는 무엇인가?

① 중력
② 지레의 작용
③ 운동량
④ 정적 수축작용

15 다음 중 시간에 대한 경제적 접근법의 표현으로 볼 수 없는 것은?

① 하루 24시간
② 시간은 돈이다.
③ 가치있는 것
④ 누구나 똑같이 가진 중요한 것

16 심리학에서의 인간의 시간 인식에 대한 설명 중 옳지 않은 것은?

① 같은 작업량이라도 작업의 속도가 빠르면 시간도 짧게 느껴지고, 속도가 더디면 시간도 길게 느껴진다.
② 실제로 같은 시간이라도 그동안 여러 경험이 있으면 길게 느껴지고, 변화의 수가 적으면 짧게 느껴진다.
③ 시간을 힘과 작업량의 관계로서 설명하는 입장 외에 직접 경험에 호소하여 설명하는 입장도 있다.
④ 시간 인식은 직관에 의한 것이다.

17 미얼루(Meerloo)가 제시한 개인의 주관적 시간 감각 차원이 아닌 것은?

① 시간의 연속성
② 단속적 시간
③ 생리적 시간
④ 역사적 시간

18 주관적인 시간 감각 중 과거, 현재, 미래의 활동을 연결하는 것은?

① 역사적 시간
② 생리적 시간
③ 속도
④ 시간의 연속성

19 시간 지각 모델 중 순환적 모델에 대한 설명 중 옳지 않은 것은?

① 가난과 자주 관련된다.
② 순환적 개념에서 미래에 대한 개념은 불확실하다.
③ 시간을 저축한다는 의식으로 살아간다.
④ 시간의 반복적인 속성을 강조한다.

20 시간 사용을 분석함으로써 생활의 실태와 문제를 파악하는 구체적인 예로 옳지 않은 것은?

① 가족공유시간의 실태를 파악함으로써 가족 간의 상호 작용의 양, 형태 등을 알 수 있다.
② 남녀역할과 불평등의 문제는 시간 사용 비교를 통해 수량화할 수 없다.
③ 시간 사용의 전반적 구조를 파악함으로써 생활의 실태 및 문제를 파악할 수 있다.
④ 가사노동시간이나 사회봉사활동에 대한 경제적 평가를 가능하게 한다.

21 다음 중 관찰법의 문제점이 아닌 것은?

① 비용이 적게 든다.
② 활동에 대한 관찰이 활동 자체의 성격을 바꿀 수 있다.
③ 활동의 동기나 목적에 관해서는 관찰자가 추론하기 힘들기 때문에 이 방법이 그다지 정확하거나 만족스럽지 않을 수 있다.
④ 조사 대상자에게 많은 거부를 일으킬 수 있다.

22 시간 사용 측정 방법 중 기록 시점에 따른 분류가 아닌 것은?

① 회상법
② 기록 의뢰법
③ 전일기록법
④ 회상법당일기록법

23 인간의 욕망이 무한한 데 비해 자원이 한정되어 있는 사실을 무엇이라 하는가?

① 분배의 원칙
② 욕망의 원칙
③ 자원의 원칙
④ 희소성의 원칙

24 일정 기간(1년) 동안 국민들에 의해 생산된 최종 생산물의 시장가치의 총합으로 표시되는 것은?

① 국민총생산액
② 가처분 소득
③ 개인소득
④ 국민순생산액

25 가사노동 화폐가치 측정 방법 중 투입 접근법의 종류를 쓰시오.

26 자이가닉 효과에 대하여 설명하시오.

27 노동력 재생산시간에 속하는 3가지를 쓰시오.

28 파레토 법칙에 대하여 설명하시오.

02 가정자원관리 실전모의고사 제 2 회

01 가정 내에서 일어나는 모든 생산활동, 즉 가정생산이라는 개념을 도입한 사람은?

① 리드
② 보이틀러와 오웬
③ 워커
④ 베커

02 가사노동을 다음과 같이 정의한 사람은 누구인가?

〈보기〉
가계생산과 가사노동을 동일시하면서 가사노동이란 가족으로서의 기능을 가능하게 하는 재화와 용역을 창출하기 위해 개별 가계에서 수행되는 의도적 활동이다.

① 오웬
② 리드
③ 베커
④ 오웬워커와 우즈

03 다음 중 이토가 세 가지로 분류한 가사노동의 내용이 아닌 것은?

① 생활 수단 정비 노동
② 서비스 노동
③ 신체적 노동
④ 가정관리 노동

04 다음 중 가사노동의 무보수성에 대한 설명으로 잘못된 것은?

① 취업 주부로 하여금 가사노동의 부담을 지게 하는 조건이 된다.
② 주부가 취업할 경우 기회비용이 높게 된다.
③ 주부들로 하여금 그들의 노동력을 고용노동에 투입하게 하는 계기가 된다.
④ 가사노동의 무보수성은 자본에 이득이 된다고도 볼 수 있다.

05 다음 중 1960년대 우리나라 가정학 가사노동 연구의 주류를 이루었던 것은?

① 가사노동의 가치평가에 관한 연구
② 가사노동 분담에 관한 연구
③ 가사작업장·시설설비에 관한 연구
④ 가사노동의 변화·현상·동향에 관한 연구

06 국민순복지(NNW)를 통해 여가시간과 가사노동, 즉 생활시간 전체가 가치를 부여받게 된다는 가사노동에 대한 접근과 관련있는 학자는?

① 베블렌
② 마르크스
③ 베커
④ 길맨

07 가사노동에 대한 투입으로서의 요구에 영향을 주는 요소와 관련이 없는 것은?

① 사회적 기대
② 취업
③ 가족 구성
④ 화폐소득

08 가사노동 관리체계모형에서 가사노동에 영향을 주는 투입으로서의 자원요인으로 거리가 먼 것은?

① 에너지
② 시간
③ 문화적 기대
④ 물적 자원

09 타이들과 브랜턴이 제시한 가사노동의 수행을 위한 지침이 아닌 것은?

① 사용하고 관리하기에 용이한 기기와 도구는 가사작업의 수행을 촉진한다.
② 작업을 하는 동안에 똑바로 서거나 앉아서 하면 피로를 많이 느낀다.
③ 상박과 하박이 직각을 이룬 상태로 작업을 할 수 있게끔 작업표면이 설계될 경우 피로를 경감시킨다. 사용하고 관리하기에 용이한 기기와 도구는 가사작업의 수행을 촉진한다.
④ 자주 사용하는 물품을 손끝과 눈높이 사이에 둘 경우 쉽게 발견할 수 있다.

10 다음 전업주부에 비해 취업 주부의 식사 준비 횟수가 적고 가사노동시간이 짧은 이유가 아닌 것은?

① 가족원이 협조하지 않는다.
② 가정 기기에 더 많이 의존한다.
③ 시장재화나 용역에 의한 대체 정도가 크다.
④ 가사노동 표준이 유동적이다.

11 우리나라 주부들의 가사노동 만족과 관련된 설명 중 옳지 않은 것은?

① 가사노동 분담은 가사노동 만족에 절대적으로 영향을 준다.
② 취업 의사가 있는 주부의 경우가 취업 의사가 없는 주부보다 가사노동에 대한 불만이 높았다.
③ 어머니의 생활이 행복해 보이지는 않았더라도 그러한 삶을 당연시할 때 주부 역할을 불만 없이 받아들인다고 볼 수 있다.
④ 가사 분담을 원하지 않는 경우 가사노동에 만족하는 비율이 높았다.

12 다음 중 견인력이라는 개념과 관련 있는 일의 달성을 위한 조건은?

① 적절한 지속 시간을 유지할 것
② 규칙적이고 율동적인 패턴을 개발할 것
③ 전체 일을 일련의 하위 단위로 분할할 것
④ 세심한 주의력을 기울이거나 몰두할 것

13 다음 중 골격에 의해서 형성된 인체가 이루고 있는 주요 체중이 아닌 것은?

① 엉덩이
② 머리
③ 가슴
④ 목

14 중력의 원리를 이용하여 힘을 효율적으로 사용하는 방법으로 적당하지 않은 것은?

① 신체를 굽혀서 물건을 잡을 때는 등을 곧게 해서 무릎을 굽히는 자세로 집는다.
② 서서 커다란 짐을 버틸 때에는 양다리를 넓히는 쪽이 안정하다.
③ 무거운 가구 등을 이동할 때는 이동하는 중량의 중심에서 몸을 조금 구부려 양손을 가구에 대었다 신체가 원래의 똑바로 선 자세로 돌아온 후에 힘을 낸다.
④ 무거운 짐을 들어 올릴 때는 짐을 신체의 중심인 허리 부근에 가까이 해서 굽혀 들어 올린다.

15 다음 중 같은 작업을 하더라도 작업자의 연령, 성별, 신장, 체중 등에 따라 에너지 소모량이 달라지는 이유는?

① 성격차이
② 기초대사량의 차이
③ 생활습관의 차이
④ 에너지 대사율의 차이

16 다음 중 가사노동의 집단화에 대한 설명으로 바르지 못한 것은?

① 사회적 단위로서의 가족이 붕괴될 것이라는 우려에서 집단화에 대해 거부감을 갖는다.
② 공동세탁장이나 공동취사와 같은 가사노동 집단화에 대한 욕구가 점차 증가하고 있다.
③ 가사노동의 집단화는 경제적 효용성과 사회적 공평에서 그 의의를 찾을 수 있다.
④ 일부 가사노동 영역의 집단화는 사회보장의 차원에서 의의가 크다.

17 발달심리학의 자료를 근거로 시간이 직관으로 파악되는 개념이 아니고 고차적인 인식에 근거함을 밝힌 사람은?

① 울프
② 피아제
③ 프로이트
④ 브라우저

18 다음 중 과거의 사건들을 시간 속에서 바르게 순서를 정하는 것으로 주관적 시간 개념의 한 차원은?

① 시간 감각
② 생리적 시간
③ 시간의 연속성
④ 역사적 시간

20 농촌의 노인들은 날짜 단위로 약속을 하고, 도시의 젊은이들은 분(分) 단위로 약속을 하는 경향이 있다고 볼 때, 이는 무엇과 관련이 있는가?

① 객관적 시간 측정의 중요성
② 생리적 시간과 연령의 관계
③ 개인적 시간 감각의 차이
④ 문화에 따른 시간 개념의 차이

21 다음 중 시간은 기술, 화폐, 에너지 등 다른 어떤 자원이 사용되고 있을 때에도 함께 사용되는 중심적 자원으로서 신체적·자연적·사회적 리듬에 의한 변화를 통해서 우리 생활을 강하게 지배하고 있다는 것과 관련된 시간 자원 관리 개념은?

① 총체적 개념
② 유효성의 개념
③ 통합적 개념
④ 결합적 개념

22 시간 사용을 계획할 때 우선순위 결정이 중요하다는 것으로 어떤 요소들이 통제된다면 특정한 적은 요소가 항상 유효성의 많은 부분을 설명할 수 있다는 법칙은?

① 오번의 법칙
② 파킨슨의 법칙
③ 파레토의 법칙
④ 슈바베의 법칙

23 사람 유형 중 아침 일찍부터 생산성이 높은 사람의 유형을 무엇이라 하는가?

① 야간형
② 종달새형
③ 올빼미형
④ 불분명형

24 다음 중 시간 사용의 내적 낭비 요인은 무엇인가?

① 미루기
② 적절한 정보의 부족
③ 다른 사람의 실수 처리
④ 기다리는 시간

25 파킨슨의 법칙에 대하여 간략하게 쓰시오.

26 시간 사용의 외적·내적 낭비 요인을 3가지 이상 쓰시오.

27 시간 일지법의 장점에 대하여 2가지 이상 쓰시오.

28 우리나라에서 가장 보편적인 작업대 배치를 순서대로 쓰시오.

03 가정자원관리 실전모의고사 제 3 회

01 다음 중 가사노동의 개념을 가장 바르게 설명한 것은?

① GNP에 기여하며 경제적 가치평가가 가능한 활동이다.
② 사적인 장소에서 이루어지며 사회적 특성을 갖는 활동이다.
③ 가족원에 의해 가정 내에서 이루어지는 무보수의 활동이다.
④ 시장에서 구매한 재화와 용역으로 대체될 수 있는 활동이다.

02 리드가 제시한 가계생산에 대한 설명으로 옳은 것은?

① 가계 밖에서 이루어지는 생산이다.
② 시장에서 구입한 재화로 대체될 수 없는 부분이다.
③ 가계 간 생산과 가계 내 생산으로 이루어진다.
④ 가족원에 의해 가족원을 위해 수행되는 무보수의 활동이다.

03 다음 중 가정학에서 가장 보편적으로 사용되고 있는 워커와 우즈의 가사노동 분류에서 같은 영역의 활동끼리 서로 연결된 것은?

① 일상적 식사 준비 - 설거지
② 가족원의 비신체적 돌보기 - 시장보기
③ 정원과 자동차 손질 - 특별의류 손질
④ 특별주택 손질

04 미국의 가사노동시간에 관한 연구 중 1970~80년대 미국에서 가장 크게 주부의 가사노동시간에 영향을 준 변수는?

① 주부 건강
② 주부의 고용 여부
③ 자녀의 가치관
④ 주거 형태

05 가사노동을 비생산노동으로 보고 연구 대상에서는 제외하였으나 가사노동의 본질을 이해하는 데 많은 토대를 제공한 것은?

① 여성학
② 가정학
③ 신가정 경제학
④ 마르크스 경제학

06 일정한 가정양식을 성립시키는 근거를 규명하고 장래에 선택될 가정양식을 명백히 해서 금후 가정의 모습을 보여 주는 데 연구의 의의가 있는 것으로 본 가사노동 연구는?

① 가정사 연구에 있어서의 가사노동
② 동작·피로 등의 노동과학적 연구
③ 생활시간 연구
④ 주거학에서의 가사노동 연구

07 여성의 억압은 사유재산과 자본주의의 발생과 관련되므로 사회주의만 실현되면 여성은 열등한 지위에서 벗어나게 되고 가사노동은 산업화된다고 본 견해를 가진 학자는?

① 월리스
② 베커
③ 아라마타
④ 엥겔스

08 히로타의 자본주의 생산발전에 의한 가사노동 경감을 늦추는 요인이 아닌 것은?

① 가사노동이 저임금·과도노동과 관련된 근로자의 빈궁함을 가정 내부에서 떠받쳐 준다.
② 가사노동을 경감시켜 주는 사회적 시설이 빈곤하다.
③ 주부가 임금 노동자화되는 경우 노동 조건이 열악하다.
④ 공동체 생활이 확산되고 있다.

09 다음 중 자원과 가사노동 관계에 대한 설명으로 옳지 않은 것은?

① 가사노동 수행자는 관리자인 동시에 작업자이기도 하다.
② 고용시간이 규칙적이고, 낮근무인 고용인이 교대근무나 주말근무를 해야 하는 사람보다 가사노동에 많이 참여한다.
③ 대체로 다른 일에 사용된 시간만큼 가사노동시간은 제약을 받는다.
④ 고소득 가계주부와 저소득 가계주부는 가정 기기 사용 정도와 서비스 이용 정도에 차이가 없다.

10 다음 중 매로흐의 가사 과업 평가척도의 속성이 아닌 것은?

① 인적 자원
② 사회·물리적 상황에 대한 적응성
③ 내재적 흥미
④ 수단·목적 관계

11 다음의 〈보기〉에 제시된 내용과 관련이 있는 것은?

〈보기〉
생산 과정의 화학적·물리적 성격에 의해 일의 속도와 동작의 특성이 결정되는 작업에서 흔히 경험하는 견인현상이다.

① 과정견인　　　　　　　　　② 묶음견인
③ 대상견인　　　　　　　　　④ 열(列)견인

12 다음 중 작업 방법을 고안하는 경우에 가장 기본이 되는 원칙은 무엇인가?

① 동작을 최소화한다.
② 다리보다 팔을 많이 사용한다.
③ 신체를 올바른 자연선열로 유지한다.
④ 상체보다 하체의 자세를 중시한다.

13 다음의 〈보기〉는 신체의 어떤 원리(작용)를 이용한 것인가?

〈보기〉
짐을 운반할 때 짐을 몸 가까이 붙이고, 짐의 긴 쪽이 몸에 평형이 되도록 드는 것이 좋다.

① 운동량의 원리
② 지레의 작용
③ 중심의 원리
④ 중력작용

14 다음 중 가사노동 시 에너지 소모량을 결정하는 요인이 아닌 것은?

① 동작 요소
② 성격
③ 신체 사용 부위의 무게
④ 자세

15 다음 중 작업대의 높이는 대체로 어느 정도가 적당한가?

① 신장에 관계없이 90cm
② 신장의 60%
③ 신장의 52%
④ 주부의 엉덩이 높이

16 다음 중 회전 동작을 많이 하게 되는 작업센터 배치는?

① ㄷ자형
② ㄴ자형
③ 병렬형
④ 일렬형

17 다음 중 피셔가 말한 가계의 국민경제로의 편입 과정의 기본 형태에 포함되지 않는 것은?

① 기계화
② 산업화
③ 집단화
④ 사회화

18 개별 가계가 지속적으로 해체되어 가는 동시에 가정 내 생산 과정을 사회적으로 조직된 기구가 담당하게 되는 과정을 의미하는 것은?

① 가사노동의 기계화
② 가사노동의 산업화
③ 가사노동의 집단화
④ 가사노동의 사회화

19 다음 중 사회적·공공적 소비 수단이나 서비스로서 개별 가족에게 공급되는 가사노동의 사회화 형태는?

① 청소기
② 요리사
③ 공동구입
④ 양로시설

20 가사노동의 사회화 중 상호부조에 의한 대체에 속한 것끼리 연결된 것은?

① 파출소-배달 서비스
② 학교급식-산지직배 시스템
③ 소비자센터-아동상담소
④ 공동구입-공동주택관리 시스템

21 시간의 경과 또는 시간의 길이를 시계와 같은 물리적 계측 수단에 의하지 않고 주관적으로 파악하는 것을 무엇이라 하는가?

① 시간경험
② 객관적 지각
③ 시간 지각
④ 종합적 지각

22 다음 중 시간 사용 연구에서 경제학자들의 연구 초점이 된 것은?

① 가족 구성원들간의 공평성
② 가사노동의 화폐적 가치평가
③ 시장노동과 가계생산에 있어서 상대적 생산성
④ 기혼 여성과 남편의 시간 사용 변화

23 다음 중 가사 분담을 결정하는 과정에서의 권력과 지위에 초점을 두고 시간 사용을 연구해 온 학문 분야는?

① 가정학
② 법학
③ 사회학
④ 경제학

24 다음 중 시간 사용 연구의 의의로 볼 수 없는 것은?

① 인간 행동에 대한 변경 가능
② 시간관리를 통한 생활의 질 향상
③ 사회적 척도 개발
④ 생활의 실태 및 문제파악

25 일반적인 생활시간의 종류를 쓰시오.

26 시간에 대한 접근법 중 정량적 접근법에 대해 간략히 설명하시오.

27 시간관리가 필요한 근본적 이유를 쓰시오.

28 시간계획을 효과적으로 실행하는 데 중요한 인적 자원 3가지를 쓰시오.

04 가정자원관리 실전모의고사 제 4 회

01 다음 중 가사노동의 일반적인 개념 정의로 거리가 먼 것은?

① 가사노동은 여성에게만 부과된다는 점에서 특정 성과 관련된 노동으로 규정된다.
② 가사노동은 사회적 노동의 특성을 지닌다.
③ 가사노동은 소비과정에서 이루어지는 생산적 노동이다.
④ 가사노동은 노동의 한 형태로서 역사적인 산물로 이해되어야 한다.

02 리드(M.Reid)가 가족원에 의해 그리고 가족원을 위해 수행되는 무보수의 활동이라 정의한 것은?

① 가정생산　　　　　　② 가계생산
③ 지역생산　　　　　　④ 관리노동

03 다음 중 가사노동의 특성에 대한 설명으로 잘못된 것은?

① 가사노동의 보수성이 가정생활의 변화를 지연시키는 원인이 되기도 한다.
② 가사노동은 성과의 달성 정도가 애매하고 평가의 객관성이 결여된다.
③ 가사노동의 분산성은 전체 국민경제상으로 볼 때 낮은 생산성과 연관되어 비효율성으로 나타난다.
④ 가사노동은 대가가 지불된다.

04 다음 중 가사노동의 정서적 측면에 중점을 두는 가사노동 연구는?

① 가사노동 분담에 관한 연구
② 가사노동에 대한 태도·만족도에 관한 연구
③ 가사노동의 가치평가에 관한 연구
④ 가사노동의 변화·현상·동향에 관한 연구

05 다음 중 고전적 마르크스 경제학자와 관련이 없는 사람은?

① 엥겔스
② 베커
③ 베블렌
④ 길먼

06 국민순복지(NNW)를 통해 여가시간과 가사노동, 즉 생활시간 전체가 가치를 부여받게 된다는 가사노동에 대한 접근과 관련있는 학자는?

① 베커
② 마르크스
③ 베블렌
④ 길맨

07 가사노동이 열등한 여성지위의 물적 토대가 된다고 보고 가사노동의 사회화를 요구한 페미니즘 유형은?

① 사회주의 페미니즘
② 자유주의 페미니즘
③ 급진적 페미니즘
④ 초기 부르주아 페미니즘

08 다음 중 가족 구성과 가사노동시간의 관계에 대한 설명이 옳은 것은?

① 독신자 중에서 남자가 여자보다 더 많은 시간을 가사노동 하는 데 소비한다.
② 다양한 연령층으로 구성된 가족에 있어서 가사노동에 대한 요구가 크다.
③ 자녀 수의 증가에 따라 일정한 비율로 가사노동시간이 증가한다.
④ 대체로 막내 자녀 연령이 높아질수록 주부의 가사노동시간은 증가한다.

09 가사노동의 과정 중 계획에 대한 설명으로 옳지 않은 것은?

① 가족원의 건강이나 안전과 관련된 행동에 있어서 표준이 엄격하다.
② 특정 과업에 대한 지식을 갖고 있으면 일을 효과적으로 할 수 있는 순서를 개발할 수 있다.
③ 자원에 대한 지식을 가지고 있으면 가사노동 순서를 잘 조절할 수 있다.
④ 전업주부의 경우 특정 시각에 일들이 조직된다.

10 다음 중 가사노동과 관련하여 일반적으로 주부가 대체로 좋아하는 과업은 무엇인가?

① 자녀 양육
② 설거지
③ 청소
④ 세탁

11 다음 중 페레의 가사노동 만족도 차이 모형 중 성장 과정에서 사회화를 통해 형성된 가부장적 태도와 순종적 인성이 전통적 주부의 역할 수용에 영향을 준다는 이론은 무엇인가?

① 생산성 이론
② 사회화 이론
③ 상황 이론
④ 기대 이론

12 다음 중 에너지 소모와 관련된 설명으로 옳은 것은?

① 속도가 증가할수록 단위시간당 에너지 소모량은 감소한다.
② 신체 사용 부위의 무게는 에너지 소모량에 영향을 주는 결정적 요인이다.
③ 많은 부분의 체중을 움직일수록 에너지 소모가 적다.
④ 사용하는 신체 부위의 무게가 적을수록 에너지 소모가 많다.

13 다음의 〈보기〉는 무엇에 대한 설명인가?

> 〈보기〉
> - RMR
> - 작업의 강도를 표시
> - 어떤 작업을 하는데 소모된 에너지를 나타내는 방법으로 사용

① 에너지 소비량　　　　　　② 에너지 대사율
③ 에너지 소모비　　　　　　④ 기초대사량

14 다음 중 작업센터의 배치원리에 맞지 않는 것은?

① 가열대를 가장 먼저 배치하고 개수대를 그 다음에 배치한다.
② 센터의 오른쪽 또는 왼쪽에 일의 흐름에 맞게 다른 센터를 배치한다.
③ 밀접한 관계가 있는 센터를 가까이 배치한다.
④ 가장 중요한 센터를 제일 먼저 계획하고 배치한다.

15 다음 중 가사노동 산업화의 문제점으로 거리가 먼 것은?

① 가정생활의 획일화 문제
② 가족이 붕괴될 가능성이 발생
③ 일방적인 편의성 추구의 왜곡된 생활양식 초래
④ 가정생활의 질 저하

16 다음 중 가사노동의 기계화에 대한 설명으로 옳은 것은?

① 가정 기기의 구입가격에 비해 상응하는 노동력의 대가가 싸면 가사노동의 기계화가 촉진된다.
② 기기에 대한 감가상각 형태의 세제 혜택이나 임대 등이 가사노동의 기계화를 촉진한다.
③ 여성의 취업이 증가하면 가사노동의 기계화는 감소된다.
④ 가정 기기는 노동절약 효과보다 시간절약 효과가 크다.

17 다음 중 가사노동에 대한 개선방향으로서 바람직한 것은?

① 이윤추구적인 상품화에 대해서는 물가상승 반대운동으로 대처한다.
② 개성을 잃을 수 있는 공공서비스를 억제한다.
③ 가족원별로 임금 취득과 가사노동을 전문화한다.
④ '어머니의 맛'을 유지하기 위하여 상품화를 반대한다.

18 다음 중 시간에 대한 접근법이 아닌 것은?

① 경제적 접근법
② 인구학적 접근법
③ 심리적 접근법
④ 정량적 접근법

19 시간 지각 모델 중 순환적 모델에 대한 설명 중 옳지 않은 것은?

① 시간의 반복적인 속성을 강조한다.
② 순환적 개념에서 미래에 대한 개념은 불확실하다.
③ 시간을 저축한다는 의식으로 살아간다.
④ 가난과 자주 관련된다.

20 우리나라 민속에 나타난 시간 인식으로 옳지 않은 것은?

① 민속에서 고려되는 시간은 연월일은 물론 시각까지 정확히 헤아린다.
② 우리나라 천지개벽 신화는 연월이 없다.
③ 태초의 시간을 인간의 출생 시간처럼 시간의 네 기둥에 입각해서 인식하고 있다.
④ 우리 민속의 시간 인식은 체계적이고 세계관적 상징성을 잘 드러내고 있다.

21 우리나라 10세 이상 전 국민의 시간 사용 실태에 대한 설명으로 옳지 않은 것은?

① 수면시간은 10대가 가장 많다.
② 여가시간 중 교제활동이 모든 연령층에서 가장 많다.
③ 여성의 사회참여는 활발해지고 있지만 가사노동은 여전히 여성들 몫이다.
④ 하루 평균 학습 시간은 고등학생이 제일 많다.

22 다음 중 시간 사용을 최초로 국제적으로 비교하고 공동 조사를 주도한 사람은?

① 울프
② 블러드
③ 살라이
④ 커버먼

23 기혼 여성의 취업증가는 수입노동시간의 증가를 가져오고, 가사노동시간의 감소를 가져오지만 기혼 여성은 가사노동의 책임을 가지고 있기 때문에 가사노동시간의 감소는 그렇게 크지 않다고 본 사람은?

① 로빈슨
② 울프
③ 블러드
④ 요시노리 카모

24 자녀의 가사노동 참여에 대한 설명으로 옳지 않은 것은?

① 우리나라 청소년들의 가사노동 참여 비율은 아주 낮은 편이다.
② 딸이 아들보다 더 많은 가사노동을 하고 있다.
③ 부모들이 가사 참여보다는 공부에 소비하도록 장려한다.
④ 성별에 따라 가사에 참여하도록 하는 것이 중요하다.

25 오트너가 구분한 가족원 간의 상호 작용 정도에 따른 여가활동을 쓰시오.

26 부부간 가사노동 분담 가설 중 상대적 자원 가설에 대해 간략히 쓰시오.

27 시간관리의 대표적인 제한 요소 3가지를 쓰시오.

28 PERT란 무엇인지 간략히 쓰시오.

05 가정자원관리 실전모의고사 정답 및 해설

실전모의고사 제1회 정답 및 해설

01 정답 ③
해설 가사노동은 자주 사적인 노동으로 파악되나 그 의의에 있어서는 사회적 노동의 특성을 지닌다. 가사노동은 개별 가계에서 수행되지만 하나의 노동형태로 외부세계와 계속 상호 관계에 놓여 있다. 오늘날 가사노동은 시장경제의 확대에 따라 지속적으로 국민경제의 노동분업 속으로 편입되어 가고 있다.

02 정답 ②
해설 가사노동은 반드시 여성의 노동이라고 규정되어서는 안 된다.

03 정답 ②
해설 보이틀러와 오웬의 생산활동 유형 중 분리 가능한 생산활동 중 가계생산과 분리 불가능한 생산활동 중 가계 내 생산만이 가사노동에 속한다고 할 수 있다.

04 정답 ①
해설 이토의 가사노동분류: 생활 수단 정비 노동, 서비스 노동, 가정관리 노동

05 정답 ④
해설 가사노동은 여러 종류의 노동으로 이루어져 있으며 다양한 수준의 기술과 집중을 요구한다. 조직되지 않고 분류하기도 곤란한 '잡다함'은 생활의 다측면, 즉 가정생활의 다양한 기능을 나타내는 반면, 전문성의 결여를 의미하기도 한다. 그러나 가사노동의 전 영역이 다양하므로 가사노동을 단순노동이라고 규정할 수는 없다.

06 정답 ②
해설 베블렌은 예전부터 여성은 항상 열등한 지위를 가졌다고 주장함으로써 엥겔스와는 상반된 견해를 보여 주었다.

07 정답 ④
해설 가사분업 방식 중 전업주부와 관련된 분석은 주부에 초점을 두었고, 마르크스 개념틀 내에서의 분석은 가정 주부와 취업 주부를 구별하지 않은 데 반해 역할 과중과 관련된 분석은 취업 주부에만 초점을 둔다.

08 정답 ②

해설 라이스와 터커의 가사노동 관리체계모형에서 투입은 가사노동에 대한 요구(가족 구성, 취업, 문화적·사회적 기대) 및 예기치 않은 사건 그리고 가계가 사용할 수 있는 자원을 포함한다. 인간의 욕구와 투입요소를 토대로 하여 사람들은 표준을 선택하고 가계생산, 재화와 서비스의 구입 그리고 시장생산 간에 자원을 배분하는 것은 과정이다.

09 정답 ④

해설 인생에서 전환의 계기가 되는 '위기'라고 불리는 중요한 사건들은 가사노동에 대한 요구의 우선순위를 크게 변화시킬 수 있다.

10 정답 ②

해설 표준과 순서에 관한 의사 결정이 가사노동의 계획행동에 포함된다. 가족들은 원하는 결과를 결정하고 이러한 결과를 달성하기 위한 계획을 세운다. 잘된 계획이란 여러 과업을 통합해서 바람직한 행동 패턴을 형성하는 것이다.

11 정답 ④

해설 그로스 등은 시간계획의 한 방법으로 산업부문에서 개발된 PERT(Program Evaluation and Review Technique)를 제안했다. PERT는 주어진 시간 내에 복잡한 계획을 완료하기 위해 일을 규정하고 통합하고 상호관련시키는 관리통제체제이다.

12 정답 ①

해설 페레(Ferree)는 사회계층에 따른 가사노동 만족도의 차이를 생산성 이론, 사회화 이론, 상황 이론의 세 가지 모형으로 설명하였다.

13 정답 ③

해설 근육을 효과적으로 사용한다는 것은 이용할 수 있는 가장 강한 근육을 사용하도록 하는 것과 짐에 접근하기 전에 먼저 작업할 근육을 고정한 다음 서서히 근육을 수축시키는 것, 그리고 근육을 리듬 있게 사용하는 것이다.

14 정답 ②

해설 운동량은 작업을 급하게 멈추거나 방향전환을 할 경우에 근육이 극복해야 할 힘인데, 가사노동에서 주목해야 할 점은 그 중에서도 관성의 법칙(law of inertia)이다. 원형적이고 자유롭게 흐르는 동작은 가장 피로를 적게 하는 동작인데, 연속적으로 흘러서 부드럽게 다음 동작으로 넘어가기 때문이다.

15 정답 ①

해설 시간에 대한 경제적 접근법: 마케팅이나 거래에서 사람들이 가장 자주 사용하는 것이라고 할 수 있다. "누구나 똑같이 가진 중요한 것", "최대효용을 얻도록 사용해야 하는 유한한 자원", "가치있는 것", "시간은 돈이다"라는 표현이 시간에 대한 이 접근법을 나타낸다.

16 정답 ④

해설 심리학에서의 시간 인식은 직관에 의한 것이 아니라 관계판단에 근거한다는 것이다. 즉, 시간이란 인간에 있어서 그 자체로서 존재하고 있는 것이 아니라 항상 내용이 있고 그 내용에 상응하여 시간이 인식되는 것이다. 우리의 시간 감각은 현재의 활동이나 일의 내용과 끊을 수 없는 관계에 있다.

17 정답 ②

해설 미얼루(Meerloo): 개인의 주관적 시간 감각에는 다음의 다섯 가지 차원이 있다는 이론을 정립하였다. 즉, 역사 시간, 생리적 시간, 시간 감각, 속도 시간의 연속성이라 다섯 가지 차원에서 개인마다 감각이 다를 수 있다는 것이다.

18 정답 ①

해설 시간의 연속성 차원은 과거사건의 순서를 정하고 연결하는 역사적 시간 개념과는 달리 과거, 현재, 미래의 활동을 연결하는 것이다. 이 사건의 연속성 속에서 사람들은 시간의 흐름에 조화되고 과거, 현재, 미래의 시간 요소에 자신을 적응시켜 간다.

19 정답 ③

해설 순환적 모형은 가난과 자주 관련되는데, 이는 가난한 사람들의 삶은 하루하루 거의 변화하지 않기 때문이다. 원시농경문화에서 생활하는 사람들은 그들의 조부모들처럼 같은 땅에서 태어나 생활하고 가족을 부양하다 죽기 때문에 순환적 인식을 많이 하게 된다. 이렇게 시간을 인식하면 시간을 저축하거나 사용한다는 의식은 없고 그저 하루하루를 살아갈 뿐이다.

20 정답 ②

해설 남녀역할과 불평등의 문제도 시간 사용 비교를 통하여 수량화할 수 있다. 특히 기혼 여성의 취업증가에 따른 이중역할의 문제와 부부간의 가사 분담 등이 객관적으로 파악된다.

21 정답 ①

해설 관찰법의 문제점
① 활동에 대한 관찰이 활동 자체의 성격을 바꿀 수 있다.
② 활동의 동기나 목적에 관해서는 관찰자가 추론하기 힘들기 때문에 이 방법이 그다지 정확하거나 만족스럽지 않을 수 있다.
③ 조사 대상자에게 많은 거부를 일으킬 수 있다.
④ 특정기간 동안 조사 대상 가정에 관찰자가 머물러야 하기 때문에 비용이 많이 든다.

22 정답 ②

해설 시간 사용 측정 방법 중 기록 시점에 따른 분류: 당일기록법, 전일기록법, 회상법

23 정답 ④

해설 희소성의 원칙: 인간의 욕구 또는 욕망은 매우 다양하고 무한한 데 비하여 이를 충족시키는 수단인 자원은 희소하고 유한한 데서 경제 문제가 발생하게 된다.

24 정답 ①
해설 일정 기간(1년) 동안 국민들에 의해 생산된 최종 생산물의 시장가치의 총합인 국민총생산액에서 자본재(생산기계, 시설)에 대한 감가상각비를 빼면 국민순생산액이 된다.

25 정답 시장 대체비용법(종합적 대체비용법, 전문가 대체비용법), 기회비용법

26 정답 작업을 중단하는 것이 작업을 완료하는 것보다 회복이 용이하다는 것을 뜻한다. 일을 시작할 때 '긴장'이 생기고, 일이 완료될 때 긴장에서 해방된다는 사실에 근거하여 다시 활동을 재개할 때 중도에 중단되어 어느 정도 긴장이 있는 것이 활동의 회복을 용이하게 하고 그 재개를 돕는다.

27 정답 가사노동시간, 생리적 시간, 사회·문화적 시간

28 정답 파레토의 법칙은 20:80 법칙으로도 알려져 있는데 이는 일반적으로 20%의 시간 사용이 80%의 결과를 생산하는 반면, 80%의 시간 사용은 단지 20%의 결과만 산출한다는 점을 나타낸다.

실전모의고사 제 2 회 정답 및 해설

01 정답 ②

해설 보이틀러와 오웬은 가정에서 이루어지는 생산활동을 유형화함으로써 리드의 가계생산을 보완하였다. 이들은 리드가 정의한 가계생산이 가정 내에서 일어나는 모든 생산유형을 포함하지 않는다고 보고, 가정 내에서 일어나는 모든 생산활동, 즉 가정생산(home production)이라는 개념을 도입하여 설명하였다.

02 정답 ④

해설 워커와 우즈(Walker & Woods)는 가계생산과 가사노동을 동일시하면서 가사노동이란 가족으로서의 기능을 가능하게 하는 재화와 용역을 창출하기 위해 개별 가계에서 수행되는 의도적인 활동이라고 정의하였다.

03 정답 ③

해설 이토의 가사노동분류: 생활 수단 정비 노동, 서비스 노동, 가정관리 노동

04 정답 ②

해설 가사노동의 무보수성은 주부들로 하여금 그들의 노동력을 고용노동에 투입하게 하는 중요한 계기가 된다. 동시에 주부가 취업할 경우 가사노동의 무보수성에 근거해 취업노동의 기회비용은 아주 낮게 되며, 이에 따라 자연히 산업노동에 투입된 여성의 노동력은 저임금을 감수하게 되는 것이다.

05 정답 ③

해설 가정학 연구의 초기인 1960년대에 작업장·시설설비에 관한 연구가 가사노동 연구의 주류를 이루었다. 미국의 가사작업 능률화 연구에 영향을 받아 가사노동의 능률화를 위한 부엌구조 및 부엌설비, 이외에 에너지 소모와의 관계 등이 이루어졌다.

06 정답 ③

해설 국민순복지(NNW)를 통해서 여가시간과 가사노동, 즉 생활시간 전체가 가치를 부여받게 된다. 이러한 가사노동에 대한 접근은 '신가정 경제학(New Home Economics)'이라 불리며, 베커, 그로나우(R. Gronau), 그램(G.ram), 윌리스(Willis) 등에 의해 대표된다.

07 정답 ④

해설 라이스와 터커의 가사노동 관리체계모형에서 투입은 가사노동에 대한 요구(가족 구성, 취업, 문화적·사회적 기대) 및 예기치 않은 사건 그리고 가계가 사용할 수 있는 자원을 포함한다. 인간의 욕구와 투입요소를 토대로 하여 사람들은 표준을 선택하고 가계생산, 재화와 서비스의 구입 그리고 시장생산 간에 자원을 배분하는 것은 과정이다.

08 정답 ③

해설 투입으로서의 자원요인: 시간, 에너지, 인지적·정서적 자원, 물적 자원

09 정답 ②

해설 스타이들과 브랜턴의 가사노동의 수행을 위한 지침 사용하고 관리하기에 용이한 기기와 도구는 가사작업의 수행을 촉진한다. 크기가 적합하고 배열이 잘된 작업공간과 수납공간도 중요하다.

10 정답 ①

해설 전업주부에 비해 취업 주부가 식사 준비 횟수가 적고 가사노동시간이 짧은 이유
- 취업 주부의 효용성이 크다.
- 시장재화나 용역에 대한 대체 정도가 크다.
- 다른 가족원의 협조가 많다.
- 가정 기기에 대한 의존도가 높다.
- 가사노동 표준이 유동적이다.

11 정답 ①

해설 가사노동 분담은 가사노동 만족에 영향을 주지 않는데, 이는 가족원이 가사노동을 분담하더라도 분담시간이 워낙 짧기 때문에 가사노동에 대한 만족 요인으로 작용하지 않는다고 볼 수 있다. 가사 분담 여부보다는 주부의 분담 의식이 만족에 영향을 미쳤다.

12 정답 ④

해설 세심한 주의력을 기울이거나 몰두할 것은 견인력(traction)이라는 개념과 밀접하게 관련된다. 발다무스(Baldamus)는 산업노동의 분석에서 일시적 흥미와 만족을 서술하면서 이를 견인력이라고 불렀다.

13 정답 ④

해설 해부학적인 골격계는 인격구조의 기초로서 작업을 수행하는 데 지주의 기능을 한다. 이 골격계에 의해서 형성된 인체는 머리, 가슴, 엉덩이의 세 가지 주요 체중으로 이루어지며 이는 다시 두 다리로 지탱된다. 이 세 가지 주요 체중이 각각 바르게 중심을 갖고 일직선상에 있으면 몸통은 자연스럽고 올바른 상태에 있게 되며 인체는 균형을 가장 잘 취한 자세를 갖게 되는 것이다.

14 정답 ③

해설 무거운 가구 등을 이동할 때는 이동하는 중량의 중심에서 몸을 조금 구부려 양손을 가구에 대었다 신체가 원래의 똑바로 선 자세로 돌아오기 직전에 힘을 낸다.

15 정답 ②

해설 작업을 할 때 소모되는 에너지 소모량은 같은 작업일 경우에도 그 작업하는 사람의 연령, 성, 신장, 체중 등에 따라 달라진다. 이는 사람에 따라 기초대사량이 모두 다르기 때문이다.

16 정답 ②

해설 공공세탁시설이나 공동냉동실과 같이 집단화가 가능하다고 생각되던 가사노동 영역조차 기계화나 산업화에 의한 개별적인 처리방식으로 대체되자 집단화의 한계에 대한 문제가 새로이 제기되었다.

17 정답 ②

해설 피아제(J. Piaget): '시간과 인간' 문제의 심리학을 발달시킨 사람으로 발달심리학의 자료를 근거로 시간이 직관으로 파악되는 개념이 아니고 고차적인 인식에 근거함을 밝혔다.

18 정답 ④

해설 역사적 시간: 과거의 사건들을 시간 속에서 바르게 순서를 정하는 주관적 시간 개념의 한 차원이다. 이 개념은 원인과 결과를 이해하는 데 도움이 되며, 기억을 필요로 한다.

20 정답 ④

해설 시간에 대한 개념은 문화의 영향을 크게 받는다. 문화가 발달된 곳일수록 생리적 주기보다는 인위적인 특정 시간이나 환경을 만들어서 이에 맞추어 생활하는 것을 볼 수 있다.

21 정답 ③

해설 그로스 등(Gross, Crandall and Knoll)의 통합적 개념: 시간은 기술, 화폐, 에너지 등 다른 어떤 자원이 사용되고 있을 때에도 함께 사용되는 중심적 자원으로서 신체적·자연적·사회적 리듬에 의한 변화를 통해서 우리 생활을 강하게 지배하고 있다는 것이다. 가족이 필요로 하는 모든 자원의 관리에는 시간이 반드시 관련된다는 통합적 개념 속에서 시간 자원을 중심적 자원으로 취급하고, 관리하는 것이 옳다고 본다.

22 정답 ③

해설 파레토의 법칙
어떤 일련의 요소들이 통제된다면 특정 적은 요소가 항상 유효성의 많은 부분을 설명할 수 있다는 법칙이다. 20:80 법칙으로도 알려져 있는데, 이는 일반적으로 20%의 시간 사용이 80%의 결과를 생산하는 반면, 80%의 시간 사용은 단지 20%의 결과만 산출한다는 점을 나타낸다.

23 정답 ②

해설 종달새형(주간형): 아침 일찍부터 생산성이 높은 사람이다.

24 정답 ①

해설 시간 사용의 낭비 요인
- 내적 낭비 요인: 계획/관리의 부족, 우선순위 설정의 미비, 위임하지 못함, 미루기, 의사소통의 실패, 거절을 못함, 피로
- 외적 낭비 요인: 전화, 방문, 모임/회의, 기다리는 시간, 텔레비전 시청, 소란, 적절한 정보의 부족

25 정답 작업은 그 작업을 달성하기 위해 이용할 수 있는 시간을 채울 수 있도록 확장된다.

26 정답
- 외적 낭비 요인: 전화, 방문, 모임, 회의, 기다리는 시간, TV 시청 등
- 내적 낭비 요인: 우선순위 설정 미비, 미루기, 거절 못함, 피로 등

27 **정답** 정해진 기간 동안의 모든 활동이 포함되므로 포괄적이다.
응답자에게 자기 기술적인 용어로 보고하게 하고 이를 다시 부호화할 수 있다.
개인의 상호 작용을 측정하는 자연스러운 틀을 제공할 수 있다.
외적 기준 총계를 설정하는 것이 가능하다.

28 **정답** 준비대→개수대→조리대→가열대→배선대

실전모의고사 제 3 회 정답 및 해설

01 정답 ③
해설 가사노동이란 가족원에 의해 가정 내에서 이루어지는 무보수의 활동이다.

02 정답 ④
해설 1930년대에 리드는 가사노동을 가정 내에서 이루어지는 생산으로 보고 이를 가계생산(household production)으로 명명하였다. 그는 "가계생산이란 가족원에 의해 그리고 가족원을 위해 수행되는 무보수의 활동으로서, 시장에서 재화를 구입함으로써 또는 소득, 시장조건, 개인의 취향 등과 같은 제반 사항이 허용된다면 용역을 고용함으로써 대체될 수 있는 활동으로 구성된다"고 정의하였다.

03 정답 ①
해설 이토의 가사노동분류: 생활 수단 정비 노동, 서비스 노동, 가정관리 노동

04 정답 ②
해설 주부의 가사노동시간은 여러 연구에서 주부의 고용 여부와 가족수의 두 가지 변수에 관련된 것으로 나타났으며 막내 자녀의 연령, 주택의 크기, 주택의 층수, 외식 횟수, 주부의 건강 등이 가사노동시간에 영향을 주는 변수로 나타나기도 하였다.

05 정답 ④
해설 마르크스는 가사노동을 잉여가치를 생산하지 않는 노동으로 보아 비생산 노동으로 간주하여 연구 대상에서 제외하였으며, 그 이론적 구조에서도 가계를 거의 배제하였다. 그럼에도 불구하고 마르크스 경제학은 가사노동의 본질을 이해하는 데 많은 이론적 토대를 제공해 주었다.

06 정답 ①
해설 쓰네미(常見)는 가정사 연구의 의의를 일정한 가정양식을 성립시키는 근거를 규명하고, 일정한 가정양식의 발전 추이의 필연성을 파악하여 장래에 선택될 가정양식을 명백히 해서 금후의 가정의 모습을 보여 주는 데 있다고 설명하였다.

07 정답 ④
해설 고전적 마르크스 경제학: 엥겔스는 여성의 노동을 억압적인 것으로 만든 것은 노동 자체가 아니라 그 노동의 사적인 성격이며, 여성의 억압은 사유재산과 자본주의의 발생과 관련된 것으로 보았다.

08 정답 ④
해설 히로타의 자본주의 생산발전에 의한 가사노동 경감을 늦추는 요인
- 가사노동이 저임금·과도노동과 관련된 근로자의 빈궁함을 가정 내부에서 떠받쳐 준다.
- 가사노동을 경감시켜 주는 사회적 시설이 빈곤하다.
- 주부가 임금 노동자화되는 경우 노동 조건이 열악하다.

09 정답 ④
해설 연구에 따르면 고소득 가계주부는 저소득 가계주부보다 가정 기기의 사용 정도와 서비스의 이용 정도가 높다.

10 정답 ①
해설 매로흐의 가사 과업 평가척도의 속성: 수단·목적관계, 내재적 흥미, 사회·물리적 상황에 대한 적응성

11 정답 ①
해설 과정견인: 용해, 주조, 페인팅 등 생산 과정의 화학적·물리적 성격에 의해 일의 속도와 동작의 특성이 결정되는 작업에서 경험한다. 식사 준비에서 보편적으로 나타나는데, 예를 들면 케익을 장식하거나 감자를 으깨거나 소스를 만들 때 경험할 수 있으며, 마루나 가구의 왁스칠하기와 같은 청소작업에서도 볼 수 있다.

12 정답 ③
해설 작업 방법을 고안하는 경우에는 신체를 올바른 자연선열(natural alignment)로 유지하는 것, 즉 올바른 자세를 유지하는 것을 일차적인 원칙으로 해야 한다.

13 정답 ②
해설 지레의 작용은 팔의 근육에 의해 이루어진다. 팔꿈치를 중심으로 상박과 하박이 직각으로 되었을 때 근육이 가장 두꺼워서 팔을 펴거나 더 구부릴 때 근육을 늘이면서 가장 큰 힘을 낼 수 있게 된다. 시소를 탈 때 무거운 사람이 받침대 가까이 앉아서 전체 힘을 줄이는 것과 같이 팔로 물건을 운반할 때 몸 가까이 붙이는 것이 더 유리하며, 긴 쪽을 몸에 평행이 되게 드는 것이 수직이 되게 드는 것보다 힘이 덜 든다.

14 정답 ②
해설 에너지 소모량을 결정하는 요인: 신체 사용 부위의 무게, 동작 요소, 자세, 속도

15 정답 ③
해설 작업대의 높이의 적합성은 작업자의 신체와 관련되어 팔꿈치보다 약간 낮은 작업대가 작업자에게 적합하다. 대체로 신장의 52% 정도가 적당하다.

16 정답 ③
해설 병렬형은 마주보는 두 벽면에 작업센터를 나누어 배치한 것이다.

17 정답 ④
해설 피셔는 가계의 국민경제로의 편입과정을 가사노동의 산업화, 기계화, 집단화의 세 가지 기본 형태로 압축하였다.

18 정답 ③
해설 집단화가 계속되면 가족원은 가사노동으로부터 거의 해방된 상태에 도달하게 될 것이다.

19 정답 ④

해설 사회적·공공적 소비 수단이나 서비스로서 개별 가족에 공공으로 공급되는 예 학교급식, 탁아시설, 양로시설, 병원, 산지직배 시스템, 아동상담소, 소비자센터 등

20 정답 ④

해설 상호부조에 대한 대체: 여러 개별 가족이 모여서 분업·협업하고 서로 도와서 개별 가족의 가사노동을 대체하는 형태로, 이 중 일부는 근로자복지사업이나 생활협동조합운동으로 발전하기도 한다. 여기에는 공동구입, 후생식당, 공동탁아소, 노인의 집, 공동주택 관리시스템, 공동청소서비스 등이 해당된다.

21 정답 ③

해설 시간의 경과 또는 시간의 길이를 시계와 같은 물리적인 계측 수단에 의하지 않고 주관적으로 파악하는 것을 시간 지각이라고 한다. 시각에는 눈이 있고 청각에는 귀가 있는 것처럼 각 감각에는 각기 특유한 감각기관이 있으나 시간을 전문적으로 느끼는 감각기관은 없다.

22 정답 ③

해설 경제학자들의 시간 사용 연구: 가족 구성원들의 노동 공급 결정을 설명하기 위한 것에서부터 시작되었으며, 그들은 시장노동과 가계생산에서 상대적 생산성에 초점을 두어 왔다.

23 정답 ③

해설 사회학자들은 가족 구성원들간의 공평성 또는 형평성에 관심을 두면서 특히 가사노동 분담을 결정하는 과정의 권력과 지위에 초점을 두어 왔다. 실제 연구에서는 부부간의 가사노동 분담 실태, 노동분담과 가정복지, 성별 분업형태, 가사노동시간 결정 요인 등에 관심을 가져왔다.

24 정답 ①

해설 시간 사용 연구의 의의: 생활의 실태 및 문제파악, 시간관리를 통한 생활의 질 향상, 사회적 척도 개발

25 정답 필수생활시간, 의무생활시간(수입노동시간, 가사노동시간, 학습시간), 여가시간

26 정답 정량적 접근법은 시간을 물리적으로 보는 것이다. 이는 개인이 시간을 해석하거나 사용할 때 연·월·일·시 등과 관련시키는 것이다.

27 정답 시간 자원은 유한하며, 특히 시간은 인간의 모든 활동에 꼭 사용되는 자원이다.

28 정답 자기훈련, 감독 기술, 융통성

실전모의고사 제 4 회 정답 및 해설

01 정답 ①
해설 가사노동은 반드시 여성의 노동이라고 규정되어서는 안 된다.

02 정답 ④
해설 1930년대에 리드는 가사노동을 가정 내에서 이루어지는 생산으로 보고 이를 가계생산(household production)으로 명명하였다. 그는 "가계생산이란 가족원에 의해 그리고 가족원을 위해 수행되는 무보수의 활동으로서, 시장에서 재화를 구입함으로써 또는 소득, 시장조건, 개인의 취향 등과 같은 제반 사항이 허용된다면 용역을 고용함으로써 대체될 수 있는 활동으로 구성된다"고 정의하였다.

03 정답 ④
해설 가사노동은 대가가 지불되지 않는다. 가사노동의 성과는 시장을 통해 매매되지 않은 채 사적인 채로 완결되므로 사회적 교환 과정을 통한 생산만을 중시하는 사회에서는 이러한 종류의 노동에는 대가를 지불하지 않는다.

04 정답 ②
해설 가사노동의 정서적 측면에 중점을 두는 가사노동에 대한 태도·만족도에 관한 연구는 초기에는 단순히 가사노동의 만족도와 사회인구학적 영향 요인을 연구하는 데 그쳤으나, 점차 특정한 심리적 변인들(자아존중감, 가사노동에 대한 인식, 주부의 가치관)을 선택하여 이들의 영향을 파악하고자 한다.

05 정답 ④
해설 고전적 마르크스 경제학의 대표자: 엥겔스, 베블렌, 길먼

06 정답 ①
해설 국민순복지(NNW)를 통해서 여가시간과 가사노동, 즉 생활시간 전체가 가치를 부여받게 된다. 이러한 가사노동에 대한 접근은 '신가정 경제학(New Home Economics)'이라 불리며, 베커, 그로나우(R. Gronau), 그램(G.ram), 윌리스(Willis) 등에 의해 대표된다.

07 정답 ①
해설 가사노동은 열등한 여성 지위의 물적 토대가 된다고 보고 가사노동의 사회화를 요구한다.

08 정답 ②
해설 가족 구성의 복잡성 여부에 따라 가사노동에 대한 요구가 영향을 받는다. 가족원 수가 많거나 다양한 연령층으로 구성된 복잡한 가족에서는 가사노동에 대한 요구가 크다.

09 정답 ④

해설 일의 순서는 생활에 구조를 주게 되는데, 일반적으로 출퇴근이나 등하교와 같은 고정된 업무를 중심으로 해서 순환한다. 전업주부에 있어서는 특정 시각보다는 식사시간을 중심으로서 일들이 조직된다. 예를 들어 특정 과업이 일정한 시각에 수행되기보다는 아침식사 전이나 점심 후에 하도록 예정되는 것이 보통이다.

10 정답 ①

해설 대부분의 주부는 가사 과업 중 어떤 것은 좋아하고 어떤 것은 좋아하지 않는 것이 일반적이다. 대체로 식사 준비와 자녀 양육은 좋아하는 과업이고, 설거지, 다림질 청소는 싫어하는 과업이며, 세탁과 시장보기는 중간 정도인 것으로 나타났다.

11 정답 ②

해설 사회화 이론의 특징
- 사회화 이론은 성장 과정에서 사회화를 통해 형성된 가부장적 태도와 순종적 인성이 전통적 주부의 역할 수용에 영향을 준다는 이론이다.
- 사회화 이론에 따르면 노동계층의 여성이 중산층에 비해 보다 전통적이고 가부장적인 가정환경 내에서 성장하므로 주부의 역할을 긍정적으로 수용하고 가사노동에 대해서도 만족도가 크다고 볼 수 있다.

12 정답 ②

해설 필요한 신체의 한 부분을 들거나 움직일 때 에너지 소모는 그 사용 부분의 무게 증가에 비례해서 증가한다.

13 정답 ②

해설 신체조건의 영향을 가급적 배제하고 순전히 어떤 작업을 하는 데 소모된 에너지를 나타내는 방법으로 사용되는 것이 에너지 대사율이라는 지수이다. 에너지 대사율은 작업 시에 소모된 칼로리에서 안정 시에 소모되는 칼로리를 빼서 순수 작업에 소요되는 칼로리를 구한 다음 이것을 기초대사량에 대한 비율로 나타낸 것이다.

14 정답 ①

해설 보편적 작업대 배치는 준비대→개수대→조리대→가열대→배선대 순이다.

15 정답 ②

해설 가사노동의 산업화로 가족이 붕괴할 가능성이 발생하지는 않는다.

16 정답 ②

해설 감가상각의 형태로 세제상의 혜택을 주거나 수도·가스·전기·하수도시설의 비용을 부분적으로 부담함으로써 기계화를 촉진시킬 수 있다. 기계화의 기본 전지조건이 되는 정부의 각종 배려는 공공적 방법을 통해 가사노동의 기계화에 미치는 결정적인 영향이라 할 수 있다.

17 정답 ①

해설 이윤추구를 주목적으로 하는 '상품화', '사회화'에 대해서는 주체적인 소비자운동, 물가상승 반대운동 등으로 대처해야 하며, 다른 한편으로는 과학적 상품지식의 보급과 가정관리능력의 향상을 꾀하는 자주적 소비자교육이 전개되어야 한다.

18 정답 ②

해설 시간에 대한 접근법: 경제적 접근법, 심리적 접근법, 정량적 접근법, 사회문화적 접근법

19 정답 ②

해설 순환적 모형은 가난과 자주 관련되는데, 이는 가난한 사람들의 삶은 하루하루 거의 변화하지 않기 때문이다. 원시농경문화에서 생활하는 사람들은 그들의 조부모들처럼 같은 땅에서 태어나 생활하고 가족을 부양하다 죽기 때문에 순환적 인식을 많이 하게 된다. 이렇게 시간을 인식하면 시간을 저축하거나 사용한다는 의식은 없고 그저 하루하루를 살아갈 뿐이다.

20 정답 ②

해설 서구의 천지 창조 신화에는 창조의 시간 개념이 구체적으로 잘 드러나 있지 않다. 기껏 날짜를 밝히는 수준에서 머물렀다. 연월이 없다. 그러나 우리나라의 천지개벽 신화에는 하늘이 열리고 땅이 열리며 사람이 생겨나는 연월과 날짜뿐만 아니라 시각까지 정확하게 명시되어 있다.

21 정답 ②

해설 여가시간의 경우 모든 연령층에서 미디어 이용 시간이 가장 많다.

22 정답 ③

해설 대표적인 공동 조사는 시간 사용을 최초로 국제적으로 비교한 헝가리의 살라이(A. Szalai)에 의해 주도되었다. 살라이는 '사회과학연구의 자료조사를 위한 유럽협력센터'와 UN의 지원을 받아 1964~1966년에 걸쳐 12개국의 시간 사용을 조사했다.

23 정답 ①

해설 로빈슨에 의하면 기혼 여성의 취업증가는 수입노동시간의 증가를 가져오고, 수입노동시간의 증가는 가사노동시간의 감소를 가져오지만 기혼 여성은 가사노동의 책임을 가지고 있기 때문에 가사노동시간의 감소는 그렇게 크지 않다고 보았다.

24 정답 ④

해설 앞으로 여성의 사회활동 참여 비율이 증가해 가는 경향을 감안할 때, 현재의 자녀들이 가사의 책임을 갖는 미래사회에서는 남녀의 평등한 가사 참여가 더욱 요청된다고 보이며, 성별에 차이 없이 어릴 때부터 가사에 참여하도록 하는 가정교육이 중요하다.

25 　정답　공유활동: 활동을 성공적으로 수행하기 위해 높은 수준의 상호 작용을 필요로 하고, 의사소통을 개발할 뿐만 아니라 이를 통해 역할의 상호 변화를 증진시키는 활동을 말한다.
예 가족이 함께 게임을 하거나 친구방문, 공원나들이, 캠핑 등

26 　정답　부부 중 사회·경제적 또는 물질적 자원이 우위에 있는 사람이 가사노동시간의 소비량을 결정하는 과정에서 주도권이 있으므로 그 사람의 가사노동시간이 감소한다는 것이다.

27 　정답　타자원 또는 타인과의 상호관계, 시간수요의 비융통성, 일주기 신체리듬

28 　정답　복잡한 프로그램을 시간에 맞추어 완성하기 위해 수행되어야 할 일을 정의·통합하고 상호관련시키는 관리 통제 체제이다.

참고문헌

임정빈·지영숙·이기영·이연숙(2020). 가정관리학. 도서출판 신정

서지원·이현아(2023). 가족자원관리. 한국방송통신대학교출판문화원

이현아·김은정·김유경(2022). 가사노동과 돌봄정책. 한국방송통신대학교출판문화원

강이주·김영신·허경옥(2019). 알기쉬운 가계경제학. 도서출판 신정

김선희(1991). 가사노동의 경제적 가치평가에 관한연구:전업주부를 중심으로. 부산대학교 대학원 박사학위논문.

김상대·장유미(2009). 가족 및 여성경제학. 진주:경상대학교출판부.

김성희(2002). 한국여성의 가사노동과 경제활동의 역사. 서울:신정.

김외숙·이기영(2015). 가사노동의 시간관리. 서울:한국방송통신대학교출판문화원.

김외숙·이기영(2021). 가사노동과 시간관리. 한국방송통신대학교출판문화원

독학사 가정자원관리(2023). 도서출판 은하출판사

문숙재(1996). 생활시간연구. 서울: 학지사

문숙재(1998). 가정생산. 서울 신광출판사

문숙재·채옥희(1986). 가사노동. 서울: 신광출판사

문숙재·윤소영(2001). 가사노동 가치평가를 위한 소프트웨어 프로그램 개발의 기초분석. 통계청(편). 1999 생활시간조사 종합분석사업보고서(pp.97-194). 서울:통계청.

문숙재·차성란(1994). 근접환경자원을 이용한 가정생산활동이 생활만족도에 미치는 영향에 대한 논의:손해보험 적용을 중심으로. 한국여성학. 18(1), 109-142.

보건복지부(2020). 2020 노인맞춤돌봄서비스 사업안내. 세종:보건복지부.

송혜림·이가영(1990)·사회경제적관점에서 본 가사노동의 가치와 그평가·생활과학연구. 15, 15-27.

이기영·이연숙·김외숙·조희금(1996). 한·일양국간 도시부부의 생활시간. 비교연구.

이선미(2015). 재산분할 비율에 관한 서울가정법원 2014년 실무례 분석. 가족법연구. 29(2), 295-328.

김효정·김미라(2001). 기혼여성 재택근무자의 식생활 가사노동시간에 관한 비교연구. 대한가정학회지. 39(6), 25~39.

기은광·이기영(2003). 맞벌이부부의 가사노동공평성 인지와 그 영향요인에 관한 연구. 한국가정관리학회지, 21(5), 61~75

김선미·이승미(2000). 가사노동을 통한 주부의 사회적 기여에 관한 논의. 한국가정과학회지, 3(2), 47~57.

최남숙·유소이(2002), 청소년의 시간사용 실태와 결정요인 분석- 가사노동, 여가, 과외 수업을 중심으로. 한국가족자원경영학회지, 6(1), 1-16.

최윤지·김경미·이진영·강정하(2006). 농업인부부의 노동시간 구조 변화 : 1964~2005. 농촌지도와 개발. 13(2), 287~298

이현아(2021). 중년세대의 가사노동 변화 트렌드. 가족자원경영과 정책. 25(1), 47-61.

이현아·안재희·이재춘(2020). 가족친화인증기업의 인센티브 활용실태 및 인센티브 수요분석. 가족자원경영과 정책. 24권4호, 1-20.

윤숙현·문숙재(1997). 가사노동에 관한 인식의 변화 고찰. 한국가정관리학회지. 15(3), 153-162.

채경희·문숙재(1989). 가정생산의 가치산정을 위한 이론적 접근. 한국가정관리학회지. 7(1), 43-57.

Becker.G.S.(1965). A theory of the Allocation of Time·The Economic Journal. 75(299), 493-517.

홍성희·윤소영·고선강(2018). 가정자원관리. 도서출판 신청

고용노동부(2020.09.). 재택근무 현황조사.

통계청 가계동향조사결과. 2023. 8. 24.

대한민국정책브리핑:노동시간단축.

여성가족부. 가족친화지원사업 안내.

중앙일보(2017.12.11.일자). 일과 삶 중 선택은? 10명중 7명 "연봉보다 '워라밸'이 더 중요".

KBS뉴스(2019.10.2.일자)

Lewis, S., & Cooper, C. (2005). Work-life Integration: Case Studies of Organisational Change. John Wiley & Sons.

OECD better life index http://www.oecdbetterlifeindex.orgbalance.

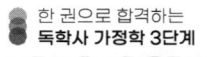
한 권으로 합격하는
독학사 가정학 3단계

가정자원관리

초판1쇄 인쇄 2024년 4월 29일
초판1쇄 발행 2024년 5월 3일
지은이 주민경
기획 김응태
디자인 서제호, 서진희, 조아현
판매영업 조재훈, 김승규, 문지영

발행처 ㈜아이비김영
펴낸이 김석철
등록번호 제22-3190호
주소 (06728) 서울 서초구 서운로 32, 우진빌딩 5층
전화 (대표전화) 1661-7022
팩스 02)3456-8073

ⓒ ㈜아이비김영
이 책은 저작권법에 따라 보호받는 저작물이므로 무단복제를 금지하며,
책 내용의 전부 또는 일부를 이용하려면 반드시 저작권자의 서면동의를 받아야 합니다.

ISBN 978-89-6512-943-1 13330
정가 20,000원

잘못된 책은 바꿔드립니다.